유아교사를 위한

컴퓨터 교육 2판

2판

유아교사를 위한

컴퓨터 교육

김수향 · 이용주 · 하명선 공저

학지사

2판 머리말

현대사회에서 컴퓨터가 필수적인 매체로 등장하면서 우리의 생활환경도 함께 변화하고 있다. 현재 우리는 컴퓨터를 통해 편지를 주고받고 물건을 구입하기도 하며, 직접 은행에 가지 않고도 은행 거래를 할 수 있다. 그 외에도 다른 사람들과 실시간으로 대화를 주고받으며, 자신에게 필요한 정보를 검색하여 유용하게 사용하기도 한다.

개인이 컴퓨터를 잘 활용하는 것은 시간과 비용이라는 측면에서 유익한 것이며, 또한 개인의 이익은 국가의 번영과도 상관성이 높다고 하겠다. 이러한 점에 주목한 여러 국가는 자국의 컴퓨터 시스템 구축뿐만 아니라 컴퓨터를 활용하는 국민의 교육 활성화에도 많은 노력을 기울이고 있다. 우리나라 역시 컴퓨터 교육의 중요성을 인식하고, 이를 강화하려는 노력을 지속하고 있다.

개인의 컴퓨터에 대한 긍정적인 인식과 기본적인 활용능력의 토대는 모든 발달의 기초가 형성되는 유아기에 형성된다. 따라서 컴퓨터 교육은 유아기에 시작해야 한다. 가정에서도 부모가 컴퓨터의 중요성을 인식하고, 어린 유아에게 컴퓨터 및 컴퓨터에서 활용할 수 있는 여러 프로그램을 접할 수 있는 기회를 제공하고자 노력하고 있다.

가정에서의 노력은 물론 유아교육기관에서도 유아에게 컴퓨터와 관련된 교육활동의 필요성을 인식하고 교육과정에 반영함에 따라, 최근 유아교사를 양성하는 대학에서는 컴퓨터 활용과 관련된 다양한 교과목을 편성하고 있다.

이러한 시대적 추세에 따라 유아교사는 유아에게 컴퓨터를 교육할 수 있는 기본 능력을 갖추어야 한다. 그러나 컴퓨터의 유용성이 검증되고 널리 사용하게 된 것은 근래에 들어 이루어진 것으로, 1990년도 이전에 유아교육과를 졸업한 교사들은 컴퓨터 수업을 접하지 못했다. 현재 유아교육과에 재학 중인 학생 역시 '컴퓨터 교육' 관련 수업을 소홀히 한다면 컴퓨터 활용에 대한 불안 및 자신감 결여 등이 생길 수 있다.

유아 컴퓨터 교육의 활성화를 위해 전제되어야 할 사항은 예비교사와 현직교사의 컴퓨터에 대한 자신감 확보다. 컴퓨터에 대한 교사의 자신감이 확보되어야만 유아에게 적절한 모델을 제공할 수 있으며, 또한 유아 컴퓨터 교육이 가능할 것이다.

이러한 문제의식에서 출발하여 저자들은 1판에서는 예비교사와 교사의 컴퓨터에 대한 자신감을 키우기 위해 컴퓨터에 대한 이론적인 부분과 기본적인 활용능력 면에 초점을 두고 교재를 구성하였다. 그러나 유아교육 현장에서 컴퓨터를 이용한 문서 작성이 증가하는 흐름을 고려하여 2판에서는 컴퓨터의 활용편을 더 보강하고자 하였다. 특히 한글, 엑셀, 파워포인트에서 활용할 수 있는 문서를 더 강화하고, 또 포토샵의 활용방법이 어려운 점에 착안하여 현장에서 활용하기 쉬운 포토스케이프를 새롭게 추가하였다.

이 교재는 총 3부로 구성하였다.

1부는 '유아교육과 컴퓨터'로 교육정보화 사회의 도래에 따라 유아와 컴퓨터와의 관계를 살펴보고 유아교육기관 운영의 기본 개념을 알아봄으로써 유아교사의 컴퓨터 교육에 관한 이론적 기초를 쌓고자 하였다.

2부는 '유아교육기관의 컴퓨터 활용방법 I'로 유아교사에게 컴퓨터 기본 능력과 유아교육기관에서 실제로 활용할 수 있는 능력을 키우기 위해 기본적인 컴퓨터 사용법, 흔글의 이해와 활용, 엑셀의 이해와 활용 순으로 실제적으로 활용할 수 있도록 제시하였다.

3부는 '유아교육기관의 컴퓨터 활용방법 II'로 2부에 이어 현장에서 유아교사가 유용하게 활용할 수 있는 내용으로 구성하였다. 교재의 세부내용은 파워포인트의 이해와 활용, 포토샵의 이해와 활용, 그리고 포토스케이프의 이해와 활용이다.

이 교재는 유아교육을 전공하는 예비교사와 유아교육 현장에서 교육을 담당하는 교사, 그리고 컴퓨터에 관심을 가진 많은 사람에게 참고가 될 수 있을 것이라 생각하며, 또한 유아교육 현장에서 효율적인 컴퓨터 활용이 이루어지는 데 조금이나마 도움이 되었으면 하는 바람이다.

끝으로 이 책의 출간을 맡아 주신 학지사 김진환 사장님과 실무를 맡아 주신 편집부 관계자 여러분에게 지면을 빌려 감사의 인사를 드린다.

2010년 2월

저자 일동

차례

■ 2판 머리말 _5

제 1 부 유아교육과 컴퓨터

제1장 유아교육에서 컴퓨터 활용 _15

1. 교육 정보화 사회의 도래 _15
2. 유아교사의 컴퓨터 활용에 대한 인식 _18
3. 유아 컴퓨터 교육에 대한 두 가지 관점 _19
   1) 컴퓨터 교육에 대한 부정적 관점 _19
   2) 컴퓨터 교육에 대한 긍정적 관점 _21
4. 컴퓨터 영역의 구성과 운영 _22
   1) 컴퓨터 영역의 구성 _22
   2) 컴퓨터 영역의 운영 _24

제2장 유아교육에서 효율적인 컴퓨터 활용 _27

1. 유아교육 소프트웨어의 활용 _27
   1) 유아용 소프트웨어의 개발 _28
   2) 유아교육 소프트웨어의 평가준거 _30
   3) 유아교육 관련 소프트웨어 _36
2. 유아교육 사이트의 활용 _37
   1) 유아교육에서의 인터넷 활용 _37
   2) 인터넷 사이트의 평가준거 _38
   3) 유아교육 관련 사이트 _42

제3장 유아교육기관 운영관리의 효율화와 컴퓨터 활용 _47

1. 유아교육기관의 활동 _47
2. 운영관리의 개념 및 원리 _48
   1) 운영관리의 개념 _48
   2) 운영관리의 원리 _48
3. 운영관리의 영역 _49
4. 운영관리의 효율화를 위한 컴퓨터 교육과정 개발 _51
   1) 운영관리의 효율화를 위한 컴퓨터 활용의 필요성 _51
   2) 유아교사를 위한 컴퓨터 교육과정 개발 _52
5. 유아교육기관 교사의 정보화 연수현황 및 연수효과 증진방안 _57

제 2 부 유아교육기관의 컴퓨터 활용방법 I

제4장 기본적인 컴퓨터 사용방법 _63

1. 컴퓨터의 구성 _63
   1) 중앙처리장치 _64
   2) 메모리 _64
   3) 입 · 출력 장치 _64
2. 키보드(자판기) _65
   1) 키보드 위쪽 _65
   2) 키보드 왼쪽 _66
   3) 키보드 오른쪽 숫자 키 사이 _66
3. 한글 윈도우 _68
   1) 바탕화면 _68
   2) 시작 메뉴 _68
   3) 윈도우에서 파일관리 _69

4) 그림판 _70
4. 컴퓨터 관리방법(하드 디스크 관리) _73

제5장 훈글의 이해와 활용 _75

1. 훈글의 기초 _75
1) 훈글의 화면 구성 _75
2) 훈글 메뉴 순서 _78
3) 훈글에서 표 만들기 _79
2. 유아교육기관에서의 훈글 활용 _97
1) 교육활동 관련 문서 작성 _97
2) 기안문 작성 _126

제6장 엑셀의 이해와 활용 _131

1. 엑셀의 기초 _132
1) 엑셀의 화면구성 _132
2) 문자 입력하기 _133
3) 셀서식 설정하기 _134
4) 셀복사, 삽입하기 _135
5) 데이터 채우기 핸들 _141
6) 사칙연산 _143
7) 함수마법사-합계 _149
8) 셀의 조절 _152
9) 데이터의 정렬 및 차트 _153
2. 유아교육기관에서의 엑셀 활용 _160
1) 원아관리 _160
2) 재정관리 _168
3) 기타 활용 _169

제 3 부 유아교육기관의 컴퓨터 활용방법 II

제7장 파워포인트의 이해와 활용 _183

1. 파워포인트의 기초 _184
   1) 파워포인트의 화면구성 _184
   2) 파워포인트의 활용방법 _185
2. 유아교육기관에서의 파워포인트 활용 _209
   1) 전자앨범 만들기 _209
   2) 수업자료 만들기 _236

제8장 포토샵의 이해와 활용 _245

1. 포토샵의 기초 _245
   1) 포토샵의 화면구성 _245
   2) 포토샵의 메뉴구성 _247
   3) 포토샵의 활용방법 _248
2. 유아교육기관에서의 포토샵 활용 _260

제9장 포토스케이프의 이해와 활용 _271

1. 포토스케이프의 기초 _271
   1) 포토스케이프의 화면구성 _271
   2) 포토스케이프의 활용방법 _274
2. 유아교육기관에서의 포토스케이프 활용 _289

■ 참고문헌 _299

제 1 부

유아교육과 컴퓨터

제1부에서는 교육 정보화 시대에 발맞추어 유아교육과 컴퓨터와의 관계를 알아봄으로써 유아교사의 컴퓨터 교육에 대한 이론적 토대를 쌓고자 한다. 먼저 정보화 사회가 대두되면서 유아교사가 컴퓨터 활용의 필요성을 인식하게 된 배경을 살펴보고, 유아와 컴퓨터의 관계 그리고 유아교육과 컴퓨터의 관련성을 살펴보면서 컴퓨터 활용에 대한 유아교사의 이해를 돕고자 한다.

제 1 장
유아교육에서 컴퓨터 활용

1 | 교육 정보화 사회의 도래

21세기는 정보, 지식, 그리고 초고속 정보통신망이 사회발전에 핵심적인 역할을 담당하는 정보화 시대다. 정보화 사회에서 컴퓨터는 과학 분야를 비롯하여 다양한 학문의 발전에 공헌할 뿐만 아니라, 이제는 학교에서도 없어서는 안 될 필수적인 매체로 인식되고 있으며, 컴퓨터의 사용 또한 보편화되고 있다 (Haugland, 2000).

현재 컴퓨터의 사용은 일상적인 현상을 넘어서 그것이 없으면 불편함을 느끼게 되는 상황에 이르렀다. 유아는 출생과 동시에 컴퓨터 문화를 접하게 되며, 컴퓨터를 생활 필수품으로 인식하고(김민정, 박은주, 김갑순, 2007) 활용하게 된다.

최근 선진 국가들은 성공적으로 정보화 시대로 진입하기 위해 정보 인프라 구축에 주력하고 있으며, 우리나라 역시 세계무대에서 뒤지지 않기 위해 정보화 사업에 총력을 기울이고 있다. 이러한 국가적 노력의 결과 우리나라는 IT 강국으로 자리를 잡았으며, 공공 기관을 중심으로 정보화의 기본 설비 구축이 거의 완료 단계에 와 있다.

이러한 국가적인 정보화 추세는 교육계에도 많은 영향을 미쳐 유아교육기관을 비롯하여 모든 학교에 컴퓨터를 보급하고, 전산망을 구축하려는 노력이 지속되었다. 이에 따라 교육계의 정보화를 위한 물리적 환경 조성에 많은 진전이 있었으며, 그다음 과제로 교육과 행정 업무를 담당하는 교사의 컴퓨터 활용 능력이 대두되었다.

교사의 컴퓨터에 대한 태도는 교사 자신의 교수활동에서의 컴퓨터 활용에 영향을 줄 뿐 아니라, 유아가 컴퓨터에 대해 가지는 태도에도 커다란 영향을 미친다(김나림, 2005). 특히 유아교사의 경우는 그 영향력 정도가 초중고 교사에 비해 현저하게 크다고 볼 수 있다. 유아기는 모든 발달의 기초가 형성되는 중요한 시기이므로 유아기에 형성된 컴퓨터에 대한 인식과 태도는 살아가는 동안 장기간 지속될 가능성이 높다. 그러므로 유아교사는 다른 교사보다 컴퓨터에 대한 긍정적인 인식과 함께 컴퓨터를 활용할 수 있는 능력을 갖추어야 한다.

우리나라 유아교육기관이 컴퓨터를 처음 도입하여 실시한 것은 1991년이다. 1991년 동서교육 연구소가 '유아를 위한 컴퓨터 활동의 통합적 접근'이라는 주제로 세미나를 개최하여 유아 컴퓨터 교육의 방향을 제시하면서 유아교육에 컴퓨터 활동이 도입되기 시작했다. 그러나 그 당시만 하여도 유아기에 컴퓨터 교육을 실시해야 되는지에 대한 찬반 의견이 대립되었다(정미라 외, 2002). 이러한 유아 컴퓨터 교육에 대한 논란은 컴퓨터가 유아에게 미치는 영향에 대한 연구의 부족으로 인한 것이었다. 하지만 최근에 컴퓨터에 관련된 많은 연구가 진행되면서 유아 컴퓨터 교육의 실시는 당연한 것으로 받아들여지고 있으며, 컴퓨터 활동을 계획하고 실행하는 것의 중요성을 인식하면서 이를 수행하는 교사의 역할이 강조되고 있다.

위에서 살펴본 시대적 특징과 연관하여 유아를 위한 컴퓨터 교육의 전망을 유추해 본다면 크게 세 측면에서 변화와 진전을 보일 것으로 예측된다(이경우 외, 2000).

첫째는 컴퓨터 교육의 양상이 변화될 것이다. 교사교육에서의 교육과정과 유아교육 현장에서의 교육과정에서 변화가 있을 것이다. 교사를 양성하는 대학에서는 컴퓨터 과목이 교육과정에 편성되고 있으며, 현직교사의 재교육 역시 활발하게 이루어지고 있는 편이다. 유아교육 현장에서도 컴퓨터 영역이 하나의 독립된 흥미 영역으로 자리 잡고 있으며, 인터넷을 이용한 정보 수집을 통해 필요한 지식을 얻는 방법을 알려 주고 있다.

둘째는 소프트웨어의 개발 방향 및 시장성(유통과정)이 세계화의 모습으로 변화될 것이다. 초기의 소프트웨어 개발은 하드웨어의 보급에 밀려서 연습지 형태에 불과했으나, 이후에 유아의 발달적 특성과 컴퓨터를 사용하는 유아의 반응, 소프트웨어 평가지 등이 연구되어 유아 중심의 소프트웨어가 개발되게 되었다. 1990년대 중반 이후에는 총체적 언어 이론을 기반으로 유아문학을 활용한 소프트웨어가 나타나게 되었다. 이러한 소프트웨어 개발은 정보화에 편승하여 단시간에 전 세계적으로 퍼져 나가게 되었는데, 이는 소프트웨어의 시장이 세계지향적인 특성을 나타냄을 알 수 있다.

마지막으로 유아교육에서 소프트웨어를 활용한 통합적 접근 양상이 다문화 이해나 원거리 교육의 모습으로 변화될 것이다. 세계가 하나의 지구촌이 되면서 서로의 문화를 인식하려는 노력이 소프트웨어 산물에서도 나타나게 되었다. 이러한 다문화에 대한 이해는 유아가 각 나라의 입장을 이해하고 정체성을 찾는 데 도움이 될 것이다. 그리고 거리에 관계없이 서로 자신의 의견을 주고받을 수 있는 전자 메일이 상용화되면서 서로에 대한 이해의 폭이 넓어지게 될 것이다.

유아교사는 이러한 유아 컴퓨터 교육의 방향을 고려하여 현장에서 컴퓨터 교육을 실시하여야 한다. 하지만 유아 컴퓨터 교육의 활성화를 위해 가장 먼저 전제되어야 할 사항은 교사의 컴퓨터에 대한 기본적인 인식과 자신감을 증진시키는 것이다. 컴퓨터에 대한 교사의 자신감이 확보되어야만 유아에게 적절한 모델을 제공할 수 있으며, 컴퓨터를 이용한 효율적인 교육활동도 할 수 있을 것이다.

2 | 유아교사의 컴퓨터 활용에 대한 인식

교육 정보화 사회가 도래함에 따라 유아교사는 효율적인 학급 운영과 유아 컴퓨터 교육을 실시하기 위해 컴퓨터 활용 능력을 갖추어야 한다. 그렇다면 유아교육 현장의 교사는 많은 컴퓨터 능력 중에서도 어떤 부분을 가장 필요하다고 느끼는지 살펴보고 이에 대한 대책을 마련하는 것이 가장 효과적일 것이다. 따라서 이에 관련된 연구를 조사하고, 그 연구결과에 기초해 유아교사에게 가장 필요한 교재를 구성하고자 하였다.

먼저 손유진과 황해익(2001)은 유치원 교사를 위한 컴퓨터 교육 연수 프로그램의 요구도를 살펴보기 위해 지식 영역, 기능 영역, 태도 영역으로 구분하여 189명의 교사에게 연구를 실시하였으며, 그 결과는 다음과 같다. 대부분의 교사(99.4%)는 컴퓨터 교육 연수가 필요하다는 것에 동의하였다. 세부적으로 살펴보면, 지식 영역 측면에서 '컴퓨터와 유아의 발달 간 관련성을 안다'는 문항에, 기능 영역 측면에서는 '원하는 소프트웨어를 활용할 수 있다'에 가장 높게 반응하였다. 그리고 태도 영역에서는 '컴퓨터에 대한 올바른 가치관과 태도를 형성한다'를 중요하게 생각하는 것으로 나타났다. 그리고 세 영역 중에서 기능 영역이 가장 필요하다고 응답했으며, 다음으로 지식 영역과 태도 영역 순으로 나타났다. 이는 유치원 교사가 컴퓨터를 활용할 수 있는 실기 능력이 가장 필요하다고 느끼고 있음을 보여 주는 것이다.

김나림(2005)의 연구를 살펴보면, 연구에 참여한 200명의 교사 중에서 총 174명(87.0%)이 유아 컴퓨터 교육이 필요하다고 인식하였다. 연구결과를 분석하면 73명(38.0%)이 유아를 위한 컴퓨터 활동의 적절한 사용방법이나 교수법을 가장 많이 필요하다고 답했으며, 그다음으로 디지털 카메라 자료 사진 편집 및 포토샵, 전자앨범 등 영상자료 제작에 관한 지식이라고 응답한 비율이 59명(30.7%)이었다. 그리고 플래시 및 홈페이지 구축 및 관리, 네트워크 연결 등의 지식이 25명(13.0%)으로 나타났다. 즉, 교사는 컴퓨터를 활용한 교수법에 관한 요구도가 가장 높았으며, 그다음으로 영상자료 제작, 홈페이지나 네트워크 관리 등의 요구가 높은 것으로 나타났다.

다음으로 이용주와 강경숙(2005)이 교사 57명과 원장 30명을 대상으로 조사한 연구결과를 알아보기로 하겠다.

설문조사 결과를 분석하면, 교사는 멀티미디어의 교육적 활용 능력을 가장 필요하다고 하였으며, 그다음으로 파워포인트, 워드프로세서, 엑셀, 포토샵, 유아교육용 사이트의 활용, 교육 관련 소프트웨어의 활용방법, 홈페이지 제작 순으로 선택하였다. 그리고 원장을 대상으로 조사한 결과를 살펴보면, 원장은 워드프로세서가 가장 필요하다고 하였고, 그다음으로 엑셀, 포토샵, 파워포인트, 멀티미디어의 교육적 활용, 교육 관련 소프트웨어의 활용방안, 홈페이지 제작, 유아교육용 사이트의 활용 순으로 응답하였다. 교사와 원장 간의 의견 차이에 대해 분석해 보면, 교사는 이미 대학교육에서 컴퓨터 교육을 통해 워드프로세서를 이수한 경우가 많으므로 그 외의 내용을 더 많이 요구하나, 원장의 경우는 대학교육에서 컴퓨터 교육을 받지 않은 비율이 높아서 현장에서 가장 많이 사용하는 워드프로세서의 필요성을 더 많이 인식하는 것으로 보인다.

이러한 세 연구의 결과를 살펴보았을 때 유아교육 현장에서는 컴퓨터를 구체적이고 실제적으로 다룰 수 있는 기본 능력이 요구되고 있음을 알 수 있었다. 이러한 결과를 토대로 하여 이 교재는 유아교육 현장에서 가장 필요한 흔글, 엑셀, 파워포인트, 포토샵, 포토 스케이프에 관한 기본적인 내용과 함께 현장에서 활용할 수 있는 실제적인 내용으로 알기 쉽게 구성하였다.

3 | 유아 컴퓨터 교육에 대한 두 가지 관점

1) 컴퓨터 교육에 대한 부정적 관점

1980년 초반에는 유아 컴퓨터 교육에 대한 부정적인 시각이 주류를 이루었다. 그 원인을 살펴보면 먼저 유아기는 전조작 단계에 해당하므로 컴퓨터를 사용하기에는 너무 이른 연령이라는 것과 구체적인 물체를 조작하는 학습이 아니라는 점이다. 그리고 유아의 사회성 발달에도 부정적이라는 견해가 대두되었다. 즉, 유아의 컴퓨터 활동은 또래와의 상호작용 기회를 감소시키게 된다는 것이다.

이러한 부정적인 견해에 대한 학자들의 견해를 간략하게 살펴보면 다음과 같다.

Davidson(1989)은 다음과 같이 유아 컴퓨터 교육에 대한 비판적 시각을 주장하였다.

첫째, 컴퓨터는 적극적인 활동을 요구하는 유아에게 수동적인 활동을 제공할 가능성이 높다.

둘째, 컴퓨터는 유아의 언어사용 기회 및 적절한 언어적 모델에 접할 기회를 제한한다.

셋째, 컴퓨터는 상징적 매체이므로, 유아기라는 발달적 특징으로 볼 때 적절하지 못하다.

넷째, 유아에게는 개방적 · 아동중심적 · 창의적 활동을 권장해야 하는데, 컴퓨터는 애니메이션화된 전자 학습지라고 볼 수 있다.

다섯째, 컴퓨터 그래픽은 예능활동의 생생한 실제 체험(예: 촉각, 후각)을 제공하여 주지 못한다.

또한 유구종(2001)은 컴퓨터 활동은 다른 활동을 대치할 위험성이 있으며, 학습할 준비가 되어 있지 않은 유아에게 학습을 강요하기 때문에 유아기의 박탈을 가져올 수 있다고 보았다. 그리고 컴퓨터의 추상성 때문에 유아의 발달 수준에 적합하지 않으며, 비현실적 이미지를 제공하고 사회적 상호작용의 부족으로 인해서 사회적 격리의 위험성이 있고, 또 정서 표현과 창의성 저해의 위험성이 있다는 등의 부정적인 관점을 제시하였다.

이와 같은 견해는 컴퓨터의 사용 자체를 제한하자는 관점이라기보다는 컴퓨터 사용의 위험성을 고려하여 유아의 발달에 적합한 교육활동을 실시하자는 관점으로 이해될 수 있다.

2) 컴퓨터 교육에 대한 긍정적 관점

컴퓨터가 정보화 사회를 주도하는 매체로 인식되면서 유아교육계에서 컴퓨터 교육의 필요성에 대한 인식이 확대되고 있으며, 유아교육 현장에서도 컴퓨터를 도입하려는 움직임이 활성화되고 있다.

유아 컴퓨터 교육에 대한 학자들의 긍정적인 입장을 간략하게 살펴보면 다음과 같다.

Davidson(1989)은 유아 컴퓨터 활동이 긍정적이라는 견해를 다음과 같이 제시하고 있다.

첫째, 컴퓨터는 사회적 상호작용과 협동심을 증진시킨다.

둘째, 컴퓨터는 유아의 자아개념을 증진시킨다.

셋째, 컴퓨터는 유아의 사고력, 추리력, 문제해결력을 증진시킨다.

넷째, 컴퓨터는 유아가 개념을 구성하고 재구성하도록 도와준다.

다섯째, 컴퓨터는 유아의 놀이를 자극하는 매개 역할을 한다.

여섯째, 유아기의 컴퓨터 사용은 컴퓨터 관련 기능을 익히고 컴퓨터에 대한 긍정적 태도를 함양하는 데 필수적이며, 이 시기에 익힌 기능과 긍정적 태도는 성장한 후에 컴퓨터를 사용할 때 꼭 필요한 것이다.

일곱째, 유아기 컴퓨터 사용은 성역할 고정관념을 타파하는 데 도움을 준다.

또한 유구종(2001)은 발달에 적합한 방식으로 컴퓨터를 제공한다면 우선 유아의 학습 형태에 적합한 교수자료로 활용될 수 있고, 또 학습과정을 통제하고 탐색을 통하여 개념을 구성하고 지식을 쌓아 가는 협동학습이 가능하다고 보았다. 또한 통합적 학습환경을 제공할 수 있고 동기유발 효과와 비계설정의 효과가 있으며 유아와 세상 간의 연결을 통해 정보에 대한 제한 없는 접근이 가능하다고 하였다. 그 밖에 다양한 배경과 문화를 지닌 사람들과 접촉함으로써 유아에게 세상에 대한 시각을 넓혀 준다는 등의 긍정적인 관점을 제시하였다.

4 | 컴퓨터 영역의 구성과 운영

유아교육 현장에서 교사가 컴퓨터 활동을 효율적으로 실시하기 위해서는 교실 내에 컴퓨터 영역을 구성하고 운영하여야 한다. 여기에서는 유아교사가 기본적으로 고려해야 할 영역 구성의 시기, 장소, 환경구성의 유의사항, 운영 실제에 대해 살펴보기로 하겠다.

1) 컴퓨터 영역의 구성

(1) 시기

컴퓨터 영역은 컴퓨터에 대한 유아의 준비도를 파악한 다음 설치하는 것이 효과적이다. 학급에서 준비도가 형성된 유아가 다수인 경우에는 학기가 시작되면서 다른 흥미 영역과 함께 설치하는 것이 가능하나, 준비도가 형성되지 않은 유아가 더 많을 경우에는 흥미 영역에 대한 적응이 이루어진 4월 초에 설치하는 것이 바람직하다.

(2) 장소

컴퓨터 영역의 구성 장소는 각 학급의 공간 구성 특징에 따라 달라질 수 있다. 그리고 컴퓨터 영역에는 전원이 필요하므로 다른 흥미 영역보다는 장소 선정에 제약을 받을 수 있다. 장소 선정에서 가장 우선적으로 고려해야 할 부분은 유아의 안전이다. 전원을 이용하기 때문에 되도록이면 긴 전선이 유아의 눈에 띄지 않도록 주의하여 설치해야 하며, 안전 덮개를 이용해서 콘센트를 막아 혹시 있을 안전사고를 막도록 해야 한다. 하지만 가장 중요한 것은 컴퓨터 영역에서 주의해야 할 사항을 사전에 정확하게 유아에게 알려 주어 사고를 예방하는 것이다.

또한 컴퓨터 영역은 다른 흥미 영역을 고려하여 적절하게 구성되어야 한다. 컴퓨터 영역은 기계음으로 인한 소음과 유아 간의 상호작용으로 인한 소음이 많이 발생하기 때문에 언어 영역과 같은 조용한 영역과는 떨어져 있는 것이 좋다. 그리고 쌓기 영역이나 역할 영역과 가까울 경우에는 지나친 소음으로 인해 활동에 집중하지 못할 수 있으므로 이러한 영역은 피하여 설치해야 한다. 그리고 물을 많이 사용하는 미술 영역과 모래 영역에 인접할 경우 고장의 위험이 있으므로 그 주위 역시 피하도록 한다.

(3) 환경 구성

컴퓨터 영역의 환경을 구성할 때 고려해야 할 점과 비치하여야 할 비품은 다음과 같다.

1 환경구성에서 고려해야 할 점

컴퓨터 영역의 구분은 교구장을 적절하게 배치하여 분리대로 활용하는 것이 좋다. 전원을 이용해야 하므로 책상은 벽면이나 칸막이 쪽에 붙여 놓고 그 위에 컴퓨터와 프린터를 배치한다. 컴퓨터는 2~3대의 컴퓨터를 준비하는 것이 좋으며, 유아의 사회성 발달 측면을 고려하여 1대의 컴퓨터 앞에 2~3명의 유아가 앉도록 한다. 이러한 배치로 인해 유아 간의 상호작용이 자연스럽게 일어나게 된다.

그리고 유아가 순서대로 활동할 수 있도록 순서표와 끝나는 시간을 잘 알 수 있는 시계를 준비하는 것이 좋다. 이러한 준비를 통해 유아 간의 갈등을 미연에 방지할 수 있다.

2 컴퓨터 영역에 배치하여야 할 주요 설비 및 비품

먼저 컴퓨터는 2~3대를 준비하고, 프린터는 1대를 준비해야 한다. 그리고 프린터 용지와 여러 가지 쓰기 도구 등을 마련하여 확장활동이 일어날 수 있도록 해야 한다.

2) 컴퓨터 영역의 운영

컴퓨터 영역은 유아교육기관의 별도 공간에 설치하는 것보다는 각 교실 내에 설치하여 운영하는 것이 유아에게 발달적으로 적합한 교육활동을 실시할 수 있다.

(1) 컴퓨터 영역 배치 시 유의점

컴퓨터 영역의 배치 방법에 따라서 유아의 컴퓨터 활동이 활발하게 일어나거나 혹은 그렇지 않을 수도 있다. 다음에서는 효율적인 컴퓨터 활동을 위해 컴퓨터 영역을 배치할 때 주의할 점이다(이소희 외, 2003).

첫째, 모니터가 번쩍거리거나 반사되지 않도록 직사광선을 피할 수 있는 곳이어야 한다.

둘째, 지나치게 온도가 높거나 낮은 곳은 피한다.

셋째, 너무 조용하거나 시끄러운 영역의 주위는 피한다. 컴퓨터 활동은 소음이 많이 나기 때문에 이로 인해 다른 영역에 지장을 주거나 받지 않는 곳이어야 한다.

넷째, 컴퓨터 케이블을 단순하게 처리할 수 있는 장소여야 한다. 다시 말하면, 케이블이 교실 중앙에 놓이지 않도록 해야 하며, 전원 공급상 어쩔 수 없는 경우에는 전선덮개를 씌우고 홈을 파서 교실과 평면을 유지하도록 설치해야 안전하다.

다섯째, 모니터의 이동이 자유롭고 각도를 조절할 수 있는 곳이어야 한다. 그래야만 여러 유아와 상호작용하는 것이 용이해지고 각각의 유아가 지닌 욕구를 확인하고 질문과 대답을 통해 충족시켜 줄 수 있다.

여섯째, 적어도 2~3명의 유아가 서로 상호작용할 수 있도록 구성하는 것이 좋다. 예를 들면, 2명의 유아가 키보드를 옆에서 볼 수 있도록 충분한 공간을 확보한다. 여러 대를 설치할 경우에는 1대의 컴퓨터에 1~3개 정도의 의자를 놓을 수 있으면 좋다. 이렇게 영역이 구성되면 또래끼리 서로 배우고 가르치기는 것(monitorial system)이 가능해 진다.

일곱째, 유아가 시선을 돌리면 다른 영역이 보일 수 있도록 다른 흥미 영역과 단절되지 않는 곳이어야 한다. 이것은 통합적 교육의 제고를 위해서다.

여덟째, 컴퓨터 전용 테이블은 유아의 평균 앉은키를 고려한 높이여야 하며, 동시에 팔의 움직임이 자유스러울 정도로 적당히 넓어야 한다. 인체역학과 동작 경제는 컴퓨터 교육을 비롯한 모든 교육의 능률성을 제고시킨다.

아홉째, 교사가 유아의 활동을 보고 개입하기 좋은 곳이어야 한다. 이것은 컴퓨터가 아무리 다양한 기능을 가지고 교사의 역할을 대신한다고 하더라도 실제 교사보다 뛰어난 교사는 없기 때문이다.

열째, 학습에 따라 컴퓨터 흥미 영역에서 모든 일과시간 및 모든 영역에서 효율적인 활용을 하기 위해 컴퓨터와 주변 기기는 바퀴가 달린 수레형이 적합하다.

(2) 컴퓨터 영역의 운영 실제

각 학급에서 컴퓨터 영역을 효율적으로 운영하기 위해 교사는 유아가 컴퓨터에 대한 관심을 가질 수 있도록 소개하는 데서 출발하여 컴퓨터 놀이에 필요한 규칙을 정하여 갈등을 미연에 방지하여 놀이가 진행될 수 있도록 해야 한다. 그리고 컴퓨터 영역에서 문제 상황 발생 시 유아 스스로가 해결할 수 있는 기회를 제공하는 것이 바람직하다. 이와 같은 내용에 대해 자세하게 살펴보면 다음과 같다.

첫째, 교사는 먼저 유아가 컴퓨터에 대한 관심을 가질 수 있도록 소개해야 한다. 요즘 유아에게 컴퓨터란 두려움의 존재가 아닌 재미있는 놀이를 할 수 있는 기계로 인식되고 있다. 따라서 교실에서 컴퓨터 영역을 설치할 경우 거부감을 보이기보다는 접촉하기를 원하는 유아가 많을 것이다. 유아가 자연스럽게 컴퓨터를 접하게 하는 것도 중요하나 컴퓨터가 어떻게 구성되어 있고, 어떤 기능을 수행하고, 또 어떻게 컴퓨터를 다루어야 하는지를 알려 주는 것이 좋다.

둘째, 교사는 유아에게 컴퓨터를 사용할 때 지켜야 할 약속이 있음을 정하고, 이를 지킬 수 있도록 알려 주어야 한다. 학급 내에 설치된 컴퓨터의 수량은

보통 2~3대로 많은 유아가 한꺼번에 이용할 수 없다. 따라서 교사는 유아 스스로가 순서를 정하여 놀이할 수 있도록 안내하여야 하며, 놀이 시간 역시 5~10분으로 제한하여 이를 지킬 수 있도록 시계나 모래시계 등을 준비해 준다. 그리고 수시로 컴퓨터 영역에서 활동하는 유아를 관찰하여 모든 유아가 골고루 놀이할 수 있도록 지도하여야 한다. 이러한 규칙의 내용은 규칙판을 준비하여 유아가 늘 확인할 수 있도록 한다.

셋째, 컴퓨터 영역에서는 컴퓨터나 소프트웨어가 작동하지 않는다거나 놀이시간이나 순서로 인한 갈등이 빈번하게 일어날 수 있다. 이런 경우에 교사가 미리 개입하는 것은 문제해결의 기회를 빼앗는 것일 수 있다. 안전 문제나 유아에게 너무 어려운 문제가 아닌 이상 교사는 여유를 가지면서 유아 스스로가 문제를 해결할 수 있도록 기다려 주어야 한다.

제 2 장

유아교육에서 효율적인 컴퓨터 활용

1 | 유아교육 소프트웨어의 활용

1990년대 중반 이후로 하드웨어와 소프트웨어 산업이 급성장함으로써 유아교육에 활용할 수 있는 소프트웨어가 많이 개발되어 제작되었다. 유아용 소프트웨어의 수는 1990년대 중반부터 급증하여 1997년도에 총 386종으로 나타났는데, 그중 207종(53.6%)이 국내 개발사에 의한 것이고, 179종(46.4%)이 외국 개발사의 제품인 것(한희정, 1998)으로 조사되었다.

이처럼 소프트웨어의 개발이 활발해지면서 유아는 유아교육기관이나 가정에서 소프트웨어를 접하는 기회가 늘어났으며, 그 사용 시간 역시 점차 증가하고 있다.

유아의 컴퓨터 활용이 늘어나고 있는 추세에서 유아교육기관의 교사는 교육적이고 발달에 적합한 질 높은 소프트웨어를 선정하고 이를 활용할 수 있는 능력을 갖추도록 준비해야 한다.

이 장에서는 유아 소프트웨어의 중요성을 인식하여 소프트웨어가 변화되어 온 모습을 살펴보고, 적절한 평가준거를 제시한 다음 참고할 수 있는 소프트웨어의 종류를 알아보고자 한다.

1) 유아용 소프트웨어의 개발

유아교육에 컴퓨터가 처음 도입되기 시작한 1970~1980년대에는 컴퓨터를 이용하여 기본적인 개념과 기술을 반복적으로 학습할 수 있는 단순한 소프트웨어가 개발되었다. 그리고 교사가 한 유아를 대상으로 특정 영역의 지식을 가르치는 개인 교수형 소프트웨어가 주로 개발되었다. 이러한 소프트웨어는 유아의 생각에 따라 활동하기보다는 정답이 정해져 있어서 이를 알아맞혀야 하는 경우가 대부분이었다. 따라서 이러한 유형의 소프트웨어는 유아로 하여금 정답에 대한 스트레스를 받게 하고, 또 오랜 시간 활동을 할 경우 유아가 쉽게 흥미를 잃어버리게 만드는 경우가 많았다.

1980년대 이후에는 컴퓨터 공학이 급성장하고 상호작용주의 교육이론이 주류를 이루게 되면서 유아용 소프트웨어 개발은 긍정적인 방향으로 발전하게 되었다. 유아용 소프트웨어는 연령과 발달에 적합한 개방적인 내용이 개발되기 시작하였으며, 유아의 컴퓨터 활동에 긍정적 효과가 있다는 연구결과가 밝혀지면서 더 활발하게 개발되기 시작하였다.

1990년대에 이르러 많은 유아용 소프트웨어는 유아가 컴퓨터 상에서 자신의 반응에 대한 컴퓨터의 반응을 직접 경험할 수 있도록 개발되고 있으며, 통합적인 측면에서 높은 질의 소프트웨어가 개발되고 있다.

다음은 최근 개발되고 있는 유아용 소프트웨어의 특징에 대해 요약 정리한 것이다(이경우 외, 2000: 정미라 외, 2002에서 재인용).

(1) 최신의 테크놀로지를 적용한 CD 소프트웨어

CD-ROM 타이틀을 디자인하는 데 컴퓨터 테크놀로지를 잘 구현한 것으로, 이는 하드웨어가 가지고 있는 기능에 소프트웨어의 혁신적 디자인을 접목시킨 것이다. 그리하여 과거와는 달리 최근의 소프트웨어는 최신의 기술을 활용하여 학습자가 좀 더 능동적이고 창의적으로 활용하도록 하고 있다. 이처럼 최신의 기술은 소프트웨어의 새로운 방향성을 제시하고 있다.

(2) 소프트웨어 사용 연령의 하향화

기술발달과 주변 기기 부착 등으로 인해 어린 연령의 유아가 컴퓨터를 놀잇감화할 수 있게 되었다. 또한 어린 유아에게 친숙한 소프트웨어가 개발되고 있다. 예를 들어, 마우스 조작이 익숙하지 않은 유아가 사용하기 쉽도록 마우스를 움직이기만 해도 프로그램이 인식되어 실행되는 것도 있다.

(3) 에듀테인먼트 양상의 소프트웨어

과거의 소프트웨어는 흥미보다도 교육에 초점을 두었다. 그러나 기술의 발달로 인해 점차 사용자와 프로그램과의 상호작용 방법이 다양화되고 유아의 흥미 요소가 부각되었다. 최근의 소프트웨어는 교육적 측면뿐 아니라 오락적인 요소가 결합되어 에듀테인먼트(edutainment) 양상을 띠고 있다.

(4) 미디어 간 통합에 기초한 소프트웨어

그림책이 살아 움직이는 애니메이션이 되어 컴퓨터로 내용을 볼 수 있는 전자책(electronic books)으로 구현됨으로써 유아의 창의적 사고, 문제 해결력 등을 신장시켜 줄 수 있다. 즉, 소프트웨어의 변화 양상을 미디어로 연결하여 참신한 아이디어를 구현하는 경험과 더불어 자유로운 상상력을 표현하는 데에 자극을 줄 수 있도록 변화되었다.

(5) 국가 간 혹은 제작사 간의 협력

아동에게 양질의 미디어 경험을 제공하기 위해 지구촌이 협력하여 소프트웨어를 개발하고 있다. 예를 들어, 1998년에는 우리나라와 캐나다의 협력작인 '조이 블록(Zoi Block)'이 뉴미디어 상의 창의성 부분에서 수상을 했으며, 독일과 일본이 합작으로 '미드나잇 플레이(Midnight Play)'를 개발하여 1999년에 뉴미디어 상을 수상했다. 2000년도에는 독일, 프랑스, 일본이 함께 제작한 '알파벳(Alphabet)'이 최고의 도서 각색상을 받았다. 이러한 수상작은 지구촌의 요구인 창의력과 영어 능력을 신장시켜 주는 데 도움을 주고 있다.

(6) 오프라인과 온라인의 소프트웨어 통합

개발된 소프트웨어와 자회사의 제품 관련 홈페이지를 직접 연결하여 새로운 버전을 받아 업그레이드 하거나 다른 사람과 정보 교환도 할 수 있도록 되어 있다. 전자책과 사전의 경우 참고 자료에 직접 사이트를 연결해 놓아 원하는 정보의 최신 자료를 좀 더 쉽게 찾을 수 있다. 또한 스콜라스틱(Scholastic)사에서는 아이스파이(I SPY)의 활용을 온라인을 통해서도 해 볼 수 있도록 하고, 다른 사람의 작품이나 이야기를 볼 수 있도록 하고 있다.

2) 유아교육 소프트웨어의 평가준거

유아교육에서 컴퓨터를 효과적으로 활용하기 위해서는 유아에게 적합한 소프트웨어를 선택하는 것이 선행되어야 한다. 소프트웨어의 적합성 여부에 따라 유아에게 이로울 수도 혹은 해로울 수도 있기 때문이다(Haugland, 1992).

유아용 소프트웨어를 선택할 때 고려해야 할 평가 준거는 다음과 같다.

(1) Haugland/Shade 발달척도

Haugland와 Shade의 소프트웨어 평가척도인 『Haugland/Shade 발달척도, 개정판(Haugland/Shade Development Scale, Revised Edition)』(Haugland & Wright, 1997)은 유아 발달에 관한 이론과 연구에 기초하여 3~8세까지의 유아를 대상으로 개발된 소프트웨어를 평가하는 도구다. 이 척도는 1985년에 개발되어 지속적으로 개정된 것으로서 1990년에 사회의 다양성을 반영하는 반 편견(anti-bias) 준거가 첨가되었고, 1996년에는 비폭력 준거가 첨가 개정되었다.

Haugland/Shade 발달척도는 10개의 준거로 구성되었는데, 그것은 연령의 적합성, 유아의 통제성, 명확한 지시 가능성, 위계적 난이도의 전개성, 독립적 사용성, 비폭력성, 과정 지향성, 실제 세계의 표상, 기술적 특징, 변형 등이다.

평정척도는 각 준거에 대해서 기술된 특성을 모두 반영한 것이면 1점, 절반 정도를 반영한 것이면 0.5점, 절반 미만을 반영한 것이면 0점으로 평가하여 산출된 점수에서 반 편견 준거를 평가한 점수를 공제하여 전체 점수를 산출한다. 총점 10점 중 7점 이상으로 평가되는 것은 발달적으로 적합한 소프트웨어라고 할 수 있다.

〈표 2-1〉은 Haugland/Shade 발달척도의 평가준거 및 요소를 제시한 것이다(Haugland & Shade, 1990; Haugland & Wright, 1997: 김경철, 박선희, 박정선, 유구종, 조부경, 2000에서 재인용).

표 2-1 Haugland/Shade 발달척도의 평가 준거 및 요소

평가 준거	평가 요소
연령의 적합성	• 발달에 적합한 개념을 포함하는가? • 유아의 발달적 요구에 부응하는 교육방법을 사용하는가?
유아의 통제성	• 유아가 능동적인 참여자로 역할하게 하는가? • 현 화면에서 다른 메뉴로 쉽게 전환할 수 있는가? • 유아 개인의 속도에 따라 활동할 수 있는가? • 시행착오가 가능한가?
명확한 지시	• 메뉴가 그림을 선택하게 설계되었는가? • 지시가 단순하고 명확한가? • 말로써 지시하는가?
난이도의 전개성	• 성인이 한 번 도와준 후 어려움 없이 사용할 만큼 쉬운 단계에서 복잡한 단계로 전개되었는가? • 학습의 위계가 분명한가? • 강력한 아이디어를 가르치는가?
독립적 사용	• 프로그램을 제시할 때의 성인의 도움 후에는 유아가 독립적으로 사용할 수 있는가?
비폭력성	• 소프트웨어에 폭력적인 인물과 행동이 제시되지 않는가? • 소프트웨어가 긍정적인 사회적 가치(협동, 우정, 보살핌 등)의 시범을 보이는가?
과정 지향성	• 기능 연습이 아닌 발견학습을 가능하게 하는가? • 내재적 동기를 유발시키는가? • 과정을 중시하는가?

실제 세계의 표상	• 사물이 실제처럼 구체적으로 표상되었는가? • 사물이 움직이고 유아가 조작할 수 있는가? • 사물과 작동이 단순하고 신빙성이 있는가?
기술적 특징	• 컴퓨터에 의해 독특한 학습경험을 제공할 수 있는 애니메이션이 있는가? • 색채가 풍부하고 화면에서 본 것을 실생활에 전이하는 데 도움이 되는 그래픽이 있는가? • 소프트웨어를 쉽게 설치할 수 있는가? • 일관성 있게 작동하는가? • 인쇄할 수 있는가? • 효과 음향이나 음악이 사실적인가? • 실감 있는 그래픽이 있는가? • 실행이 지연되지 않고 순조롭게 이루어지는가? • 유아가 컴퓨터 상에서 한 활동을 저장할 수 있는가?
변형	• 사물과 상황을 변화시킬 수 있는가? • 현실에서 관찰하기에 불가능한 과정을 관찰할 수가 있는가?(식물의 성장, 색의 혼합, 화산 폭발 등)
반 편견 공제	• 소프트웨어가 다양한 언어를 사용할 수 있게 설계되었는가? • 유아에게 친근하고 다양한 문화를 표상하는 사물이나 상황을 제시하는 보편성을 지니는가? • 성차별이 없고 성역할에 편견이 없는가? • 다양한 문화적 배경을 가진 등장인물이 있는가? • 다양한 능력과 연령을 가진 인물이 등장하는가? • 다양한 가족 구조를 반영하는가?

(2) 유아교육용 CD-ROM 평가양식

김진호와 유구종(1995)에 의해 개발된 유아교육용 CD-ROM 평가양식은 교육용 소프트웨어, 유아용 소프트웨어, CD-ROM 타이틀 평가준거를 참고하여 유치원과 초등학교 저학년 유아를 대상으로 개발된 소프트웨어를 평가하기 위한 준거로 구성되어 있다. 〈표 2-2〉에 제시된 유아교육용 CD-ROM 평가양식은 사용 용이성, 멀티미디어 요소, 유아교육과정 지원, 사용 환경 등의 네 가지 범주 내에 20개의 평가요소와 5개의 보너스 질문으로 구성되었다(김진호, 유구종, 1995: 김경철 외, 2000에서 재인용).

표 2-2 유아교육용 CD-ROM 평가양식의 범주 및 평가요소

범주	평가 요소
사용 용이성	• 설치하기: CD-ROM 타이틀이 쉽게 설치되는가? • 시작하기, 끝내기: 유아가 프로그램을 시작하기 쉽고 원할 때 끝낼 수 있는가? • 화면설계: 화면 설계가 유아의 발달을 고려하였는가? • 도움말 화면: 온라인: 엄마나 유치원교사가 유아를 도울 수 있도록 배려하고 있는가? • 그래픽 인터페이스: 유아가 프로그램과 상호 작용하는 방법이 그래픽을 통해서인가?
멀티미디어 요소	• 화상: 프로그램에 포함된 화상은 양과 질이 훌륭한가? • 음향/음성: 프로그램에 포함된 음성과 사운드는 양과 질이 훌륭한가? • 애니메이션/비디오: 프로그램에 포함된 애니메이션과 비디오는 양과 질이 훌륭한가? • 색/일러스트레이션: 프로그램에 포함된 일러스트레이션은 산뜻하고 매혹적이며 색은 적절히 사용하고 있는가? • 구조화/링크: 여러 멀티미디어 요소(node, 마디) 간의 연결(link)이 완벽하게 구조화되어 있는가?
유아교육과정 지원	• 유치원 교육과정과의 통합: 프로그램이 유치원 교육과정을 지원하고 개선시킬 수 있는가? • 개방적 · 창의적 사고: 유아의 상상력과 호기심을 자극하는가? 유아로 하여금 개방적 · 창의적인 사고를 할 수 있도록 해 주는가? • 행동주의적 기법: 프로그램이 강화나 보상의 원리, 동기 유발적 내용을 적절히 이용하고 있는가? • 실생활 장면과 연계된 내용: 프로그램이 경험 중심, 놀이 중심, 유아 중심적인가? • 내용의 독창성: 프로그램이 외국의 프로그램을 모방, 도용하지 않았는가?
사용 환경 (하드웨어 사양)	• 수행 속도의 적절성: 프로그램의 애니메이션 파일과 비디오 파일의 용량과 수행 속도는 적절한가? • 국제 표준 규격의 사용: 프로그램의 오디오, 비디오 등의 멀티미디어 요소가 국제 표준 규격을 지원하는가? • 네트워크 환경 지원: 프로그램이 유치원 원격 교육에 필수적인 네트워크 환경을 지원하는가?

	• 입력 장치 지원: 프로그램이 유아에게 적합한 각종 입력 장치(터치스크린, 마우스, 조이스틱, 코알라패드, 전자펜)를 지원하는가? • 요구사양: 호환성, 확장성-프로그램이 각종 하드웨어 기종, 그래픽 카드, CD-ROM 인터페이스 방식, 사운드카드를 지원하는가?
보너스 질문 (화면 구성)	• 상호작용성: 하이퍼-유아가 정보에 접근하는 방식과 컴퓨터가 반응하는 방식이 쌍방향적인가? • 상호작용적 구성: 프로그램이 퀴즈나 게임 같은 상호작용적 구성을 활용하고 있는가? • 시맨틱 매핑(Semantic Mapping)의 사용: 프로그램이 의미론적 도식화 개념을 적절히 활용하고 있는가? • 하이퍼 내비게이션(Hyper Navigation)의 사용: 프로그램이 유아가 원하는 화면으로의 즉시적인 이동과 복귀를 지원하는가? • 프로그램의 일관성: 프로그램 전개가 유아가 이해할 수 있을 만큼 일관적인가?

(3) 교육용 소프트웨어 품질 인증 지침

우리나라에서는 1998년부터 교육부 산하의 한국 교육방송원 부설 멀티미디어 교육지원센터에서 소프트웨어를 심의하여 인준해 주는 기준을 적용하기 시작했다.

교육용 소프트웨어 품질 인증 지침의 기준내용은 〈표 2-3〉과 같다(정미라 외, 2002).

표 2-3 교육용 소프트웨어 품질 인증 지침

영역		평가 요소	배점
내용 영역	선정의 타당성	• 개발목적 및 학습 목표와 관련된 핵심적인 내용의 선정 • 학습자 분석 실시 여부 • 환경 분석 실시 여부 • 요구 분석 실기 여부	5
	창의성	• 내용 제시 방법, 인터페이스 등에서의 참신성	5

	조직의 합리성 명확성	• 학습 내용 계열의 적합성 • 내용의 정확성 • 용어나 문장의 명료성	5
	윤리성	• 종교, 성, 지역, 직종 등에 대한 편견과 폭력적인 표현의 매체	5
	매체의 적합성	• 다른 매체와 비교한 비용 · 효과성 • 학습의 효율성	5
교수 전략 영역	동기 유발성	• 다양한 상호작용성 • 학습자의 기대와의 관련성, 학습 성공에의 자신감 부여 • 감각적 · 인지적 주의 집중성, 시청각적 요소의 활용 난이도의 적절성 • 학습 능력에 따른 다양한 분지 제공	15
	피드백	• 학습자의 수준에 맞는 피드백 제시, 피드백 제시 방식 및 제시 유형의 적합성 • 피드백의 학습 교정 기능	15
	학습 통제성	• 학습 방식, 속도, 계열, 내용의 효과적인 통제성의 적절한 사용	10
기술적 특성 영역	사용의 관리성	• 현재 학습 상태에 대한 정보 제공 • 학습 위치 이동의 용이성 • 학습자 반응 영역의 적절성 • 아이콘 의미의 명료성	6
	정보수용의 용이성	• 멀티미디어 기술의 효과적 사용 • 글자, 그래픽, 음향, 동영상 등 내용을 표현하는 형태의 적절성	6
기술적 특성 영역	프로그램의 안정성	• 반응 속도의 적절성 • 프로그램 운영 중 오류 발생 여부 • 전송 속도와 서버의 안정성 고려(온라인 기반의 프로그램인 경우에 적용)	6
	관리 체제 기능성	• 온라인 특성에 부합하는 사후 유지 · 보수 방안(온라인 기반의 프로그램인 경우에 적용) • 프로그램의 보안성, 개방성, 확정성(협동 학습 프로그램인 경우에 적용)	6

3) 유아교육 관련 소프트웨어

최근까지 개발된 유아용 소프트웨어의 종류는 〈표 2-4〉와 같다.

표 2-4 유아용 소프트웨어의 종류

소프트웨어명	제작사	관련 영역
꼬마 크레용	웅진미디어	미술
꼬마 파스칼	한글과 컴퓨터	수학
나는 찾아요 인형극장	Scolastic	언어
나는 찾아요 주니어	Scolastic	언어
나의 천국	푸른 하늘을 여는 사람들	수학
도구 놀이	대교 컴퓨터	과학
띵킹 띵즈 I	Edmark Corporation	다각적
매직 스케치북	세광 데이터 테크	미술
매직 월드	세광 데이터 테크	미술
밀리의 수놀이 가게	Edmark Corporation	수학
색깔을 갖고 싶어요	푸른 하늘을 여는 사람들	미술
세미의 과학놀이	Edmark Corporation	과학
수학교실	Broderbund Software	수학
스탠리 스티커 스토리	Edmark Corporation	영어
시간이 빨리 갔네요	푸른 하늘을 여는 사람들	수학
신나는 ABC 나라	LG소프트	외국어 학습
씽씽 시간여행	웅진미디어	수학
어린이 훈민정음	삼성영상사업단	읽기/쓰기
올리의 그림동화 만들기	Broderbund Software	다각적
와, 한글이 보인다	웅진미디어	읽기
줌비니	Broderbund Software	수학
키드픽스 스튜디오	Broderbund Software	창의성
탱탱탱 그램	웅진미디어	수학
토끼와 거북이	Broderbund Software	전자도서
토미와 오스카의 음악여행	한컴서비스	음악
트루디의 시간여행 공간여행	Edmark Corporation	수학
한국 전래동화	우주 기획	전자도서

할머니와 둘이서	Living Books	전자도서
Bailey's Book House	Edmark Corporation	읽기
Click Click ABC	솔빛	전자도서
Crayola Amazing Art Adventure	Micrografx	창의성
Felix The Cat	Big Top	창의성
Freddi Fish	Humongous Entertainment	논리문제 해결
Millie's Math House	Edmark Corporation	수학
Sammy's Science House	Edmark Corporation	과학
Stanley's Sticker Stories	Edmark Corporation	창의성
Zoi VR Blocks	Zoi World	창의성

2 | 유아교육 사이트의 활용

1) 유아교육에서의 인터넷 활용

인터넷이란 거미줄처럼 연결되어 있는 컴퓨터 간의 연결망으로, 전 세계에 퍼져 있는 정보를 얻을 수 있는 원천이 된다. 21세기는 정보화 사회로서 정보가 사회를 이끌어 가는 중요한 자원이라 할 수 있다. 현 사회에서는 개인이 정보를 선택하고 활용하는 능력을 교육계가 담당해야 해야 한다는 인식이 확대되고 있다. 유아교육계에서도 이러한 인식하에 인터넷을 교육적으로 활용하려는 움직임이 활발해지고 있다.

유아교육에서 인터넷 활용이 갖는 장점을 유아의 관점과 교사의 관점에서 간략히 살펴보면 다음과 같다.

(1) 유아의 관점

유아교육에서 인터넷 활용은 유아가 능동적으로 학습에 참여하고 흥미를 가지면서 자기개발학습을 할 수 있다는 것이다. 유아는 인터넷을 활용하여 세계 각지에 있는 여러 정보를 조사하고 탐색할 수 있으며, 시청각을 이용한 감각학습이 가능하여 학습의 효과를 극대화할 수 있다.

(2) 교사의 관점

교사는 인터넷을 활용함으로써 풍부한 교수자료를 확보하여 유아교육의 질적 향상을 도모할 수 있다. 직접 자료를 구할 수 있는 장소에 가지 않더라도 컴퓨터를 통해 많은 정보를 수집하고, 교수자료를 제작할 수 있다. 앞으로는 교사가 인터넷을 활용하여 제작하는 교수자료의 공유 문제에 대한 논의가 필요할 것으로 예측된다.

위에서 살펴본 바와 같이 유아교육에서 인터넷 활용의 장점이 있는 반면에 제한점이 있다. 구체적으로 살펴보면 먼저 유아를 대상으로 하는 교육 사이트가 부족하며, 판단능력이 부족한 유아가 유해한 사이트에 노출될 가능성이 높다는 것이다. 그리고 교사가 인터넷을 활용하여 교육자료를 제작하기에는 최적의 물리적 환경 조성과 충분한 시간 제공이 필요한데, 유아교육 현장의 실정으로는 이러한 점을 충족하기 힘들다는 것이다. 유아교육계에서는 이러한 점을 보완하여 인터넷을 최대한 활용할 수 있도록 지속적인 노력을 기울여야 할 것이다.

2) 인터넷 사이트의 평가준거

사회 전반적으로 인터넷 활용이 증가하면서 적절한 평가를 받지 않은 사이트가 속속 등장하고 있는데, 긍정적인 영향을 주는 사이트도 물론 있지만 유해한 사이트도 많은 실정이다. 이에 따라 유아와 교사를 대상으로 하는 사이트가 급속도로 증가하면서 교육적으로 바람직한 사이트를 선택할 수 있는 평가준거도 개발되고 있다. 다음에서는 CSR 평가준거와 강신영(2000)의 평가준거(최태식, 최대훈, 박주희, 2002에서 재인용)를 중심으로 적절한 사이트 선택 방법을 알아보기로 하겠다.

(1) CSR(Children's Software Revue)의 평가준거

1 사용의 용이성

아무리 내용이 좋더라도 사이트의 사용법이 쉬워야 한다.

- 홈페이지(첫 번째 장면)의 사용이 쉽다(주 활동에 들어가는 데 클릭을 몇 번 하는가를 센다).
- 사이트의 접속을 유아가 이해할 수 있다.
- 속도와 상호작용이 그래픽, 음악, 애니메이션 때문에 방해를 받지 않는다.
- 일관된 진행 기술이 사용된다(각 페이지에 다른 페이지로 돌아가거나 넘어가기 아이콘이 일관성 있는 형태로 있다).
- 사이트에 '찾기 특징'이 있어 조작하기가 쉽다.

2 교육성

교육을 위해서는 다음과 같은 내용이 담겨 있어야 한다.

- 디자인에 상호작용적인 요소가 있다.
- 내용이 유용하고, 정확하고, 최신의 것이다.
- 내용의 출처와 시기가 나타나 있다.
- 수준별 내용이 광범위하게 나타나 있다.
- 사이트가 고정관념이나 지나친 광고 성격을 가지지 않는다.
- 내용 면에서 일러스트레이션과 멀티미디어 특징이 세심하게 구성되어 있다.
- 내용이 풍부하다.
- 다른 사이트의 연계 이유가 설명되어 있고 양질의 사이트로 구성되어 있다.

3 오락성

사이트에 흥미를 가지기 위해서는 오락적인 면이 있어야 한다.

- 그래픽과 음향은 유아에게 흥미를 유발하는 요소다. 이는 유아에게 익숙한 영화, 박물관, 책 등으로 경험을 확장시킨다.
- 새로운 내용이 계속 홈페이지에 게시된다.
- 유아는 어디든 사이트에 참여함으로써 주인의식을 느낄 기회를 가진다.
- 도전할 수 있는 영역이 다양하고 유아가 여러 수준에서 선택할 수 있다.
- 경험이 심미적으로 즐거운 것이고 전문적인 시각을 갖게 한다.

[4] 디자인

디자인이 잘된 사이트는 사용자를 광범위하게 도와준다.

- 사이트는 사용을 오래하더라도 원활하게 작동한다.
- 사이트는 주로 용량을 많이 차지하지 않는 '찾기(Browsers)' 기능으로 작동한다.
- 선명한 그래픽이 빠르게 나타난다.
- 인터넷 연결이 적절하게 작동한다.

[5] 안정성과 책임

좋은 사이트는 안전성이 있어야 하고 정보에 대한 책임감을 가져야 한다.

- 개인적인 정보를 알려 줄 때에는 주의를 적절하게 준다.
- 정보 등을 알릴 때는 이야기방이나 게시판에 공개적으로 한다.
- 사이트가 원래 상업적인 것이라면, 사이트는 제품에 대한 판매와 보증에 관해 간단하게 나타낸다.

(2) 강신영(2000)의 인터넷 사이트 평가준거

교육적으로 바람직한 사이트를 선택하는 평가준거는 다음과 같다.

- 사이트의 하위 메뉴가 다양한가?
- 각 하위 메뉴의 내용이 풍부한가?
- 활용 가능 자료가 풍부한가?
- 내용에 대한 설명이 풍부한가?
- 설명이 명료하고 이해하기 쉬운가?
- 유아교육과정의 내용을 지원하는가?
- 사이트의 구성은 필요한 정보를 찾기가 쉽도록 이루어졌는가?
- 전문가의 정보를 충분히 얻을 수 있는가?
- 필요한 항목에 대해 다른 사이트로 연결하여 추가정보를 얻을 수 있는가?
- 최신 정보를 소개하고 있는가?
- 내용 출처와 시기가 명확히 제시되어 있는가?
- 다채롭고 흥미 있게 만들어졌는가?
- 교구 및 제품의 소개가 자세하게 되어 있는가?
- 제품을 주문하는 과정이 쉽게 처리되어 있는가?
- 판매자 측의 소비자에 대한 권리보장 부분이 제시되어 있는가?
- 화면이 빨리 뜨는가?
- 한 화면 내에서 보기에 적당한가?
- 오류가 나지는 않는가?
- 도움말 설명이 있는가?
- 내용 관련 자료의 다운로드가 용이한가?
- 게시판, 카운터, 메일 등의 방법 또는 전화, 주소의 명시를 통해 의사소통을 할 수 있는가?
- 자료를 프린트하기가 쉬운가?
- 이상한 문자가 표시되거나 글씨가 깨지지는 않는가?
- 화면의 색상과 구성이 매력적인가?
- 일러스트나 사용된 컷의 크기와 수준은 우수한가?
- 알아보기 쉬운 글꼴과 행간을 유지하였는가?
- 사이트 바탕의 배경 그림은 효과적으로 사용되었는가?

• 주의집중이 용이하도록 그림과 글씨가 배치되었는가?

3) 유아교육 관련 사이트

다음에서 유아교육에 관련된 사이트를 유아교육 정보 사이트, 유아교육기관 사이트, 그리고 기타 사이트 등으로 구분하여 제시하였으니 참고하기 바란다.

(1) 유아교육 정보 사이트

유아교육에 관한 정보를 알려 주는 사이트 주소의 예는 〈표 2-5〉와 같다.

표 2-5 유아교육 정보 사이트의 예

사이트명	사이트 주소
국립중앙박물관	http://www.museum.go.kr
그림책 주제별 사전	http://www.animation3.com/
깨비키즈	http://www.kebikids.com/
동심	http://www.edpia.com
동화마을	http://www.donghwamaul.co.kr
동화사랑닷컴	http://www.donghwasarang.com
디즈니	http://www.disney.com
맘포아이	http://www.mam4i.com/
베베라인	http://www.bebeline.co.kr
브이지케이	http://www.vgk.co.kr/
새롬 아카데미	http://www.cokid.co.kr
성신에듀타운	http://web.sungshin.ac.kr/~ssedutown/
세사미워크숍	http://www.sesameworkshop.org/parents
스콜라스틱	http://www2.scholastic.com
어린이사랑 어린이존중 동심	http://www.edpia.com
에듀맘(한솔교육)	http://www.edumom.co.kr
에듀클릭	http://www.educlick.co.kr
원라인	http://www.wonline.co.kr

유리누리	http://www.yurinuri.com
유아교육 키드키즈	http://www.kidkids.net
유아넷	http://www.yuanet.com
이매 귀염둥이	http://myhome.shinbiro.com/~hsy1201/index.htm
주니어네이버	http://jr.naver.com
주니어네이버 유아세상	http://jr.naver.com/babystudy/
주니어네이버 재미나라	http://jr.naver.com/jaeminara/
중앙보육센터	http://www.educare.or.kr
짐보리	http://www.gymboree.co.kr/
키드키즈	http://www.kidkids.net
키즈랜드	http://www.kidsland.tv/
키즈원	http://www.kidsone.co.kr/
파파넷	http://papanet.gangdong.go.kr
한국 삐아제	http://www.piaget.co.kr
한국 어린이 능력개발 연구센터	http://www.kidca.com
한국관광공사	http://www.visitkorea.or.kr
한국인터넷 진흥원	http://www.nic.or.kr
한솔교육	http://www.eduhansol.co.kr
활짝e 한글나라S	http://ehangul.jaeminara.co.kr/
children 소프트웨어	http://www.childrenssoftware.com
factmonster(영어사이트)	http://www.factmonster.com
Sandiego 동물원	http://www.sandiegozoo.com

(2) 유아교육기관 사이트

유아교육기관 사이트는 각 유아교육기관의 종합적인 정보를 알려 줄 뿐만 아니라 게시판을 통해 부모와의 양방향 의사소통을 가능하게 하는 이점이 있다. 유아교육 사이트의 예는 〈표 2-6〉과 같다.

표 2-6 유아교육기관 사이트의 예

사이트명	사이트 주소
강남구 보육정보센터	http://kids.gangnam.go.kr
강원도 보육정보센터	http://www.gweducare.or.kr
경기도북부 보육정보센터	http://www.kgbc.or.kr
경상남도 보육정보센터	http://www.gneducare.or.kr
경상북도 보육정보센터	http://www.kgbc.or.kr
경희대학교 부속유치원	http://www.khu.kg.kr
대구광역시 보육정보센터	http://www.tgcare.or.kr
대구대학교 부속유치원	http://kcms.daegu.ac.kr/user/ygkg88/
대전광역시 보육정보센터	http://www.djcare.or.kr
덕성여자대학교 부속유치원	http://duksung.kidis.co.kr
동작구 영유아플라자	http://www.kidsplaza.or.kr/
부산광역시 보육정보센터	http://www.bscare.or.kr
부산대학교 부속어린이집	http://www.ecochild.or.kr
서남특수어린이집	http://cafe.daum.net/seonam2003
서울대학교 생활과학대학 부속유치원	http://kidshome.snu.ac.kr
서울여자대학교 부속어린이집	http://family.swu.ac.kr/~preschool/
서울여자대학교 부속어린이집	http://family.swu.ac.kr/∼preschool
서울여자대학교 부속유치원	http://www.swuchild.co.kr
서울특별시 보육정보센터	http://children.seoul.go.kr
서울특별시 보육포털서비스	http://children.seoul.go.kr
서초구 영유아플라자	http://youngua.seocho.go.kr/
성신여자대학교 부속유치원	http://www.sskid.or.kr
숙명여자대학교 부속유치원	http://sookmyung.ac.kr/%7Echild/main.php
울산광역시 보육정보센터	http://www.ueic.or.kr
이화어린이연구원	http://home.ewha.ac.kr/~educare/
이화여자대학교 부속유치원	http://www.ewha-kids.com
인천광역시 보육정보센터	http://www.icda.or.kr
전라남도 보육정보센터	http://www.jncare.or.kr
전라북도 보육정보센터	http://www.jbcare.or.kr
제주특별자치도 보육정보센터	http://www.jejueducare.or.kr
중방유치원	http://www.jungbang.org
중앙대학교 부속유치원	http://www.cau-kindergarten.or.kr
중앙보육정보센터 장애아보육	http://www.educare.or.kr
중앙보육정보센터	http://www.educare.or.kr/

총신대학교 부속유치원	http://www.csuk.kr/
충청남도 보육정보센터	http://cnicareclose.oasyss.co.kr
충청북도 보육정보센터	http://www.cbeducare.or.kr
한국교원대학교 부속유치원	http://www.knue.kg.kr/

(3) 기타

그 외 유아교육에 관련된 기타 사이트 주소의 예는 〈표 2-7〉과 같다.

표 2-7 기타 사이트의 예

사이트명	사이트 주소
공동육아와 공동체교육	http://www.gongdong.or.kr
교육과학기술부	http://www.moe.go.kr
국립중앙도서관	http://www.nl.go.kr
국회도서관	http://www.nanet.go.kr
대한어린이교육협회	http://www.kacei.org
미래유아교육학회	http://www.futureece.or.kr/index.html
보건복지가족부	http://www.mohw.go.kr
보육교사자격관리사무국	http://www.ctcm.or.kr
사단법인 한국유치원총연합회	http://www.yoochiwon.or.kr
서울특별시 보육정보센터	http://children.seoul.go.kr
아이 코리아	http://www.yukyoung.or.kr/
어린이 청와대	http://www.children.president.go.kr
열린 유아교육학회	http://www.open33.or.kr
중앙아동연구소	http://www.eduican.com/
한국 몬테소리(주)	http://www.montessori.co.kr
한국교육개발원	http://www.kedi.re.kr
한국국공립유치원 교원연합회	http://kapkt.info
한국영유아교원교육학회	http://eceteacher.com/main.php
한국영유아보육학회	http://www.kce.or.kr
한국유아교육학회	http://www.ksece.or.kr
한국유치원총연합회 부산지회	http://www.puka.co.kr
한국유치원총연합회 서울시지회	http://www.seoul.nka.kr

제 3 장

유아교육기관 운영관리의 효율화와 컴퓨터 활용

1 | 유아교육기관의 활동

유아교육기관의 활동은 교수 · 학습 활동과 운영관리 활동으로 양분화할 수 있다. 이와 관련한 활동을 살펴보면 다음과 같다.

첫째, 교수 · 학습 활동은 유아교육기관의 가장 핵심적인 활동으로 유아의 전인적인 성장과 발달을 돕는 활동이며, 둘째, 운영관리 활동은 교수 · 학습 활동을 지원하고 유아교육의 목적 달성을 위한 제반 조건을 정비해 주는 활동이다. 이 두 가지 활동은 목적과 수단의 불가분의 관계를 유지하고 있으며 만약 어느 하나라도 그 기능을 제대로 발휘하지 않으면 교육목적을 달성할 수 없다. 따라서 유아교육기관의 운영관리는 유아교육의 효율화를 기하는 데 있고, 교수 · 학습 활동은 목적이 되며, 운영관리 활동은 목적 달성의 수단이 된다. 유아교육기관의 관리 활동은 흔히 운영관리 등으로 표현된다.

2 | 운영관리의 개념 및 원리

1) 운영관리의 개념

운영관리 개념에 대한 학자들의 견해를 살펴보면 다음과 같다.

- 김옥련(1993): 시설의 목적과 목표를 효과적으로 달성하기 위한 인적(man), 물적(material), 재정적(money), 운영방법적(management) 조건을 정비하고 운용하는 일이다.
- 임재택(1999): 기관의 목적을 달성하기 위하여 사람, 돈, 공간, 시간 등을 효율적으로 계획, 조직, 실행, 평가하는 일련의 과정이다.
- Taylor(1979): 어떤 기관이나 기구의 목적 달성을 위하여 사람(people), 자원(resources), 시간(time)을 효율적으로 조정, 운영하는 일인데, 여기서 자원은 돈(funds)과 공간(space)을 포함한다(임재택, 1999, p. 56).

결론적으로 유아교육기관의 운영관리는 유아교육기관의 교육목표를 효율적으로 달성하기 위해 인적 · 물적 · 재정적 조건을 계획, 조직, 실행, 평가하는 제반 활동을 의미한다.

2) 운영관리의 원리

유아교육기관을 운영하는 원장 및 시설장은 유아를 좀 더 제대로 보호하고 교육하기 위하여 계획, 실행, 평가하는 등의 일련의 행정적 과정에 따라 그 기관을 보다 효율적으로 운영해야 한다. 유아교육기관의 원장은 원을 운영하는데 있어 일반적으로 염두에 두어야 할 몇 가지 기본 원리가 있는데, 이를 살펴보면 다음과 같다(임재택, 1999).

(1) 타당성의 원리

이 원리는 어떤 기관에서 바람직한 교육계획을 세우고, 그것을 운영해 나가는 운영관리의 활동은 타당성이 있어야 한다는 것을 의미한다.

(2) 민주성의 원리

이 원리는 운영관리의 실천적 측면에서 주로 독단과 편견을 배제하고 민주적으로 이루어져야 한다는 것을 의미한다.

(3) 효율성의 원리

이 원리는 모든 운영관리 활동에 있어서 최소한의 노력과 경비로 최대의 효과를 얻어야 함을 말한다. 여기서 중요한 것은 유아교육의 효과는 단기간에 나타나는 것이 아니므로 다른 원리를 무시해 가면서 효율성의 원리만을 고집하는 것은 곤란하다.

(4) 적응성의 원리

이 원리는 기관의 운영관리는 그 기관이 처해 있는 현실적인 상황을 충분히 고려하여야 한다는 것을 의미한다.

(5) 안정성의 원리

이 원리는 어떤 면에서 적응성의 원리와 대응되는 원리라고 볼 수 있다. 즉, 유아교육기관의 원장은 변화를 수용하고 현실에 적응하는 반면, 전통성이나 고유의 철학이나 가치관 등을 견지하여 긴 안목에서 장기적인 계획에 따라 기관을 운영하는 것이 필요하다.

3 | 운영관리의 영역

유아교육기관 운영관리의 영역을 임재택(1999)의 『유아교육기관의 운영관리』와 보육시설평가인증사무국(2005)의 『보육시설의 평가인증 지침서』, 고정곤과 최태식(2004)의 『유아교육기관 교사를 위한 교육과정 및 교육평가』를 참고하여 〈표 3-1〉과 같이 제시한다.

표 3-1 유아교육기관의 운영관리의 영역

<table>
<tr><th>번호</th><th>영역</th><th colspan="2">내용</th><th>구비되어야 요소</th></tr>
<tr><td>1</td><td>시설, 설비의 구성 및 관리</td><td colspan="2">• 시설에 대한 주요정보(시설의 보육 방침, 보육시간, 연령별 집단 크기와 교사 수, 시설장 및 보육교사의 자격과 경력 등) 제공
• 건물, 교실, 놀이터, 시설·설비의 관리, 주변 환경 관리, 안전관리, 시설·설비의 구입, 수리, 유지·관리 등</td><td>• 안내, 소책자, 팸플릿, 홈페이지, 유치원 달력 만들기
• 시설의 안전점검 목록표, 교육환경 평가, 유치원 시설 관찰 목록표, 실외종합놀이시설 평가표, 활동실 안전 점검표, 실외시설 및 설비 안전점검표, 비품대장, 소모품 대장</td></tr>
<tr><td>2</td><td>원아관리</td><td colspan="2">입·퇴원, 반·집단 편성, 출결석, 가정환경 조사, 생활기록 등</td><td>가정환경조사서, 유아기초조사서, 개인조사서, 생활기록부</td></tr>
<tr><td>3</td><td>교직원 인사관리</td><td colspan="2">채용(전직·퇴직), 반담임, 업무분장, 복지, 직원회의, 교사연구, 근무평가, 장학지도 등</td><td>임용·해임과 관련한 서류, 업무분장표, 회의록, 교사의 자기평가 척도, 교사근무성적 평정표, 수업평가(상급자, 동료교사, 부모), 수업분석표(체크리스트)</td></tr>
<tr><td rowspan="3">4</td><td rowspan="3">유아교육 과정 운영</td><td>교육과정</td><td>교육과정의 운영, 연·월·주·일 교육계획 수립, 일과계획 및 운영</td><td>연간교육계획안, 월·주·일일 교육계획안, 유아교육프로그램 평가</td></tr>
<tr><td>유아에 대한 이해</td><td>유아관찰 및 기록, 건강, 영양(급식, 간식), 안전, 위생 등</td><td>유아행동 관찰평가, 행동발달 관찰기록부, 친사회적 행동평가, 기본생활 습관평가, 유아의 비안전 행동 관찰 기록지, 포트폴리오</td></tr>
<tr><td>행사</td><td>행사계획 및 운영, 운동회, 소풍, 현장견학</td><td>각종 행사와 관련한 팸플릿 제작</td></tr>
<tr><td>5</td><td>교재·교구관리</td><td colspan="2">교재·교구의 구입 및 관리, 환경구성 및 관리, 흥미 영역의 구성 및 관리, 시청각 교재 등</td><td>교재교구 대장, 교재교구 관리 대장, 도서대장, 도서관리 대장, 시청각 교재 대장, 시청각 교재 관리 대장</td></tr>
<tr><td>6</td><td>가족 및 지역사회와의 협력</td><td colspan="2">보육시설과 가정 간의 의사소통, 부모개별면담, 부모교육 활동, 지역사회기관과의 협조체계</td><td>교육시설 운영에 관한 부모 만족도 조사, 학부모 참여 프로그램 안내장, 부모교육을 위한 강연회 및 워크숍 자료, 부모교육 참여 평가지</td></tr>
</table>

4 | 운영관리의 효율화를 위한 컴퓨터 교육과정 개발

1) 운영관리의 효율화를 위한 컴퓨터 활용의 필요성

유아교육은 인간의 성장발달 중 가장 발달이 급격하게 변화되어 가는 유아를 대상으로 하는 교육기관이다. 따라서 교육과 운영이 합리적이고 과학적으로 이루어져야 한다. 특히 유아의 성장과 관련한 발달 및 기록은 교육과정의 반영에 중요한 매체가 될 수 있다. 또한 운영에서도 유아에게 적절한 교재 교구 및 교육환경을 제공하기 위해서는 교재 교구 및 시설과 관련하여 체계적인 관리가 필요하다. 아울러 교육에서 가장 중요한 역할을 담당하는 교직원 관리에서도 과학적이고 효과적인 업무 분장이 이루어져야 한다. 그리고 교사는 자신의 수업과 관련한 일과계획이나 활동 등을 컴퓨터를 활용하여 시각화하고 도식화할 수 있는 능력을 갖추어야 하며, 도식화된 자료를 교육에 직접 활용할 수 있는 자질도 갖추어야 한다.

이러한 점에서 미루어 볼 때 유아교육기관의 운영은 체계적이고 합리적이며, 과학적으로 이루어져야 한다. 특히 운영관리의 합리화와 과학화를 위해서는 원아, 교직원 인사관리, 유아교육 과정 운영, 시설설비, 교재교구 등의 관리와 관련한 양식이 필요하다.

유아교육기관 운영이 합리적이고 과학적으로 운영되기 위해서는 컴퓨터를 활용하여 제반 문서가 관리되고, 1년 동안 실행되었던 자료는 누적되어 다음 해에 하나의 피드백 자료로 활용되어야 한다. 체계적인 운영은 유아교육기관 운영을 효과적이고 능률적으로 운영할 수 있는 발판이 될 것이다. 효율적인 운영을 위해 합목적성, 효과성, 능률성이 요구되며, 민주화를 위해서는 운영관리조직 및 운영관리 과정의 민주화가 요구되고, 과학화를 위해서는 운영관리에 끊임없는 연구와 이론 개발이 이루어져야 한다(임재택, 1999).

효율적인 유아교육기관 운영관리를 위해 기관을 운영하는 원장뿐 아니라 교사 역시 컴퓨터 사용 및 활용방법에 대한 능력을 갖추어야 한다.

따라서 다음 장에서는 유아교육기관 교사의 컴퓨터 교육의 필요성에 따른 유아교사를 위한 컴퓨터 교육과정 개발과 유아교사를 위한 정보화 연수 현황 및 연수 효과 증진방안에 대해서 살펴보고자 한다.

2) 유아교사를 위한 컴퓨터 교육과정 개발

유아교사를 위한 컴퓨터 교육과정 개발의 필요성 및 방향을 김영희(2005)의 논문을 중심으로 제시하고자 한다. 김영희(2005)의 연구에 따르면 NAEYC에서는 '유아를 위한 발달적으로 적합한 컴퓨터 활용을 위한 지침'을 표명하였으며, 국내의 유아교육 현장에서도 1990년대 초반부터 유아교육에 컴퓨터 도입 및 활용에 관한 관심이 급증하였다.

우리나라 교육부(현 교육인적과학부)에서도 1995년 '유치원 교사를 위한 컴퓨터 교육 자료'라는 장학자료를 개발하였다. 이를 통해 유아 컴퓨터 활동의 실태와 요구를 파악하여 구체적인 활동지침을 안내함으로써 유아 컴퓨터 활동의 바람직한 방향을 제시하였다. 1998년 이후 교육부에서 개발되는 장학자료는 책자와 더불어 유아 및 교사용 소프트웨어를 제공하여 유치원 교육과정에 컴퓨터 교육의 통합적 적용을 도모하고 있다. 그러나 유아를 위한 컴퓨터 활용에 관한 실증적 연구와 관련 정보 등의 제반 여건이 부족하고 체계적인 교사교육이 이루어지지 않은 상태에서 컴퓨터 교육 현장에 이러한 소프트웨어가 도입 · 확산됨으로써 유아교사의 컴퓨터에 대한 불안감은 높아지고 컴퓨터 활용 지식도 부족해 제대로 이루어지지 않고 있다. 유아 컴퓨터 교육에서 교사의 역량과 태도는 매우 중요하다. 따라서 바람직한 유아 컴퓨터 교육을 위해서는 교사의 컴퓨터 사용 능력이 전제가 되어야 하므로 우선적으로 현직교사를 위한 재교육이 체계적으로 이루어져야 한다.

유아교육기관에 컴퓨터 보유율이 90%가 넘고 유아교사를 배출하는 전국 대학의 유아교육학과와 아동학과 및 관련 학과의 교육과정에 '유아 컴퓨터 교육' 관련 과목이 개설되어 있는 최근까지도 실제 유아교육기관에서 교사가 교육에 컴퓨터를 활용하는 데 있어 어려움을 겪고 있음을 지적한 연구결과가 있다. 이를 볼 때, 유아 컴퓨터 교육에 대한 지식과 태도를 기르고, 교육에 통합할 수 있는 실제적인 기술을 익힐 수 있는 교사 교육과정의 마련이 시급한 것으로 보인다.

우리나라에서 실시되었던 유아교사를 위한 컴퓨터 교육에 관한 선행연구를 중심으로 교사 교육 시 이루어진 교육내용을 살펴보면 〈표 3-2〉와 같다.

표 3-2 국내 유아교사를 위한 컴퓨터 교육 내용에 관한 선행연구

연구자	대상 및 성격	교육내용
이경우(1995)	직전교사를 위한 교육	• 소프트웨어의 선택과 사용법 • 컴퓨터 리터러시 교육 • 유아교육에 활용하는 교수법
	현직교사를 위한 교육	• 예비교사교육 내용을 바탕으로 교사의 계속적인 전문성 및 자질 향상을 위해 새로운 지식, 기술, 기계, 기구를 포함할 것
박은혜 · 홍용희(1997)	현직 유치원 교사연수 교육	• 일반적인 컴퓨터 조작기술과 문서작성 • 컴퓨터 활동과 유치원 교육과정의 통합적 접근방법 • 컴퓨터 영역의 설치 및 운영 • 소프트웨어의 선택
박선희(1998)	유아교사를 위한 컴퓨터 소양교육	• 지식(유아에 대한 컴퓨터의 발달적 적합성에 대한 이해, 하드웨어와 소프트웨어 및 멀티미디어 활용법) • 기능(pc 운영의 기초능력, 소프트 웨어 사용법, 소프트 웨어의 교과과정 통합) • 태도(컴퓨터 활용에 대한 긍정적 사고, 컴퓨터 사용에 자신감 기르기)
이현옥(2000)	유아교사를 위한 컴퓨터 소양교육	• 유아컴퓨터 교육의 이론적 기초 • 소프트웨어의 유형 및 분석과 선정기준 • 하드웨어 선정 및 설치 • 컴퓨터 영역의 계획과 운영 • 컴퓨터 활용지식 • 인터넷 평가와 활용

김선영(2001)	유아 컴퓨터 교사교육	• 발달에 적합한 컴퓨터의 활용 • 컴퓨터의 문식성 • 바람직한 컴퓨터 영역 구성 • 적절한 소프터웨어 선정 • 컴퓨터 활동 및 교육과정의 통합 • 적절한 웹사이트 검색 및 평가
곽선주(2003)	유아컴퓨터 교육 원격연수 교육과정	• 컴퓨터와 유아의 발달 간의 관련성 • 소프트웨어 평가 준거 • 생활주제로 활용하여 유아교육과정에 통합하기 • 컴퓨터 및 인터넷의 교육적 활용방안 • 컴퓨터 및 정보선별에 관한 태도
박영정(2002)	예비교사를 위한 컴퓨터 소양교육	• 하드웨어의 선정과 설치(주변기기 활용, 윈도우 운영체계, 하드웨어 설정) • 응용 소프트웨어의 활용 기능 습득(한글, 파워포인트, 엑셀, 포토샵) • 인터넷 평가와 활용(홈페이지 제작)
손유진(2000)	현직교사를 위한 연수교육	• 지식(컴퓨터의 정의, 컴퓨터와 유아의 발달 간 관련성, 컴퓨터 시스템과 운영체제, 좋은 소프트웨어 평가준거) • 기능(컴퓨터를 운영할 수 있는 기초능력, 소프트웨어의 활용 능력, 컴퓨터를 생활주제로 선정하여 가르칠 수 있는 능력, 컴퓨터를 학습도구로 수업에 활용할 수 있는 능력) • 태도(컴퓨터에 대한 올바른 가치관과 태도, 정보를 비판적으로 선별하는 태도, 정보화 시대의 올바른 아동관, 컴퓨터 기능의 역기능을 극복하고 예방하고자 하는 태도)

출처: 김영희(2005).

국외에서 실시되었던 유아교사를 위한 컴퓨터 교육내용에 관한 선행연구를 중심으로 교사 교육 시 이루어진 교육내용을 살펴보면 〈표 3-3〉과 같다.

표 3-3 국외 유아교사를 위한 컴퓨터 교육 내용에 관한 선행연구

연구자	대상 및 성격	교육내용
미국 델라웨어 주립대학 (1983~)	4~9세 유아교사를 위한 컴퓨터 연수교육	• 컴퓨터 사용 기술 발달시키기 • 컴퓨터에 대하여 알기 • 컴퓨터에 할 수 있는 것과 사람이 해야 할 것 알기 • 특정 소프트웨어와 하드웨어 사용을 돕기 위한 활동
Hyson과 Esyman (1986)	컴퓨터 리터러시를 위한 교사교육프로그램	• 유아 컴퓨터 사용의 발달적 측면 • 유아 교육의 역사적 · 철학적 · 심리적 · 사회적 기초에 따른 컴퓨터 활용의 쟁점 • 컴퓨터 활동의 목표 · 내용 · 방법을 포함한 교육과정의 통합 • 유아 관찰 기록 • 가정과의 연계 • 교사 전문성을 위한 윤리강령과 가치관
Kozubal (1987)	유아 컴퓨터 교육을 위한 교사 교육	• 컴퓨터 운용에 필용한 기술 • 컴퓨터 프로그램의 선택과 사용 • 컴퓨터 언어의 사용 • 유아교사 교육 분야에서의 컴퓨터 관련 기술의 효과적인 수행에 관한 것
Hohmann (1994)	유아 컴퓨터 교사를 위한 연수교육	• CD-ROM 평가 및 컴퓨터 활동을 위한 CD-ROM 활용 • 유아교육과정에 컴퓨터를 통합한 워크숍 • 컴퓨터 활용의 성공적인 모델 관찰
Haugland (2000)	교사를 위한 컴퓨터 교육과정 운영 시 포함되어야 할 내용	• 발달적으로 적절한 소프트웨어 선정하기 • 발달적으로 적절한 웹사이트 선정하기 • 교실에서 컴퓨터 활용을 위한 교사의 다양한 역할 습득(지지, 지도, 격려 등)

출처: 김영희(2005).

김영희(2005)는 위의 선행연구 및 유아 컴퓨터 교육에 대한 이론 및 실제를 기초로 하여 유아교사를 위한 컴퓨터 교육의 교육과정을 구축하였다. 유아교육 현장에 종사하고 있는 전문가 15인에게서 이 내용의 타당도를 검증받아 유아 컴퓨터 교사교육 내용을 구성하였다. 구성한 교육내용은 〈표 3-4〉와 같다.

표 3-4 유아 컴퓨터 교육을 위한 교사교육 내용

영역	교육내용
발달에 적합한 유아컴퓨터 교육의 이론과 실제	1. 유아 컴퓨터 교육의 개념 2. 유아 컴퓨터 교육의 필요성 3. 컴퓨터와 유아발달 간의 관련성 4. 발달에 적합한 컴퓨터 및 인터넷의 활용방안 5. 유아교육용 소프트웨어의 분석, 평가준거 6. 유아교육용 웹사이트 검색, 분석, 평가준거
컴퓨터 운영의 기초능력	1. 하드웨어 –컴퓨터 구성장치와 운영체계 –PC 통신의 활용 –교실환경에서 컴퓨터 영역구성과 설치 –하드웨어의 선정과 설치 –주변기기 활용(프린터, 스캐너, 디지털카메라, 캠코더, 빔프로젝터 등) 2. 응용 소프트웨어 –교수자료제작을 위한 응용프로그램(예, 한글, 파워포인트, 포토샵, 자료검색 등) –학생관리, 업무 처리를 위한 응용프로그램(예, 엑셀 등) 3. 유틸리티 프로그램 –유아교육용 프로그램을 구현하기 위한 유틸리티 프로그램의 다운로드 설치방법
교육과정에서 통합적 적용을 위한 이론과 실제	1. 컴퓨터 영역의 계획과 운영 2. 영역별 통합 –수학 · 과학 영역에서의 컴퓨터 활용 –미술 · 음률 영역에서의 컴퓨터 활용 –언어 영역에서의 컴퓨터 활용 3. 생활주제와 통합
가정 및 지역사회와의 연계활동	1. 유아교육기관 운영 및 홍보 –홈페이지 제작과 운영법(html 태그, 나모, 드림위버, ftp 사용법 등) 2. 부모교육과 상담 –이메일, 게시판 사용법

5 | 유아교육기관 교사의 정보화 연수현황 및 연수효과 증진방안

유아교육기관 운영에 컴퓨터를 활용하기 위해서 교사의 교육 정보화를 위한 교사 연수가 필요하다. 21세기 지식 정보화 시대를 맞이하여 교육인적자원부에서 '교육정보화 촉진 시행 계획'에 의거하여 초·중등 교육에서 교육과정의 정보화, 학교 정보 인프라 구축, 정보통신기술 활용 교육 강화 교육정보 개발·보급 등의 사업을 적극적으로 추진해 왔으나, 유아교육은 국가의 교육정보화사업에서 제외되어 유아교육에서의 정보화 실태는 초·중등 교육에 비해 상당히 뒤처져 있다(이대균, 김은영, 2002).

현 유아교육기관에서 재직하고 있는 교사는 대학 재학 시 유아교육 정보화와 관련된 내용을 학습하지 못한 세대라는 점에서 직무연수 혹은 승급연수에서 필요하나, 아직도 시행 정도는 일반화되지 못하고 있다.

이대균, 김은영(2002)의 연구에서 밝힌 시·도별 유치원 교사 정보화 연수 현황을 살펴보면 〈표 3-5〉와 같다.

표 3-5 유치원 교사 대상 정보화 교육 연수 현황

유형 / 지역	직무연수		1급 정교사 자격 연수	
	2000년	2001년	2000년	2001년
서울	없음	없음	없음	없음
부산	30시간 * 100명	30시간 * 100명	6시간	6시간
대구	30시간 * 80명	30시간 * 292명	없음	없음
인천	없음	없음	6시간	6시간
광주	없음	15시간 * 40명	없음	6시간
대전	60시간 * 40명	60시간 * 40명	4시간	4시간
울산	없음	63시간 * 12명	6시간	6시간
경기	없음	없음	6시간	6시간
강원	없음	62시간 * 60명	4시간	16시간
충북	없음	없음	없음	10시간
충남	60시간 * 123명	60시간 * 60명	4시간	4시간
전북	없음	없음	3시간	없음

전남	60시간 * 44명	60시간 * 40명	4시간	4시간
경북	없음	없음	없음	3시간
경남	62시간 * 40명	62시간 * 40명	없음	없음
제주	없음	없음	없음	없음

〈표 3-5〉에서 살펴본 것처럼 유아교육기관 교사의 정보화 연수는 아직도 시작단계에 불과하고 몇몇 시군만이 시행하고 있는 실정이다. 현직에 근무하고 있는 교사의 정보화 연수에 대한 인식의 변화 역시 필요하지만, 아울러 정부기관 차원의 적극적인 지원 역시 필요하다.

유아교육기관 교사의 정보화 연수가 필요하다는 데에는 대부분 동의하지만, 일반화되지는 못하고 있다. 특히 유아교사 중 경력과 나이가 많은 교사의 경우 컴퓨터 활용 및 컴퓨터 활용 수업에 대한 두려움, 거부감만 증가하고 있다. 이러한 현실을 극복하기 위해서는 현재 대학에 다니고 있는 유아교육과 학생뿐 아니라 현직교사를 위한 컴퓨터 교육 또한 시급히 실시되어야 한다.

현직교사가 받은 컴퓨터 교육 횟수의 증가가 교사의 '컴퓨터'에 대한 인식의 변화에 어떠한 영향을 미치는지 알아보기 위해 이와 관련한 연구를 중심으로 살펴보고자 한다.

김나림(2005)은 24명의 경력 많은 교사를 대상으로 컴퓨터 교육을 실시하고, 실시 후의 변화 등을 분석하였다. 김나림(2005)의 연구를 구체적으로 살펴보면 다음과 같다.

연구에서는 24명의 교사(연령: 30대 이상, 교육 경력: 10~20년, 학력: 4년제 대학 졸업자 54.2% / 대학원 졸업자 16.7%로 구성)를 대상으로 60시간 유아 컴퓨터 교육을 위한 교사 교육을 제공하였다.

컴퓨터 교육 결과는 교사의 컴퓨터에 대한 태도 변화, 컴퓨터 교육에 대한 사고과정 변화를 시간의 흐름에 따라 하위 주제로 나누어 분석하였다.

분석결과 처음 교육을 시작할 때 대부분의 교사는 컴퓨터 활용에 대하여 두려움을 가지고 있었다. 그러나 컴퓨터 활용과 관련한 연수를 통해 두려움에서 벗어나 컴퓨터 활용에 대한 자신감을 가지게 되었고, 자신의 전문지식 발달에 대한 긍정적 자아개념을 가질 수 있게 되었다고 보고하고 있다. 이와 같은 연구 결과를 볼 때 유치원 교사의 컴퓨터 교육과 관련한 연수는 직무연수나 승급연수에 필수적인 과목으로 적용되어야 한다고 본다.

아울러 연수의 양적인 증가뿐만 아니라 연수의 효과를 높일 수 있는 질적인 부분도 고려되어야 한다. 박현주, 박희숙(2003)은 유아 컴퓨터 교육을 위한 교사 연수의 효과를 증진시키기 위해서는 컴퓨터를 유아교육과정과 통합적으로 운영하는 방법에 대한 내용이 보완되어야 하며, 연수 참여 교사가 현장에 돌아가서 적용할 수 있도록 구체적이고 실질적인 방법으로 제공되어야 한다고 하였다. 즉, 교사 연수는 소집단, 참여 수업, 수준별로 진행되어야 하며 지속적인 연수와 온라인 교사연수를 함께 제공하는 것이 더욱 효과적이라고 보고하고 있다.

제 2 부

유아교육기관의 컴퓨터 활용방법 I

유아교육기관이나 단체에서 사무자동화(Office Automation)를 위해 사무자동화와 관련한 소프트웨어 사용방법에 대해서 연수나 교육 등에 참여하는 횟수가 늘어나고 있다. 사무자동화에 필요한 소프트웨어에는 워드프로세서, 스프레드시트, 데이터베이스, 프레젠테이션을 들 수 있다. 유아교육기관에서 이러한 소프트웨어를 능숙하게 활용할 수 있는 교육이 필요하다. 따라서 이 장에서는 기본적인 컴퓨터 사용방법, 한글, 엑셀의 기본 사용방법에 대해서 제시하고자 한다. 아울러 유아교육기관에서 이들 프로그램의 활용방법에 대해서 살펴보고자 한다.

제 4 장

기본적인 컴퓨터 사용방법

유치원 운영의 효율화를 위한 사무자동화와 관련한 프로그램 사용방법에 들어가기에 앞서 기본적인 컴퓨터의 구성에 대해서 먼저 살펴보고자 한다.

1 | 컴퓨터의 구성

컴퓨터는 본체, 본체 내부에 정착되어 있는 핵심부품인 중앙처리장치와 주기억장치, 그리고 입 · 출력 용도로 사용되는 다양한 주변장치로 구성되어 있다. 이제 그 각각에 대해 간략하게 살펴보고자 한다. 참고로 여기서 말하는 컴퓨터는 우리가 흔히 사용하고 있는 개인용 컴퓨터(PC)다(우홍체, 이대식, 최병재, 2003).

컴퓨터 본체는 외형상으로 구분하면 중앙처리장치(CPU)와 기억장치(ROM, RAM) 등의 핵심 부품을 장착하는 주 회로기관(main board 또는 mother board), 주 회로기판의 확장 슬롯에 장착하여 사용하는 각종 컨트롤러(비디오, I/O카드, 디스크 컨트롤로 등), 확장카드(모뎀, 사운드 카드 등), 디스크 드라이브라고 부르는 보조기억장치(storage device), 그리고 이들 부품에 전기를 공급하는 전원 공급 장치로 나뉜다. 이들 각각은 전선과 데이터 케이블로 연결되어 전기적인 신호와 정보신호를 공유한다.

각각에 대해서 개괄적으로 살펴보면 다음과 같다.

1) 중앙처리장치

중앙처리장치(Central Processing Unit, CPU)는 컴퓨터의 '머리'라고 할 수 있는 가장 중요한 부분인데, 컴퓨터에 주어지는 명령을 수행하는 핵심 처리장치다.

2) 메모리

메모리는 컴퓨터에서 처리되는 모든 프로그램의 데이터를 기억하는 장치를 말한다. 일반적으로 메모리는 물리적인 메모리인 램(RAM)과 롬(ROM)을 의미하는 주기억 장치와 하드 디스크나 플로피 디스크 등의 보조 기억 장치로 분류된다.

주기억장치(main memory)는 중앙처리장치와 직접 연결되어 컴퓨터에서 처리되는 모든 프로그램과 데이터의 저장을 담당하는 기억장치다. 램과 롬을 모두 포함하지만 주로 RAM을 지칭하여 사용한다.

보조기억장치로는 플로피 디스크(floppy disk), 하드 디스크(hard disk), 광 디스크(optical disk) 등을 들 수 있다.

3) 입·출력 장치

입력장치(input unit)란 사용자가 원하는 문자나 그림 등의 데이터를 컴퓨터로 전달하는 장치를 말한다. 컴퓨터에 사용되는 입력장치로는 키보드와 마우스, 조이스틱, 터치 패드, 스캐너, 디지타이저(digitizer: 태블릿[tablet]과 광펜[light pen]으로 구성되어 있으며, 태블릿 위에 광펜을 움직여 그림이나 도형을 입력하는 장치) 등이 있다.

출력장치(output unit)란 기억장치에 저장된 데이터를 출력 매체로 출력하는 장치를 말한다. 컴퓨터에 사용되는 출력장치로는 모니터, 프린터 등이 있다(우홍체 외, 2003).

입력장치 기능으로 컴퓨터 작업 시 주 기능을 하는 키보드에 대해서 다음에서 개괄적으로 살펴보고자 한다.

2 | 키보드(자판기)

키보드의 종류는 키보드 자판의 숫자에 따라 101, 103, 106 키보드로 나뉘고, 글자 조합방법에 따라 2벌식, 3벌식으로 나뉘며, 국가별로는 영문, 일문, 한국어 자판 등으로 나뉜다.

키보드에 대해서는 우홍체 등(2003)의 키보드와 관련한 설명을 기초로 재구성하여 제시하고자 한다.

1) 키보드 위쪽

❶ 기능키(Function Key): [F1]~[F12]까지의 키가 있다. 이 키들을 기능키라고 부른다.

- [F1] : 모든 프로그램에서 도움말을 보여 준다.

❷ Esc키([Esc]): 대체로 직전 명령의 취소나 프로그램의 종료 시에 쓰인다.

❸ PrtSc키([PrtSc]): 화면 전체를 그림파일로 복사할 때 쓰인다.

❹ Pause키([Pause]): 프로그램이 수행 중일 때 수행 중인 프로그램을 잠시 멈추기 위해 사용한다.

❺ Num Lock키([Num Lock]): 숫자 키패드를 화살표 키로 사용하지 않고 숫자로 사용할 경우 사용한다.

- [Num Lock]키 위의 LED는 프로그램 수행 중 컴퓨터가 다운되었는지 판단할 수 있다.

2) 키보드 왼쪽

❶ Caps Lock키([Caps Lock]): 영문을 칠 때 대문자로만 나오게 한다.

❷ Shift키([Shift]): 이 키는 영어일 때에는 대·소문자 선택을 하고, 한글일 때와 숫자는 자판 윗부분의 글자들을 입력할 때 사용하는 키다.

❸ Ctrl키([Ctrl]), Alt키([Alt]): 자체로는 아무 의미도 없지만, 프로그램에 따라서 이 키들을 누른 상태에서 다른 키를 눌러 여러 가지 기능을 수행하는 아주 중요한 역할을 한다.

- [Ctrl]+[Z] : 편집 중 이전 상태로 돌아간다.
- [Ctrl]+[Shift]+[Z] : [Ctrl]+[Z]를 누르기 전의 상태로 돌아간다.
- [Ctrl]+[C] : 복사할 내용을 컴퓨터의 메모리에 저장한다.
- [Ctrl]+[V] : 컴퓨터의 메모리에 있는 내용을 불러온다.
- [Ctrl]+[F10] : 흔글에서 특수문자를 입력
- [Alt]+[F] : 흔글 등 모든 프로그램에서 메뉴를 선택
- [Alt]+[F4] : 흔글이 띄워져 있을 경우 흔글을 종료. 바탕화면에서는 시스템 종료 대화상자를 띄움

❹ Tab키([Tab ⇆]) : 탭 사용할 때 이동이 빠르고, 흔글에서는 보조키로도 사용한다.

윈도우에서는 필드 사이를 움직일 때 [Enter ↵]키 대신 사용한다.

- [Alt]+[Tab ⇆] : 컴퓨터에 여러 창이 띄워져 있을 경우 오른쪽에 있는 창을 선택
- [Alt]+[Shift]+[Tab ⇆] : 여러 개의 윈도우 중 왼쪽에 있는 윈도우를 선택

3) 키보드 오른쪽 숫자 키 사이

❶ Print Screen키([PrtSc]): 화면을 프린트로 인쇄할 때 사용

- [Alt]+[PrtSc] : 화면에 띄워진 창 중 선택된 창만을 그림파일로 복사할 때 사용한다. 그림판을 띄운 후 붙여넣기를 하면 복사한 파일이 그림으로 나타남

❷ Insert키(Insert): 삽입과 수정 상태로 바뀜, 이러한 키를 Toggle키라고 함

❸ Delete키(Delete): 커서가 있는 곳의 글자를 지움

❹ Home키(Home): 이동키로서 그 줄의 제일 앞으로 이동

End키(End): 이동키로서 그 줄의 제일 끝으로 이동

❺ Page Up키(Page up): 이동키로서 한 화면 위로 이동

Page Down키(Page down): 이동키로서 한 화면 아래로 이동

❻ 화살표키(→ ← ↑ ↓): 이동키로서 누른 만큼 그 방향으로 커서가 이동

❼ Back Space키(←): 커서가 있는 곳의 앞쪽의 글자를 지울 때 사용

❽ Space키(Space Bar): 글자와 글자 사이를 띄울 때 사용

❾ Window키(⊞): 106키의 Ctrl 키와 Alt 키 사이에 있는 마이크로소프트사의 윈도우 로고가 그려져 있는 키를 윈도우키라고 함

- ⊞: 마우스로 컴퓨터 화면의 [시작] 버튼을 누른 효과와 같음
- ⊞+D: 마우스로 [바탕 화면 보기] 아이콘을 누른 효과와 같음. 한 번 더 누르면 최소화시켰던 프로그램을 종전대로 활성화시킬 수 있음
- ⊞+E: 윈도우의 [윈도우탐색기] 프로그램을 실행시키는 단축키
- ⊞+R: 윈도우의 실행 명령을 구동. 실행하고자 하는 프로그램이나 명령어를 치고 Enter↵ 키를 누르면 해당 프로그램이나 명령어를 수행
- ⊞+Tab: 현재 실행 중인 프로그램들이 작업 표시 줄에 나타나게 되고 그중에서 현재 작업이 이루어지고 있는 프로그램이 눌려 있게 됨. 이 단축키로 현재 실행 중인 여러 프로그램 중 원하는 프로그램을 선택할 수 있고 선택한 후 엔터를 치면 해당 프로그램이 활성화됨
- ⊞+F1: 윈도우의 [도움말]을 실행시켜 줌
- ⊞+Pause: 제어판의 [시스템]을 실행시키거나 또는 '내컴퓨터'의 [등록정보], 즉 [시스템 등록정보]를 나타내 줌

3 | 한글 윈도우

컴퓨터와 관련한 작업을 하다 보면 가장 흔히 듣는 용어가 윈도우다. 윈도우는 쉽게 설명하면 우리가 공부할 때 책상에서 작업을 하는 것과 마찬가지로 윈도우 역시 컴퓨터로 작업할 공간을 의미한다(이경헌, 박정재, 안철우, 1998).

윈도우에 대해서 간략하게 살펴보면 다음과 같다.

1) 바탕화면

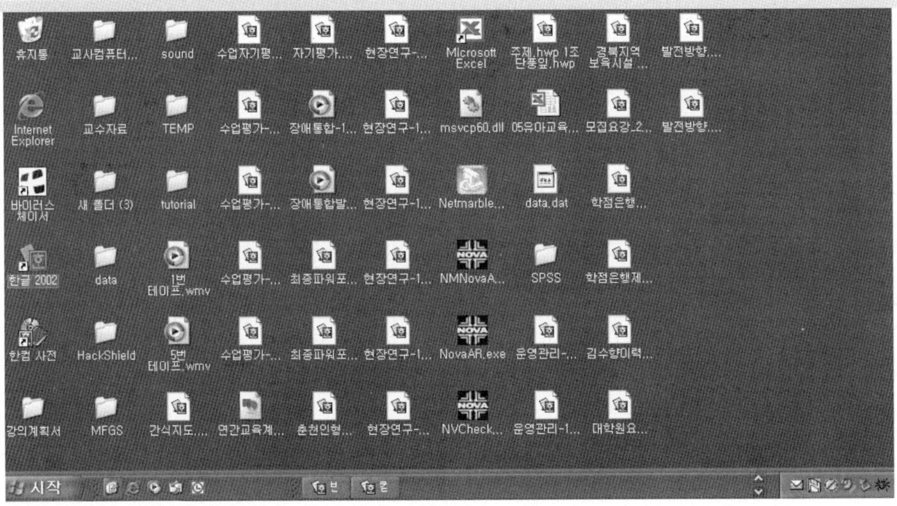

- 시작 버튼: 자주 사용하는 프로그램을 시작하기 편리하게 모아 둔 곳으로서 시작 버튼을 눌렀을 때 나타나는 메뉴를 시작 메뉴라고 부른다.

2) 시작 메뉴

시작 메뉴판에 대해서 그림과 함께 메뉴판을 설명하면 다음과 같다.

❶ 모든 프로그램(P)은 자주 이용하는 프로그램이 모여 있는 곳이다.

❷ 내 문서는 이전에 이용한 문서의 목록이 나타나는 곳이다.

❸ 실행(R) 이름을 입력해서 프로그램을 실행할 수 있다.

3) 윈도우에서 파일관리

일반적으로 윈도우에서 파일관리라는 말은 폴더나 파일의 보기, 삭제, 이름 바꾸기, 이동 등의 작업을 의미한다.

파일의 이동, 복사, 삭제 작업에서는 끌어서 놓기 방식을 이용하면 가장 간단히 처리할 수 있다. 이를 위한 일반적인 절차는 다음과 같다(정용기, 김광혁, 노원균, 1997).

❶ 내 컴퓨터, 윈도우탐색기, 찾기 중 하나를 사용하여 이동, 복사 또는 삭제할 파일이 들어 있는 드라이브나 폴더를 찾는다.

❷ 이동 또는 복사하고자 하는 경우 원본 위치와 대상위치가 모두 보일 수 있도록 창을 조절한다.

❸ 이동, 복사 또는 삭제할 파일이나 폴더를 선택한다.

❹ 폴더나 파일을 삭제하려면 [Delete] 키를 누르거나 휴지통으로 끌어다 놓으면 된다.

❺ 이동 또는 복사하고자 하는 경우에는 선택한 폴더나 파일을 마우스로 가리키고 마우스 오른쪽 버튼을 누른 채로 끌어서 대상 위치로 가지고 온다.

❻ 눌렀던 마우스 버튼을 놓고 '여기에 복사' 또는 '여기로 이동'을 선택한다.

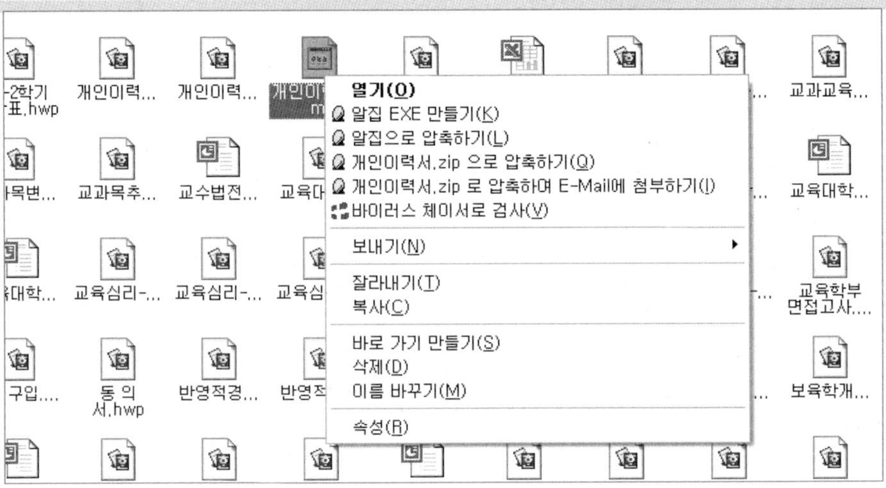

4) 그림판

그림판은 컴퓨터로 그림을 그리는 가장 간단한 프로그램이다. 그림판에서 쓰이는 파일은 비트맵이라고 불리는 파일로서 윈도우에서 가장 기본적으로 사용된다. 그림판에서 작성한 그림은 후에 바탕화면 배경으로 사용할 수 있다(이경헌 외, 1998).

그림판은 그림을 그리는 것에서도 활용할 수 있지만, 기존의 그림을 가지고 와서 활용하기에 아주 좋은 프로그램이다. 따라서 그림판에 대한 설명은 작업을 할 때 가장 많이 활용하는 기존의 그림을 가지고 와서 사용하는 방법을 제시하고자 한다.

❶ 기존의 그림을 선택한다.

❷ 화면에 그림이 나타나면 키보드의 PrtSc 키를 누른다.

❸ 시작화면의 그림판을 띄운다.

❹ 가져올 그림을 선택하여 잘라낸다. 그리고 Ctrl+C 키를 눌러서 복사를 한 후 작업할 화면으로 이동하여 Ctrl+V 키를 눌러서 붙여넣기를 한다.

실제 진행 방법을 살펴보면 다음과 같다.

• 첫째, 시작화면에서 그림판 실행

• 둘째, 선택한 그림을 Alt+PrtSc하여 그림판에 붙여넣기(Ctrl+V)를 한다.

• 셋째, 잘라내기를 이용하여 필요한 그림 부분을 자른다. 그리고 Ctrl+C 복사하기 누르거나 Ctrl+X 부분을 누른 후 잘라내기를 한다.

• 넷째, 선택한 그림을 Ctrl+V를 이용하여 붙여 넣는다.

4 | 컴퓨터 관리방법(하드 디스크 관리)

컴퓨터 고장의 대부분은 기계적인 고장이 아니라 하드 디스크의 관리에 따른 문제로 발생한다. 컴퓨터 사용 시 수많은 복사와 이동, 삭제 작업 등을 거듭하다 보면 가끔씩 이러한 기억 내용이 파괴되는 경우가 생긴다. 이럴 경우 컴퓨터는 작동을 멈출 수 있다. 따라서 평소에 하드 디스크를 잘 관리하면 컴퓨터 고장을 막을 수 있다.

하드 디스크 관리 요령 세 가지를 살펴보면 다음과 같다.

첫째, 디렉토리 구조의 합리화를 들 수 있다. 즉, 디렉토리 구조가 합리적이면 파일의 관리에서 중복되는 파일이 없어지므로 부담을 줄일 수 있다.

둘째, 데이터는 실행파일과 같이 저장을 하지 않는 것이 효과적이다. 프로그램이 있는 디렉토리(예, HNC)는 다른 파일이 저장되지 않도록 한다.

셋째, 한 달에 한 번 하드 디스크의 파일을 바르게 정렬해 주는 명령인 디스크 조각모음을 실행해 주어야 한다. 컴퓨터를 오랫동안 사용하면 파일의 저장, 읽기, 이동, 복사 등의 작업으로 인하여 하드 디스크에 담긴 파일이 여러 조각으로 단편화된다. 이러한 하드 디스크의 단편화는 디스크 액세스 성능을 저하시키는 주요 원인이 된다. 따라서 주기적으로 해 주는 디스크 조각모음은 이러한 단편화를 해소하여 디스크 액세스 성능을 향상시키는 최적화 유틸리티의 하나로서 MS-DOS 6.0의 DEFRAG와 유사하다(정용기 외, 1997).

제 5 장

ᄒᆞᆫ글의 이해와 활용

유아교육기관 현장에서 가장 많이 사용되고 있는 프로그램이 ᄒᆞᆫ글이다. ᄒᆞᆫ글의 용도는 너무나 다양하므로 프로그램을 적절하게 활용할 수 있다면 유아교육기관 업무에 많은 도움을 줄 수 있다. 많은 유아교육기관 교사가 실제 유아교육기관 현장에서 ᄒᆞᆫ글을 활용하고 있지만, ᄒᆞᆫ글의 기능을 다시 한 번 재점검하는 차원에서 ᄒᆞᆫ글의 도움말에 기초해 ᄒᆞᆫ글의 전반적인 부분을 설명하고자 한다. 먼저 ᄒᆞᆫ글의 화면 구성에 대해서 제시한다.

1 | ᄒᆞᆫ글의 기초

1) ᄒᆞᆫ글의 화면 구성

ᄒᆞᆫ글의 실행방법을 살펴보기에 앞서 ᄒᆞᆫ글의 화면 구성을 살펴보면 다음과 같다.

❶ 제목 표시줄: 왼쪽에는 작업 중인 문서의 제목이 오른쪽에는 창을 작업 표시 줄에 숨기거나 창의 크기를 조절하고 창을 닫는 등의 작업이 가능한 윈도우 조절 버튼이 있다

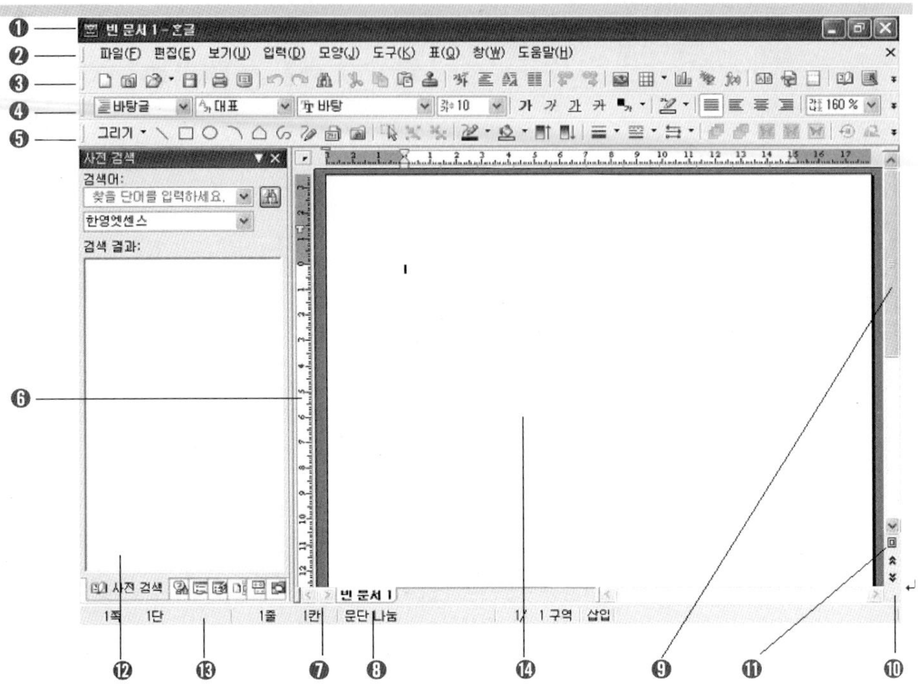

<한글의 화면구성>

❷ 메뉴 바: 한글 2007에서 수행할 수 있는 모든 명령이 이곳에 있다. 마우스를 사용하지 않고 키보드의 맥 키를 눌러도 기능을 수행할 수 있다.

❸, ❹, ❺ 도구상자: 쉽게 명령을 내릴 수 있게 관련된 기능을 아이콘으로 형상화해 놓았다. 기본 도구상자, 그리기 도구상자, 표 편집 도구상자, 서식 도구상자, 메모 도구상자, 그림 도구상자, 번호/글머리표 도구상자, 쉬운 찾기 도구상자, 양식 개체 도구상자, 글맵시 도구상자, 프레젠테이션 도구상자, HML 도구상자 등으로 분류되며 필요한 것만 꺼내 놓고 사용할 수 있다.

❻ 눈금자: 실제 문서의 크기를 확인할 수 있는 것으로, 단어를 정렬할 때 주로 이용하는 탭(Tap) 기능도 이곳에서 지정한다. 문서의 가로/세로 크기를 표시해 두면 문서와 문단의 폭을 가늠하거나 그림 도표 등을 편집할 때 정확한 수치를 알 수 있어서 편리하게 들여쓰기, 내어쓰기의 기준 위치를 표시할 수 있다.

❼ 탭 이동 아이콘: 여러 개의 탭이 열려 있을 때 문서 탭에 보이지 않는 탭을 보이게 한다.

❽ 문서탭: 작업 중인 문서의 파일명을 표시한다. 저장하지 않은 문서는 파일이름이 빨간색으로 표시되고, 자동 저장된 문서는 파란색, 저장 완료된 문서는 검은색으로 표시된다.

❾ 가로/세로 이동 막대: 문서 내용이 편집 화면보다 클 때 화면을 가로 또는 세로로 이동하기 위해 사용한다.

❿ 이전/다음 쪽 이동 아이콘: 작성 중인 문서가 여러 장일 때 쪽 단위로 이동하기 위해 사용한다.

⓫ 보기 선택 아이콘: 쪽 윤곽, 문단 부호 보기, 조판 부호 보기, 투명선, 격자 설정에 사용한다.

⓬ 작업 창: 작업 중인 문서의 쪽, 단 수, 커서의 위치 상황을 나타내 주는 아주 중요한 곳이다.

⓭ 상황선(상태 표시 줄): 작업 중인 문서의 쪽 수와 단 수, 커서의 위치, 조판 부호를 보여 준다.

⓮ 작업영역: 문서 작업을 하는 공간으로서 한글 2007에서 지원하는 도구상자의 종류는 12개가 있다. 그중에서 필요하지 않은 도구상자를 숨기고 싶다면 메뉴 바에서 보기 > 도구상자를 클릭하고 숨겨 놓을 도구상자를 지정하면 된다.

2) 흔글 메뉴 순서

F10 키를 눌러 흔글 메뉴표가 나오면 화살표 키를 사용하여 원하는 메뉴로 옮긴 후 Enter↵ 키를 누르면 실행된다.

3) 흔글에서 표 만들기

흔글의 사용방법은 자세하게 언급하지 않아도 많은 유아교육기관 교사가 충분히 자유자재로 활용할 수 있을 것이다. 따라서 여기에서는 흔글 부분 중 표 만들기와 관련한 사용방법만 제시한다.

(1) 표 만들기

[틀 메뉴-표]에서 줄과 칸 수를 각각 5로 입력하고 작성(D)을 누르면 아래 그림과 같은 표가 만들어진다.

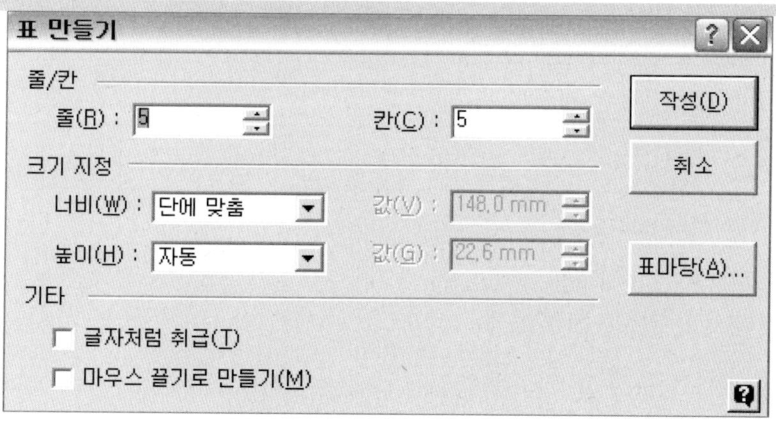

(2) 셀

표의 한 칸을 셀(CELL)이라 한다.

❶ 커서를 움직이면 1 → 2 → 3 → 4 → 5 → 6 → 7 → … → 24 → 25 순서로 움직인다.

❷ 셀의 이동은 화살표 키로 하지 말고 Alt + 화살표 키로 한다.

❸ 표에서 빠져 나올 때는 Shift + Esc 키를 누르면 된다.

Ctrl + Esc는 Windows에서 MS-DOS를 종료하는 단축키므로 훈글이 종료되고 Windows 화면으로 나가게 된다. 키 사용에 주의하여야 하는데, Ctrl + Esc는 잘못 사용한 경우 작업한 내용이 사라질 수 있다.

1	2	3	4	5
6	7	8	9	10
11	12	13	14	15
16	17	18	19	20
21	22	23	24	25

(3) 표에서의 편집-블록설정

❶ 표에서의 블록설정은 항상 표 내의 셀에 커서를 위치시키고 F5 키를 누른다.

❷ 예를 들어, 1번 셀에서 F5 키를 누르면 1번 셀처럼 블록이 설정된다.

❸ 두 개 이상의 셀 지정 방법

- F5 키를 두 번 누르고 화살표 키를 이용해서 원하는 셀을 블록 설정한다(두 번 누르면 새까만 사각형이 더 작아진다).
- 한 줄, 전체를 설정할 때는 F5를 누른 후 F8을 누른다.

1	2	3	4	5
6	7	8	9	10
11	12	13	14	15
16	17	18	19	20
21	22	23	24	25

1	2	3	4	5
6	7	8	9	10
11	12	13	14	15
16	17	18	19	20
21	22	23	24	25

요령: 11번 셀에 커서를 놓고 F5키를 두 번 누른 후 화살표 키로 15번 칸까지 설정한다.

• 1셀에서 21셀까지 수직으로 한 칸을 모두 범위 설정해 본다.

1	2	3	4	5
6	7	8	9	10
11	12	13	14	15
16	17	18	19	20
21	22	23	24	25

요령: 3번 셀에 커서를 놓고 F5키를 두 번 누른 후 화살표 키로 23번 칸까지 설정한다.

(4) 표의 속성

❶ 표는 셀 안의 글자가 많아지면 저절로 그 크기가 커지는 특징이 있다. 25번 셀에 들어가 자신의 이름을 쳐 보면 25번 셀처럼 된다. 그리고 25번 셀이 커지면 21~24번 셀도 같이 커진다. 즉, 줄이 동시에 변동한다.

1	2	3	4	5
6	7	8	9	10
11	12	13	14	15
16	17	18	19	20
21	22	23	24	25 이계림

❷ 표의 16번 셀에서 16 뒤에 커서를 놓고 3줄을 추가해 보자. 즉, 삽입 상태에서 엔터를 세 번 친다. 그러면 다음 표의 16번 셀처럼 커진다.

1	2	3	4	5
6	7	8	9	10
11	12	13	14	15
16	17	18	19	20
21	22	23	24	25

(5) 표에서의 글자 모양

❶ 21셀에 커서를 놓고 F5를 두 번 클릭한다.

❷ 글자 모양(Alt +L)을 누르고 21셀의 글자 크기를 20으로 바꾸면, 왼쪽의 표의 21처럼 글자가 커진다.

1	2	3	4	5
6	7	8	9	10
11	12	13	14	15
16	17	18	19	20
21	22	23	24	25

(6) 표에서의 문단 모양

❶ 21셀부터 25셀까지 블록을 설정한다.

방법 21셀에서 F5 → F8을 누르면 된다.

❷ 그다음 문단 모양을 나타내는 키인 Alt +T를 누르고 정렬 방식을 가운데로 지정하면 표에서 제시되는 것처럼 21셀에서 25셀까지 숫자가 중

앙으로 가게 된다.

1	2	3	4	5
6	7	8	9	10
11	12	13	14	15
16	17	18	19	20
21	22	23	24	25

(7) 표에서의 줄, 칸 추가와 삭제

□ 한 줄 추가: 현재 표의 맨 아래에 한 줄을 추가할 때 사용

21셀에서 25셀 아래에 한 줄을 추가하는 방법은 다음과 같다.

❶ 21셀에 커서를 놓고 F5를 누른다.

❷ 표 메뉴 T를 누르면 [줄/칸 추가]가 있고 선택하면 [셀 삽입: R) 줄 C) 칸] 박스가 열린다. 이때 R은 가로로 한 줄, C는 세로로 한 줄이다.

❸ R을 누르면 아래의 오른쪽과 같이 21셀과 25셀 아래에 빈 줄이 생긴다.

그다음 21셀에서건 22셀에서건 [줄 추가]를 하면 표의 맨 아래에 한 줄이 생긴다.

1	2	3	4	5
6	7	8	9	10
11	12	13	14	15
16	17	18	19	20
21	22	23	24	25

⇨

1	2	3	4	5
6	7	8	9	10
11	12	13	14	15
16	17	18	19	20
21	22	23	24	25

2 한 줄 삽입: 줄과 줄 사이에 한 줄을 삽입할 때 사용

표의 줄과 줄 사이에 한 줄을 삽입하는 방법은 다음과 같다.

❶ 11셀과 16셀 사이에 한 줄이 더 필요하다면, 아래쪽 셀(여기선 16번 셀)에 커서를 놓고 F5를 누르면 된다.

❷ 표 메뉴 T를 누르면 [줄/칸 삽입]이 있고 다시 선택하면 [셀 삽입: R)줄 C)칸] 박스가 열린다. 이때 R은 가로로 한 줄, C는 세로로 한 줄이다.

❸ R을 누르면 아래와 같이 11셀과 16셀 아래에 빈 줄 하나가 생긴다.

1	2	3	4	5
6	7	8	9	10
11	12	13	14	15
16	17	18	19	20
21	22	23	24	25

⇨

1	2	3	4	5
6	7	8	9	10
11	12	13	14	15
16	17	18	19	20
21	22	23	24	25

3 한 칸 추가: 표의 맨 오른쪽에 한 칸을 추가할 때 사용

이번에는 5번 셀과 25번 셀 오른쪽에 한 칸을 추가한다.

❶ 5번 셀에 커서를 놓고 F5를 누른다.

❷ 표 메뉴 T를 누르면 [줄/칸 추가]가 있고 다시 선택하면 [셀 삽입: R) 줄 C) 칸] 박스가 열린다. 이때 R은 가로로 한 줄, C는 세로로 한 줄이다.

❸ C를 누르면 5셀과 25셀 오른쪽에 빈 줄 하나가 생긴다.

1	2	3	4	5
6	7	8	9	10
11	12	13	14	15
16	17	18	19	20
21	22	23	24	25

⇨

1	2	3	4	5	
6	7	8	9	10	
11	12	13	14	15	
16	17	18	19	20	
21	22	23	24	25	

4 한 칸 삽입: 칸과 칸 사이에 한 줄을 삽입할 때 사용

마찬가지로 표의 제일 오른쪽이 아니라 칸과 칸 사이에 한 칸이 필요한 경우 역시 위의 3과 마찬가지 방법으로 한다.

5 한 줄 삭제: 한 줄을 삭제할 때 사용

❶ 21셀에 커서를 놓고 F5를 누른다.

❷ 표 메뉴 T를 누르면 [줄/칸 지우기]가 있고 선택하면 [셀 삽입: R) 줄 C) 칸] 박스가 열린다. 이때 R은 가로로 한 줄, C는 세로로 한 줄이다.

❸ R을 누르면 21셀부터 25셀까지 한 줄이 없어진다.

1	2	3	4	5
6	7	8	9	10
11	12	13	14	15
16	17	18	19	20
21	22	23	24	25

⇨

1	2	3	4	5
6	7	8	9	10
11	12	13	14	15
16	17	18	19	20

1셀이건 5셀에서건 [칸 추가]를 하면 표의 맨 오른쪽에 한 칸 추가된다.

6 한 칸 삭제: 한 칸을 삭제할 때 사용

❶ 5셀에 커서를 놓고 F5를 누른다.

❷ 표 메뉴 T를 누르면 [줄/칸 지우기]가 있고 선택하면 [셀 삽입: R) 줄 C) 칸] 박스가 열린다. 이때 R은 가로로 한 줄, C는 세로로 한 줄이다.

❸ C를 누르면 5셀부터 25셀이 없어진다.

1	2	3	4	5
6	7	8	9	10
11	12	13	14	15
16	17	18	19	20
21	22	23	24	25

⇨

1	2	3	4
6	7	8	9
11	12	13	14
16	17	18	19
21	22	23	24

7 [표]에서의 이동

표를 이미 만들었는데, 제일 위에 이미 내용이 삽입된 한 줄을 제일 아래로 옮겨야 할 경우 작성하는 방법에 대해서 설명하고자 한다.

일반 문서에서도 표의 이동은 문장의 [오려두기]-[붙이기]의 같은 단축키를 사용한다. 즉, 먼저 F3으로 블록 지정, 오려두기 Ctrl+X, 붙이기 Ctrl+V를 한다. 다만 표에서는 F5를 두 번 누르고 화살표 키로 원하는 셀을 블록설정하는 점만 다를 뿐이다.

❶ 1∼5셀을 21∼25셀 아래로 보내기

1	2	3	4	5
6	7	8	9	10
11	12	13	14	15
16	17	18	19	20
21	22	23	24	25

⇨

6	7	8	9	10
11	12	13	14	15
16	17	18	19	20
21	22	23	24	25
1	2	3	4	5

- 1셀에 커서 놓고 F5를 두 번 누르고 화살표 키로 1∼5셀을 지정한다.
- Ctrl + X(오려두기)를 누르면 1∼5셀이 없어지고, 25셀에서 Ctrl+V를 누른다.
- [붙일 방향]을 질문하는 메시지가 나타나면 [아래]를 선택한다. 그러면 21셀 아래로 1∼5셀이 생성된다.

❷ 1∼21셀을 5∼25셀 오른쪽으로 보내기

1	2	3	4	5
6	7	8	9	10
11	12	13	14	15
16	17	18	19	20
21	22	23	24	25

⇨

2	3	4	5	1
7	8	9	10	6
12	13	14	15	11
17	18	19	20	16
22	23	24	25	21

- 1셀에 커서 놓고 F5를 두 번 누르고 화살표 키로 1∼21셀을 지정한다.
- Ctrl+X를 누르면 1∼21셀이 없어진다. 25셀에서 Ctrl+V 누른다.
- [붙일 방향]과 관련된 메시지가 나타나면 [오른쪽]을 선택한다. 그러면 5셀 오른쪽에 1∼21셀이 붙는다.

8 표에서의 복사

❶ 표에서 1∼5셀을 21∼25셀 아래에 복사하기

1	2	3	4	5
6	7	8	9	10
11	12	13	14	15
16	17	18	19	20
21	22	23	24	25

⇨

1	2	3	4	5
6	7	8	9	10
11	12	13	14	15
16	17	18	19	20
21	22	23	24	25
1	2	3	4	5

- 1셀에 커서 놓고 F5를 두 번 누르고 화살표 키로 1∼5셀을 지정한다.
- 복사하기 Ctrl+C를 누른다. 원본은 그대로 있고 지정한 범위의 내용만 버퍼에 기억된다.
- 25셀로 가서 붙이기 Ctrl+V를 누른다.
- [붙일 방향]과 관련한 메시지가 나타날 때, [아래]를 선택하면 21셀 아래로 1∼5셀과 똑같은 셀이 한 줄 더 생기게 된다.

❷ 표에서 1∼21셀을 5∼25셀 오른쪽에 복사하기

1	2	3	4	5
6	7	8	9	10
11	12	13	14	15
16	17	18	19	20
21	22	23	24	25

⇨

1	2	3	4	5	1
6	7	8	9	10	6
11	12	13	14	15	11
16	17	18	19	20	16
21	22	23	24	25	21

- 1셀에 커서 놓고 F5를 두 번 누르고 화살표 키로 1∼21셀을 지정한다.
- Ctrl +C를 누르고, 25셀로 가서 Ctrl +V를 누른다.
- [붙일 방향]과 관련한 메시지가 나타날 때 [오른쪽]을 선택하면 21∼25셀 오른쪽에 1∼21셀과 똑같은 셀이 한 칸 더 생기게 된다.

9 표 장식-대각선, 선 모양, 셀 모양

❶ 대각선

- 1번 셀에서 F5 → 표 메뉴 (T) → 셀 메뉴 (C) 순서로 누른다.
- 대각선 종류가 두 가지(╲와 ╱) 보인다. 필요한 대각선을 선택한 후 완료(D) 키를 누른다.

❷ 선모양 바꾸기

- 선모양을 변경할 셀에 놓는다.
- F5 → T → L(line) 선메뉴을 누른다.
- 먼저 선의 방향을 묻고 있다. 위, 아래, 왼쪽, 오른쪽, 바깥쪽, 전부를 선택할 수 있다. [위]는 해당 셀의 윗 선, [아래]는 셀의 아래로 이해하면 된다. [바깥쪽]을 선택하면 표의 테두리만 선택된 선의 모양으로 바뀌고, [전부]를 선택하면 선이란 선은 모두 선택된 선의 모양으로 바뀐다.
- 2개 이상의 셀에 걸쳐 선 모양을 바꿀 때에는 원하는 셀의 처음에 커서를 놓고 F5를 두 번 누른 후 화살표 키로 범위로 지정하고 T → L하여 선의 종류를 선택하고 Enter↵를 누른다.

1	2	3	4	5
6	7	8	9	10
11	12	13	14	15
16	17	18	19	20
21	22	23	24	25

연습문제

아래와 같이 도표를 변경해 보시오.

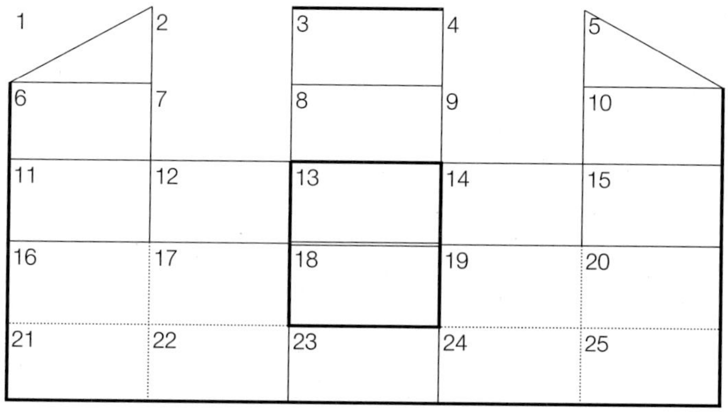

[힌트] 다른 선을 선택하였을 때에는 우선 지운 다음에 변경하시오.

10 표 크기의 조절

표 크기를 고치는 방법은 세 가지가 있다. 이것 역시 F8를 누른 후 아래와 같이 행한다.

단, 여러 개의 셀을 변경할 때에는 F5 키를 두 번 누르고 화살표 키를 사용하여 블록을 설정한 다음에 해야 한다. 다음의 설명은 →를 사용한 것을 예로 든 것으로 ←를 사용하면 정반대가 된다.

❶ Ctrl +화살표의 효과

다음 표에서 1번 셀에서 F5를 누른 상태에서 Ctrl + 오른쪽 화살표 키(→)를 다섯 번 눌러 보면, 1셀이 늘어나면 아래와 같이 6~21셀 모두가 늘어나게 된다.

이때 줄 전체가 늘어나며, 표의 전체 크기가 변동된다.

1	2	3	4	5
6	7	8	9	10
11	12	13	14	15
16	17	18	19	20
21	22	23	24	25

⇨

1	2	3	4	5
6	7	8	9	10
11	12	13	14	15
16	17	18	19	20
21	22	23	24	25

- 셀을 가로로 줄 전체를 늘일 때에는 Ctrl+→, 가로로 줄일 때는 Ctrl+←
- 셀을 세로로 줄 전체를 늘일 때에는 Ctrl+↓, 세로로 줄일 때는 Ctrl+↑

❷ Alt+화살표 키의 효과

아래 표에서 1번 셀에서 Alt를 누른 상태에서 Alt+오른쪽 화살표 키(→)를 다섯 번 누른다.

이때 줄 전체가 늘어나나 표 전체의 크기는 변경되지 않는다.

1	2	3	4	5
6	7	8	9	10
11	12	13	14	15
16	17	18	19	20
21	22	23	24	25

⇨

1	2	3	4	5
6	7	8	9	10
11	12	13	14	15
16	17	18	19	20
21	22	23	24	25

❸ Shift+화살표 키의 효과

블록으로 지정한 셀만 늘이고 줄일 때 사용한다.

표에서 1셀에서 F5를 누른 상태에서 Shift+오른쪽 화살표 키(→)를 다섯 번 누른다.

1	2	3	4	5
6	7	8	9	10
11	12	13	14	15
16	17	18	19	20
21	22	23	24	25

⇨

1	2	3	4	5
6	7	8	9	10
11	12	13	14	15
16	17	18	19	20
21	22	23	24	25

여러 개의 셀(예: 1, 6, 11)을 선택하여 위와 같이 하면 지정한 셀의 크기를 조절할 수 있다.

- 지정한 셀만 가로로 늘일 때에는 [Ctrl] + [→], 가로로 줄일 때는 [Ctrl] + [←]
- 지정한 셀만 세로로 늘일 때에는 [Ctrl] + [↑], 세로로 줄일 때는 [Ctrl] + [↓]

[1] 표 합치기, 나누기

❶ 나누기(S)

나누고자 하는 셀에서 [F5]를 누른 상태에서 S(나누기)를 누른다. 줄(가로)로 나눌 경우 R, 칸(세로)으로 나눌 경우 C를 눌러 나눌 만큼의 숫자를 친다.

- 1셀을 세 칸으로 나누고, 11셀을 세 줄로 나눈 경우
- 둘 이상의 셀을 한꺼번에 모두 여러 줄, 혹은 칸으로 나눌 경우에는 여러 셀을 한꺼번에 블록으로 지정([F5]를 두 번 누르고 화살표 키로)해서 나누기를 하면 된다.

1	2	3	4	5
6	7	8	9	10
11	12	13	14	15
16	17	18	19	20
21	22	23	24	25

⇨

1			2	3	4	5
6			7	8	9	10
11			12	13	14	15
16			17	18	19	20
21			22	23	24	25

❷ 합치기(M)

합치고자 하는 셀들을 F5를 두 번 누르고 화살표 키로 합치기를 할 셀을 지정한 다음 M(합치기)을 누르면 된다. 합치기를 한 다음 다시 나눌 때 원래의 표와 달리 선이 잘 맞춰지지 않으므로 신중하게 선택한다.

• 1셀∽5셀을 합친 경우

줄 바꿈 표시 때문에 표가 커진다. 1셀로 가서 엔터 키를 누른 자리 표시(↵)를 없애면 아래와 같이 원래의 줄 크기가 된다.

<table>
<tr><td colspan="5">12345</td></tr>
<tr><td>6</td><td>7</td><td>8</td><td>9</td><td>10</td></tr>
<tr><td>11</td><td>12</td><td>13</td><td>14</td><td>15</td></tr>
<tr><td>16</td><td>17</td><td>18</td><td>19</td><td>20</td></tr>
<tr><td>21</td><td>22</td><td>23</td><td>24</td><td>25</td></tr>
</table>

1	2	3	4	5
6	7	8	9	10
11	12	13	14	15
16	17	18	19	20
21	22	23	24	25

⇨

<table>
<tr><td colspan="5">1
2
3
4
5</td></tr>
<tr><td>6</td><td>7</td><td>8</td><td>9</td><td>10</td></tr>
<tr><td>11</td><td>12</td><td>13</td><td>14</td><td>15</td></tr>
<tr><td>16</td><td>17</td><td>18</td><td>19</td><td>20</td></tr>
<tr><td>21</td><td>22</td><td>23</td><td>24</td><td>25</td></tr>
</table>

• 1셀∽21셀을 합친 경우

나누기나 합치기 등을 하여 가로줄이나 세로줄이 일치하지 않을 때에는 그 셀 또는 이웃 셀을 Shift+화살표 키나 Ctrl+화살표 키로 움직여 보면 가로선이나 세로선이 일치할 경우가 있다.

1	2	3	4	5
6	7	8	9	10
11	12	13	14	15
16	17	18	19	20
21	22	23	24	25

⇨

<table>
<tr><td rowspan="5">1
6
11
16
21</td><td>2</td><td>3</td><td>4</td><td>5</td></tr>
<tr><td>7</td><td>8</td><td>9</td><td>10</td></tr>
<tr><td>12</td><td>13</td><td>14</td><td>15</td></tr>
<tr><td>17</td><td>18</td><td>19</td><td>20</td></tr>
<tr><td>22</td><td>23</td><td>24</td><td>25</td></tr>
</table>

참고사항

◆ 알아 두면 편리한 단축키

1. [Alt] + O: 파일 불러오기
2. [Alt] + N: 새로운 파일 만들기(새글)
3. [Alt] + S: 저장하기
4. [Alt] + V: 새이름으로 저장하기
5. [Alt] + P: 인쇄하기
6. [Alt] + X: ᄒᆞᆫ글 끝내기

◆ 간단히 줄 간격을 넓히고 좁히는 방법

1. [F3]나 [F4]를 누르고 화살표 키로 편집할 범위를 블록으로 싼다. 단, 한 문단만 편집할 경우에는 [F3]나 [F4] 없이 해당문단에 커서를 놓으면 된다.
2. [Shift] + [Alt] + Z: 줄간격을 넓히기
3. [Shift] + [Alt] + A: 줄간격을 좁히기

◆ 글자크기

1. [Shift] + [Alt] + E: 글자를 크게 하기
2. [Shift] + [Alt] + R: 글자를 작게 하기
3. [Shift] + [Alt] + W: 글자 간격을 크게 하기
4. [Shift] + [Alt] + N: 글자 간격을 작게 하기

* W: wide, N: near

◆ 글자 진하게, 밑줄 그리기

1. [Shift] + [Alt] + B: 글자를 진하게 ↔ 흐리게 하기
2. [Shift] + [Alt] + U: 글자에 밑줄 그리기 ↔ 밑줄 없애기

◆ 표에서의 글자 편집

기본적으로는 일반 편집과 동일하다. 그러나 여기에서는 [F3]키나 [F4]키만 사용하는 것이 아니라 [F5]로도 범위를 정할 수 있다.

1. 가운데 정렬(글자를 표의 가로의 중간에 배치한다.)

   문단모양 ([Alt] + T) → A → C → D

우리나라	→	우리나라

2. 셀의 가운데로 글자 배치

   글자를 칸의 중간에 놓고 싶으면 [F5]을 누른 다음 T를 누르고 다시 C를 눌러 가운데를 엔터 치면 셀의 가운데로 위치한다.

우리나라	→	우리나라

12 표에서 덮어쓰기

❶ 표에서 덮어쓰기의 의미

표 안에 글자나 숫자를 입력하다 보면 한 줄을 밀려 쓰거나 당겨 쓰게 되는 경우가 생긴다. 이때 덮어쓰기를 모르면 입력한 글을 지우고 다시 써야 하는 번거로움이 있다. 이런 경우에는 덮어쓰기를 하면 시간을 단축할 수 있다.

덮어쓰기란 임시기억 장소에 입력된 내용을 화면에 입력된 내용 위에 입력된 자료의 내용만 덮어쓰게 된다. 붙이기는 표의 표 박스(글씨 밖의 표, 즉 선까지)까지 지정한 셀의 상하좌우에 붙이기를 하지만, 덮어쓰기는 표박스는 붙이기가 되지 않고 내용만 붙이기(덮어쓰기)가 된다.

이 덮어쓰기(Ctrl +B)는 표에서 매우 유용한 것이니 잘 기억하기 바란다.

❷ 표에서 덮어쓰기 하는 방법(Ctrl + B)

왼쪽과 같이 작성해야 할 것을 오른쪽과 같이 수학 점수를 당겨 썼을 경우에는 다음과 같이 한다.

번호	성 명	국 어	수 학	영 어
1	홍길동	86	69	98
2	김말숙	87	78	68
3	김말동	76	89	78
4	심청이	89	90	87
5	영심이	68	98	90
6	영턱스	80	76	89

번호	성 명	국 어	수 학	영 어
1	홍길동	86	78	
2	김말숙	87	89	
3	김말동	76	90	
4	심청이	89	98	
5	영심이	68	76	
6	영턱스	80		

- 커서를 홍길동의 수학 성적란에 놓고 F5 키를 두 번 누른 후 화살표 키를 아래로 4번, 즉 영심이 수학 성적란까지 블록으로 싼다.
- Ctrl +C(복사하기)나 Ctrl +X(오려두기)나 Ctrl +D(내용만 오려두기) 중에서 하나를 택한다. 보통 복사하기를 한다. 그러면 반전된 커서가 영심이 수학 성적란에 있게 된다.

- 화살표 키로 반전된 커서를 김말숙의 수학 성적란에 놓고 [Ctrl] +V(붙이기)를 하면 모든 것이 해결된다. 만약 [Esc] 키를 눌러 반전된 것이 사라졌을 경우에는 커서를 입력할 맨 처음인 김말숙 수학 성적란에 놓고 [F5] 키를 누른 후 [Ctrl] +V를 하면 된다.
- 위와 같이 하면 다음과 같이 된다. 여기서 홍길동의 수학 점수를 입력하고 영어 점수를 입력하면 된다.

번호	성 명	국 어	수 학	영 어
1	홍길동	86		
2	김말숙	87	78	
3	김말동	76	89	
4	심청이	89	90	
5	영심이	68	98	
6	영턱스	80	76	

번호	성 명	국 어	수 학	영 어
1	홍길동	86	69	98
2	김말숙	87	78	68
3	김말동	76	89	78
4	심청이	89	90	87
5	영심이	68	98	90
6	영턱스	80	76	89

- 표를 모두 입력하였을 때에도 덮어쓰기를 사용하여 잘못 입력한 것을 수정할 수 있다.
- 메뉴를 잘 모르면 커서를 표 안에 두고 [F5]을 눌러 반전시킨 후, T를 누르면 T표 메뉴가 나온다. 이것을 보고 표를 사용하는 방법을 익혀도 된다.

참고사항

[표 메뉴 일람표]

1. 표 안에서 [F5]를 누르고 T를 누르면 T표메뉴가 나온다.
   * 표 안에 커서를 놓고 [F5]를 누르면 화면의 맨 아래줄에 표에 관한 안내문이 나온다.

2. 표 메뉴 일람표

T 표 메 뉴			
셀모양	C	가운데로	O
		음영	×
		색깔	검정, 파랑, 청록, 초록 등
		대각선(＼)	×
		대각선(/)	×
		셀보호	×
		– 완료 –	
선모양	L	선방향: 위. 아래, 왼쪽, 오른쪽, 바깥쪽, 안쪽, 전부	
		*선을 변경할 종류를 선택하고 [Enter↵]하면 선종류 나옴	
		선종류: 없음, ——, ▬▬, ——, ══	
나누기	S	셀나누기: R) 줄 C) 칸 ?	
줄/칸 지우기	[Delete]	셀지우기: R) 줄 C) 칸 ?	
줄/칸 삽입	[Insert]	셀 삽입: R) 줄 C) 칸 ?	
줄/칸 추가	[Shift]+Ins	셀 추가: R) 줄 C) 칸 ?	
복사하기	[Ctrl]+C		
오려두기	[Ctrl]+X		
내용만 오려두기	[Ctrl]+D		
붙이기	[Ctrl]+V	표의 선과 내용까지 붙이기가 됨	
덮어쓰기	[Ctrl]+B	표의 선은 붙이기가 되지 않고 내용만 붙이기가 됨	
지우기	[Ctrl]+E		
내용만 지우기	[Ctrl]+S		

3. 표 메뉴에서 단축키를 사용하면 편리하다. 위의 단축키의 실행방법의 예를 들면 다음과 같다.

- 선 모양 변경: 표에서 [F5] 누른 후 L을 누르면 선방향이 직접 나온다.
- 셀 모양 변경: 표에서 [F5] 누른 후 C를 누르면 셀 종류가 직접 나온다.
- 나누기: 표에서 [F5] 누른 후 S를 누르면 셀 나누기가 직접 나온다.
- 줄/칸 지우기: 표에서 [F5] 누른 후 [Delete]키를 누르면 셀지우기가 직접 나온다.
- 줄/칸 삽입: 표에서 [F5] 누른 후 [Insert]키를 누르면 셀삽입이 직접 나온다.
- 줄/칸 추가: 표에서 [F5] 누른 후 [Shift]+[Delete]키를 누르면 셀추가가 직접 나온다.

2 | 유아교육기관에서의 흔글 활용

흔글을 활용하여 유아교육에서 많이 활용되는 교육계획안, 주제망 구성, 가족신문, 초대장, 회의록, 유아평가와 관련한 행동발달 관찰기록지, 자기소개서의 예시 제시 및 기안문 작성방법에 대해서 살펴보고자 한다.

1) 교육활동 관련 문서 작성

(1) 교육계획안

교육계획안은 유아교육기관의 교육형태에 따라 다양한 형태로 작성할 수 있다. 만약 공개수업이나 부모 참관수업을 위한 교육계획안을 작성한다면, 교육계획안을 보는 사람이 그 주제에 대해서 쉽게 이해할 수 있도록 하는 것이 이상적인 형태일 것이다.

여기에서는 여러 가지 교육계획안을 제시하고자 한다. 이 계획안을 참고로 교사 스스로 창의적 사고를 발휘하여 더 훌륭하고 이해가 빠른 계획안을 구성할 수 있도록 노력하길 바란다.

예시 1 월간 교육계획안

4월 교육 계획안

생활주제	봄			
목표	봄의 변화에 대해 알고, 그에 따라 바뀌는 것들에 대해 알아본다.			
기간	1주	2주	3주	4주
주제 / 활동명	봄의 날씨와 변화	봄의 식물	봄의 곤충	봄의 동물
언어생활	• 이야기 나누기 –봄의 날씨와 생활 • 동시 –이른 봄 들에서	• 이야기 나누기 –봄에는 식물의 생활이 달라져요. –봄에 피는 꽃의 종류 • 동화 –봄을 보여 주는 작은 꽃	• 이야기 나누기 –봄에 볼 수 있는 곤충 • 동시 –빗방울	• 이야기 나누기 –봄에는 동물의 생활이 달라져요 • 동시 –작은 팝콘
탐구생활	• 씨앗 관찰하기	• 식물 분류하기	• 곤충책 보기	• 더 무거운 것은?
표현생활	• 새노래 –씨앗 • 꽃 목걸이 • 씨앗마라카스 만들기	• 새노래 –봄님 • 봄나무 꾸미기	• 새노래 –봄이 왔어요 • 개미집 만들기 • 꽃 도장 찍기	• 새노래 –싹트네 • 꽃과 나비 • 색종이로 꽃 접기 • 동물 가면 만들기
건강생활	• 체조 –통통통	• 신체표현 –봄비가 내린다	• 신체표현 –나비처럼 날기	• 요리활동 –화전 만들기
산책 & 바깥놀이	• 하늘 보기, 땅 보기 • 봄에 피는 꽃 찾기	• 꽃 시계, 꽃 반지 만들기 • 봄햇살, 봄바람 느끼기	• 민들레 홀씨 날리기 • 새싹 관찰하기	• 자연의 냄새 맡기 • 개미 찾기
텃밭 가꾸기	• 땅고르기, 이랑 만들기	• 팻말 꽂기	• 씨앗 관찰하기	• 방울토마토 모종 심기

외덕유치원

예시 2 주간 교육계획안

<table>
<tr><td colspan="4">주간 교육계획안(3월 1주)
학급명: 열매반</td></tr>
<tr><td>월주제</td><td colspan="3">싹트는 봄</td></tr>
<tr><td>주 제</td><td colspan="3">봄의 날씨와 변화</td></tr>
<tr><td>목 표</td><td colspan="3">봄의 날씨 변화와 생활변화에 대해 알아본다.</td></tr>
<tr><td>생활주제</td><td colspan="3">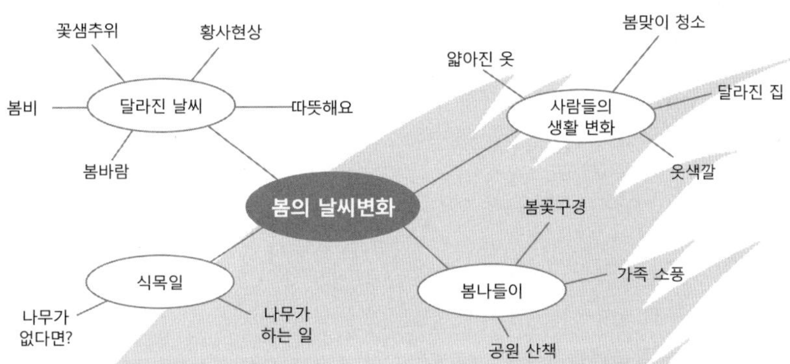
</td></tr>
<tr><td>언어</td><td>• 언어-봄 관련 수수께끼
• 동시-봄, 누가 봄을 가져왔나요? 새싹
• 동화-봄을 알리는 시계
달리기 시합
• 동극-봄꽃을 보았나요?
봄을 찾으러 간 아기토끼</td><td>탐구</td><td>• 수 · 조작-퍼즐 맞추기(나비, 개구리)
• 과학-돋보기 사용하기
볼록거울, 오목거울
(봄나물 살펴보기)
쑥물 들이기
꽃씨 관찰 기록지</td></tr>
<tr><td>표현</td><td>• 새노래-봄바람, 새봄 , 꽃시
• 음률-마라카스 만들어 연주하기
• 음악감상-사계 중 '봄' 감상하기
• 만들기-봄꽃 접어서 봄 동산 만들기
쑥물로 그림 그리기
쑥 포프리 만들기
• 요리-화전 만들기</td><td>건강</td><td>• 실외-봄 햇살 느끼기
봄꽃 관찰하기
봄나물 캐어 보기
민들레 찾아서 홀씨 날려 보기
• 신체-친구랑 산책하기
개구리처럼 뛰어 보기
아지랑이 느낌 표현해 보기</td></tr>
<tr><td rowspan="2">자유선택활동</td><td rowspan="2">• 언어-봄 관련 교구(그림사전, 잡지, 수수께끼 카드, 봄 관련 그림 · 글자카드)
이야기 꾸미기 자료
• 수 · 조작-조작교구(봄에 관한 도미노 카드, 나비 · 개구리 일생 퍼즐)
• 과학-도구(확대경, 돋보기, 온도계)
식물 재배(여러 가지 모종)
• 조형-꽃 모루 도장 찍기(꽃 모양 모루 도장, 물감접시)
꽃목걸이 만들기(빨대, 낚시줄)
• 쌓기-꽃 블록
• 역할놀이-봄 의상, 모자, 구두, 인형
꽃 가게 놀이 소품
• 컴퓨터-그림판에 그림 그리기
봄 관련 동화 듣기
• 음률-사계 중 '봄' 감상하기
악기 연주(탬버린)</td><td>사회</td><td>• 기본생활습관-우리가 만든 약속 지키기
손을 깨끗이 씻어요
• 역할-봄나들이 옷차림하기</td></tr>
<tr><td>이야기 나누기</td><td>• 얇은 내 옷차림
• 쑥을 살펴보아요
• 민들레 살펴보기
• 여러 가지 씨앗의 종류
• 봄나물로 만든 음식</td></tr>
</table>

예시 3 일일 교육계획안

<table>
<tr><td colspan="8">기계와 도구(청소도구)
위덕유치원</td></tr>
<tr><td>학급명</td><td>보시반</td><td>대상연령</td><td>만 5세</td><td>담 임</td><td>김형정</td><td>일 시</td><td>2010년 3월 23일</td></tr>
<tr><td>주제</td><td colspan="4">기계와 도구 (청소도구)</td><td>전개예상 기간</td><td colspan="2">학습 진행과 유아의 흥미에 따라 예상시간은 변경될 수 있다.</td></tr>
<tr><td>주제 선정배경</td><td colspan="7">• 기계와 도구의 차이점을 알고, 청소도구의 필요성과 사용방법을 알게 하며, 나아가 우리생활에서 왜 청소를 해야 하는지 등의 필요성을 지각하게 하기 위하여 본 주제를 선정하게 되었다.</td></tr>
<tr><td>예상활동 목표</td><td colspan="7">• 청소도구에 대한 쓰임새에 대하여 알 수 있다.
• 청소도구의 각각 기능에 대해 알 수 있다.
• 우리 생활에서 청소의 필요성을 안다.
</td></tr>
<tr><td>예상 주제망</td><td colspan="7">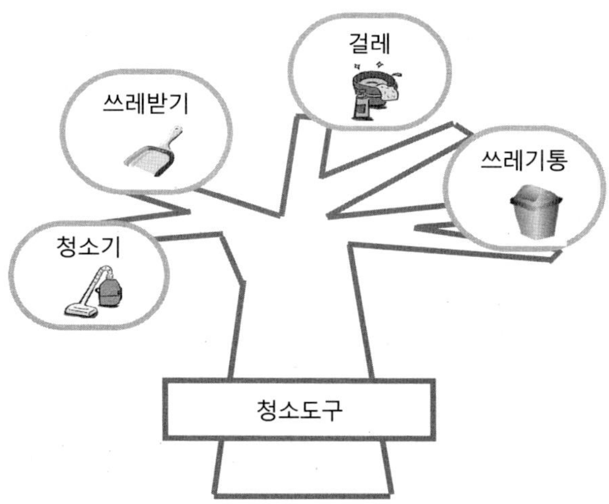
</td></tr>
<tr><td>기계와 기구에 관련 활동내용</td><td colspan="7">청소도구로 인해서 청소를 편안하게 할 수 있다는 것을 알게 해 준다.
• 언어: 동시 짓기, 청소도구의 편리한 점 생각하기
• 작업: 쓰레기통 만들기, 청소하는 모습 그리기
• 음률: 청소당번 동요감상
• 신체: 청소도구 위치 알기
• 수 · 조작: 청소도구 모형 퍼즐 맞추기
• 과학: 비누거품 만들기
• 특별활동: 선생님과 함께 정리정돈하기
</td></tr>
</table>

예시 4 주제에 대한 활동계획안

단풍잎

개인 신체 활동
- 게임: 뒤집기 게임
- 신체표현
- 떨어지는 단풍잎 흉내 내기
- 사계 '가을'의 노래에 맞춰
- 단풍잎 되어 보기

기본 생활습관
- 자연을 사랑하기
- 서로 협동하여 문제 해결하기

이야기 나누기
- 단풍잎에 대한 이전 경험 나누기
- 단풍잎의 색깔
- 단풍잎의 모양
- 단풍잎을 만져 본 느낌
- 단풍잎을 밟아 본 소리
- 단풍나무와 비슷한 나무
- 단풍잎, 단풍나무
- 계절별 나뭇잎의 변화
- 왜 나뭇잎은 떨어질까?

자유 선택 활동
- 언어 영역: '가을' '단풍잎'과 관련된 동화
- 수학 영역: 단풍잎 세기(수만큼 단풍잎 붙이기)
- 일상 영역: 단풍잎 쓸어 담기
- 과학 영역: 잎맥 관찰하기, 계절별 나뭇잎 관찰하기
- 현장견학: 가을 산에 올라가 보기
- 역할놀이: 동극-나뭇잎의 일생

음률활동
- 새노래: 가을
- 노래 만들기: 단풍잎을 밟아 본 소리로 노래 개작
- 음악 감상: 비발디 사계

조형 영역
- 단풍잎으로 동물 만들기
- 단풍잎 찍기
- N.I.E: 단풍잎과 같은 색 찾기
- 나만의 단풍잎 만들기

동시, 동화
- 동시: 다람쥐
- 동시 만들기: 단풍잎
- 동화: 솔이의 추석 이야기
- 동화 만들기: 단풍잎과 은행잎

(2) 주제망 구성

예시 5 단풍잎 주제망

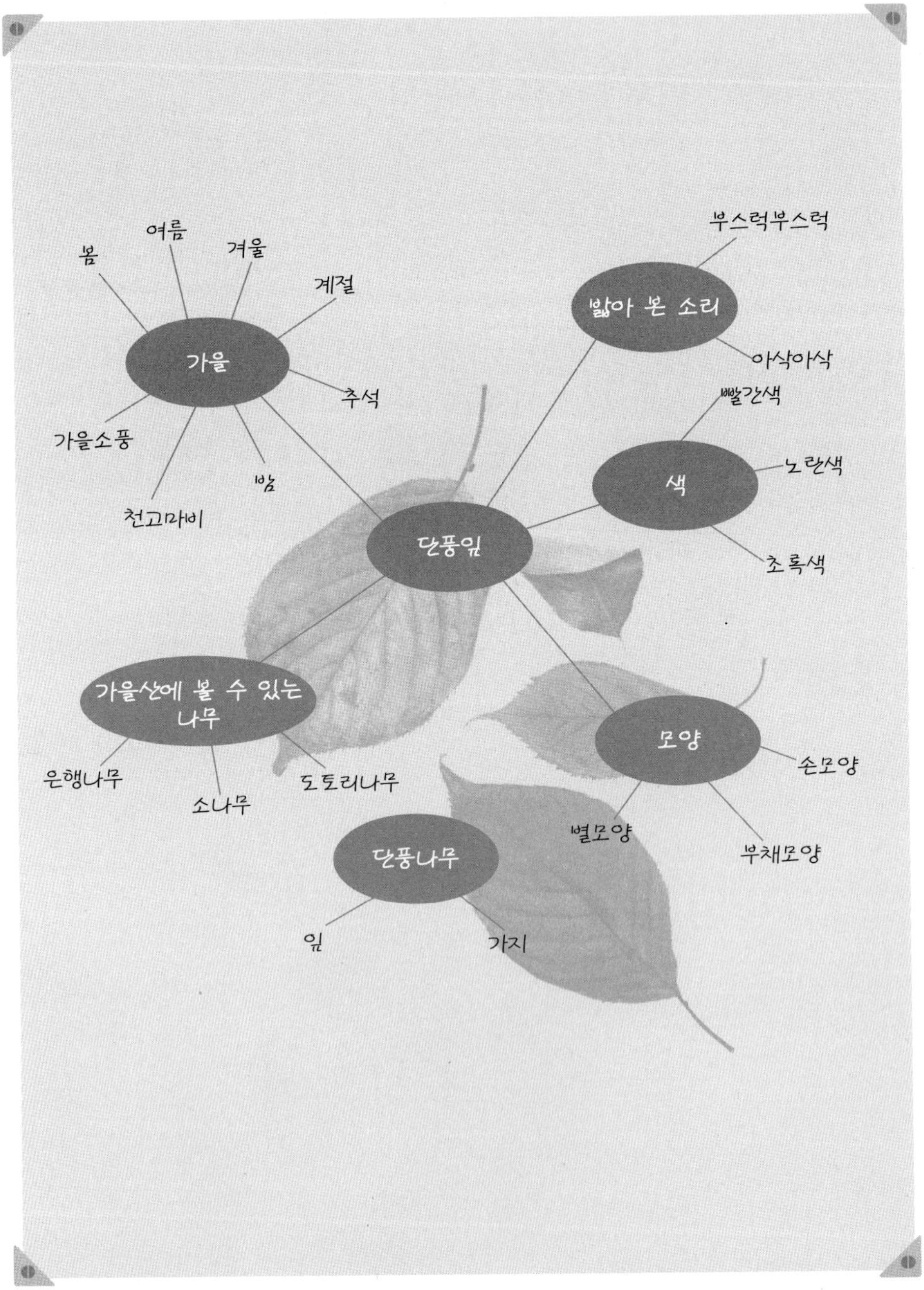

예시 6 기계와 도구(청소도구) 주제망

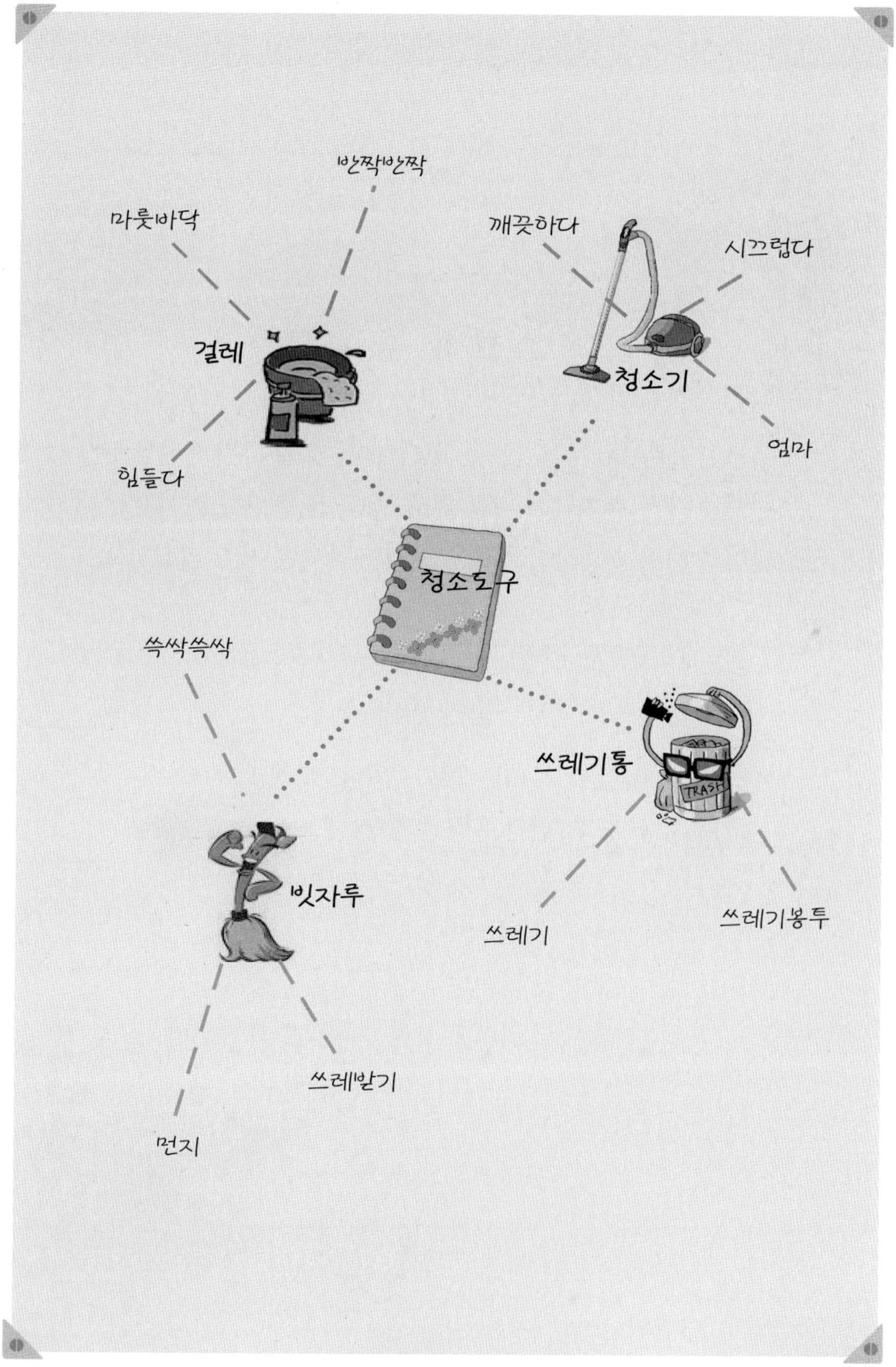

(3) 초대장 양식

예시 7 공연 초대장

🔔 모시는 글 🔔

푸르른 실록의 계절 5월을 맞이하여 본 유치원에서 7세반 유아들이 할아버지 할머니를 위해 '동극'을 준비하였습니다. 많이 오셔서 저희들의 재롱도 보시고 즐거운 시간 되십시오.

공연 안내

▲ 일시: 2010년 5월 14일(금) 오전 11 : 00

▲ 장소: 위덕 유치원 강당(3층)

위덕 유치원 7세반 별님, 달님반

예시 8 가을운동회 초대장 1

위덕 유치원가족 운동회 초대의 글

안녕하십니까?

어느새 여름의 자락은 꼬리를 감추고 서늘한 가을바람이 문전에 왔습니다. 가을이 주어지는 풍성함처럼 2학기 행사로 "**위덕 유치원가족 운동회**"를 마련하였습니다. 바쁘고 힘든 일상생활에서 잠시 벗어나 온 가족과 함께 마음껏 소리치며 웃어 볼 수 있는 멋진 시간들 만들어 보시기 바랍니다. 오랜만에 땀 흘려 가며 옛 동심으로 돌아가 티 없이 맑게 웃으며 위덕 유치원가족 모두가 하나가 되어 보시길 바랍니다. 사랑을 먹고 자라나는 우리 아이들은 벌써부터 부모님과 함께한다는 큰 기대감으로 부풀어 있습니다.

의젓하게 자라나는 우리 아이들을 위하여 모두 꼭 오셔서 잊지 못할 즐거운 추억을 많이 만들어 주시기 바랍니다. 기다리고 있겠습니다.

- 일 시: 2010년 10월 7일(목) 오전 10시 30분~6시 20분
- 장 소: 위덕초등학교 운동장
- 준비물: 맛있는 간식, 물, 돗자리, 쓰레기 봉투
- 복 장: 위덕 유치원친구들－동복 체육복, 운동화
위덕 유치원 엄마, 아빠－팀별로 추후에 통지

※ 행사준비를 위해 참여신청서를 보내오니 작성하셔서 9월 30일(목)까지 꼭 보내 주세요.

2010년 9월 24일

위덕 유치원어린이집 원장 드림

참여신청서(회신서)

반 명		이 름	
위덕 유치원 가족 운동회에 참여합니다.		위덕 유치원가족 운동회에 참여하지 못합니다.	
참여 가족수 ( )명		사유:	

예시 9 가을운동회 초대장 2

우리 아이랑 연습해요

응원구호

청군~ 됐거든!
백군! 빠샤!
청군! 내 권법을 받아라~
쩌뽁! 쩌뽁! 쩌뽁! 후우~

응원가

백군이 백군이 운동회에 왔어!
아빠도, 엄마도, 우리도,
아빠는 파이팅! 엄마는 아자아자!
우리는 으샤으샤!
백군 백군 최고다!

약도

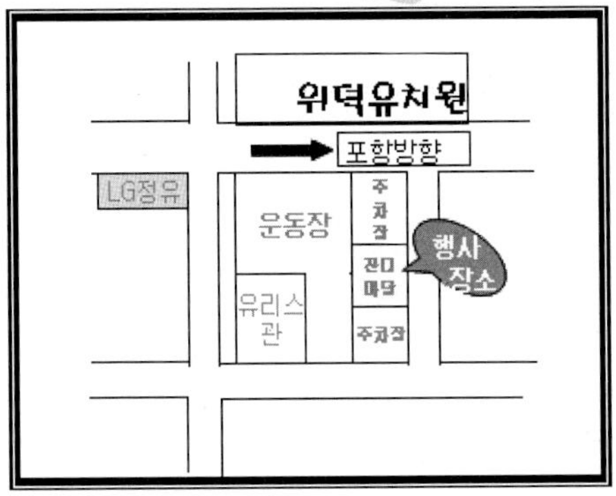

아이와 함께 맘껏 뛰어 웃어 보는
운동회를 위해 토요일 약속은
다음으로 미뤄 주세요.

가을 운동회

초청합니다. ~~~!!
아름다운 가을에 온 가족이 함께
모여 마음껏 뛰고, 응원도 하고,
또 즐겁게 노래 부를 수 있는 시간을
가지려고 합니다.
가을 운동회에 모두 참석하시어 뜻깊은
하루가 되시길 바라겠습니다.

2010년 10월 11일
위덕유치원 원장 드림

운동회 안내

일시: 2010년 10월 14일 목요일
시간: 10시 30~6시 20분(가족의 밤까지)
장소: 유리스 관 앞 솔밭공원

아빠~~ 이날만큼은
이 세상 최고의
아빠가 되어 주세요 *^^

예시 10 가을운동회 초대장 3

☺☺ 꼭 지켜주세요 ☺☺

☆ 우리는 오늘 하루 아이가 되겠습니다.

★ 우리는 즐거운 운동회가 될 수 있도록 적극 참여하겠습니다.

☆ 우리는 모든 아이들을 내 아이처럼 사랑하고 아끼겠습니다.

★ 우리는 모든 규칙과 질서를 잘 지켜 부모로서의 모범을 보이겠습니다.

가족

가족

♥♥ 엄마, 아빠 이름표를 달아 주세요 ♥♥

시간	행사명	프로그램		대상	도구
10:00~10:30	OPENING	입장식, 개회식		전체	깃발 주간용 폭죽
11:00~11:30	준비체조	율동		전체	율동CD
11:30~1:00	점심시간	점심		전체	
1:00~3:30	1부 겨루기 한마당	1	따도타기	전체	따도천
1:00~3:30	1부 겨루기 한마당	2	슈퍼볼 릴레이	전체	출발선
1:00~3:30	1부 겨루기 한마당	3	50m달리기	원아 전체	매트, 풍선 반환점
1:00~3:30	1부 겨루기 한마당	4	달려라 땅땅	엄마 대표	만장기 반환점
1:00~3:30	1부 겨루기 한마당	5	만장기 휘날리며	아빠 대표	터널, 매트 훌라우프
1:00~3:30	1부 겨루기 한마당	6	산넘고 물건너	7세 원아 엄마	바퀴썰매 응원깃발
1:00~3:30	1부 겨루기 한마당	7	아빠는 루돌프	5세 원아 부모님	막대봉 반환점
1:00~3:30	1부 겨루기 한마당	8	빙빙 돌아라	6세 원아 아빠	깃통 깃발
1:00~3:30	1부 겨루기 한마당	9	정상을 향하여	부부 대표	
3:30~4:30	즐거운 간식시간!!!!				

시간	행사명	프로그램		대상	도구
4:30 ~ 5:40	2부 겨루기 한마당	10	불이야 불이야	가족 전체	통천
4:30 ~ 5:40	2부 겨루기 한마당	11	개미들의 줄다리기	원아 전체	짧은 밧줄
4:30 ~ 5:40	2부 겨루기 한마당	12	꼬리밟기	엄마 전체	바인더 끈 풍선
4:30 ~ 5:40	2부 겨루기 한마당	13	할아버지, 할머니	가족 전체	훌라우프 반환점
4:30 ~ 5:40	2부 겨루기 한마당	14	줄다리기	전체	긴 줄
4:30 ~ 5:40	2부 겨루기 한마당	15	계주	대표	바톤 축포
5:40 ~ 6:00	3부 전체 한마당	레크리에이션		전체	
6:10 ~ 6:20	그린 캠페인	주변 정리			쓰레기봉투
6:20 ~	폐회식				시상 및 귀가 지도

⊛ 협조해 주신 위덕유치원 부모님들께 감사드립니다.

-End-

(4) 가족신문 양식

예시 11 가족신문

	**샛별 유치원**	만든이: 샛별 유치원 별님반 친구들 만든 날짜: 2월 25일

(5) 회의록 양식

아래의 교사 회의록 양식은 보육시설 인증평가 운영관리 영역의 교사 회의록 양식을 제시한 것이다.

예시 12 교사 회의록

<table>
<tr><td rowspan="2">회의명</td><td rowspan="2" colspan="3">(영아, 유아, 전체, 운영) 회의</td><td>담당</td><td>시설장</td></tr>
<tr><td></td><td></td></tr>
<tr><td>일 시</td><td>년 월 일</td><td>장소</td><td colspan="3"></td></tr>
<tr><td>참석자</td><td colspan="5"></td></tr>
<tr><td>1. 보고 및 전달사항</td><td colspan="5"></td></tr>
<tr><td>2. 논의사항</td><td colspan="5"></td></tr>
<tr><td>3. 결정내용</td><td colspan="5"></td></tr>
<tr><td>4. 제안 및 건의사항</td><td colspan="5"></td></tr>
</table>

<table>
<tr><td rowspan="2">공 람</td><td>성명</td><td></td><td></td><td></td><td></td><td></td><td></td><td></td><td></td><td></td></tr>
<tr><td>날인</td><td></td><td></td><td></td><td></td><td></td><td></td><td></td><td></td><td></td></tr>
</table>

(6) 평가

아래에 제시한 평가의 예시는 황해익, 송연숙, 정혜영(2003)의 유치원 교육과정에 따른 유아행동 관찰법에 나온 내용을 제시하였고, 교사의 자기평가는 고정곤, 최태식(2004)의 유아교육기관 교사를 위한 교육과정 및 교육평가 부분에서 발췌하여 제시하였다.

예시 13 일화기록

♣ 관찰유아: ______________	♣ 생년월일: ______________ (남, 여)
♣ 관 찰 일: ______________	♣ 관 찰 자: ______________
♣ 관찰상황: ______________	♣ 교육과정 영역: ______________
기록	
해석	

예시 14 유아 작품 평가지

유아의 이름: ____________________

날 짜: ____________________

장소 및 상황: ____________________

사진을 붙이세요

장면 설명: ____________________

발달 요약 및 평가: ____________________

____

____

예시 15 관찰 자료와 활동 기록지(듣기)

유아명		반(연령)		평가일자	
생활 주제		동화		활동명	
평가 내용 및 관점					
평가 상황					
평가 유형	평정척도, 일화기록				

평정 척도

다른 사람의 이야기를 주의 깊게 듣고 이해하며 적절히 반응하는가?

1	2	3	4	5
교사나 다른 유아의 이야기를 듣지 않는다.	관심 있는 이야기에만 주의를 기울인다.	이야기는 끝까지 듣지만 이해하지 못하는 부분이 있다.	이야기를 이해하면서 주의 깊게 듣는다.	이야기를 이해하고 적극적으로 반응을 보이며 듣는다.

일화기록

교육과정 영역 및 수준		해석 및 교육계획	

예시 16 관찰 자료와 활동 기록지(읽기 · 쓰기에 관심 가지기)

유아명		반(연령)		평가일자	
생활 주제		동화		활동명	
평가 내용 및 관점					
평가 상황					
평가 유형					

평정 척도

쓰기를 통한 자신의 생각을 표현하는가?

1	2	3	4	5
쓰기를 시도하지 않는다.	형태 없는 그림이나 긁적거리기를 시도한다.	그림, 긁적거리기, 창안적 글자를 사용해서 자신의 생각을 표현한다.	몇 개의 짧은 단어를 쓸 수 있다.	문장을 사용해서 자신의 생각, 느낌을 표현한다.

증거자료

쓰기자료를 붙여 주세요

교육과정 영역 및 수준		해석 및 교육계획	

예시 17 행동 발달 관찰 기록지

<table>
<tr><td>관찰유아</td><td colspan="3"></td><td colspan="4">생년월일: 년 월 일</td><td colspan="3">성별: 남, 여</td></tr>
<tr><td>관 찰 자</td><td colspan="10"></td></tr>
<tr><td rowspan="2">관찰횟수
관찰날짜</td><td colspan="2">1회</td><td>2회</td><td>3회</td><td>4회</td><td colspan="3">5회</td><td colspan="2">6회</td></tr>
<tr><td colspan="2"></td><td></td><td></td><td></td><td colspan="3"></td><td colspan="2"></td></tr>
<tr><td>영역</td><td colspan="4">내용</td><td>1회</td><td>2회</td><td>3회</td><td>4회</td><td>5회</td><td>6회</td></tr>
<tr><td rowspan="11">기본생활습관</td><td colspan="4">1. 정리정돈을 할 수 있다(장난감, 작업, 간식책상).</td><td></td><td></td><td></td><td></td><td></td><td></td></tr>
<tr><td colspan="4">2. 간식 / 식사 전에 손을 씻는다.</td><td></td><td></td><td></td><td></td><td></td><td></td></tr>
<tr><td colspan="4">3. 규칙(차례, 약속)을 잘 지키는 편이다.</td><td></td><td></td><td></td><td></td><td></td><td></td></tr>
<tr><td colspan="4">4. 어른께 존댓말을 사용한다.</td><td></td><td></td><td></td><td></td><td></td><td></td></tr>
<tr><td colspan="4">5. 음식을 골고루 먹는다.</td><td></td><td></td><td></td><td></td><td></td><td></td></tr>
<tr><td colspan="4">6. 낮잠을 잔다.</td><td></td><td></td><td></td><td></td><td></td><td></td></tr>
<tr><td colspan="4">7. 교사의 지시를 잘 이해하고 따른다.</td><td></td><td></td><td></td><td></td><td></td><td></td></tr>
<tr><td colspan="4">8. 물건을 소중히 다루고 아껴 쓴다.</td><td></td><td></td><td></td><td></td><td></td><td></td></tr>
<tr><td colspan="4">9. 고마워, 괜찮아, 미안해 등의 말을 적절히 사용한다.</td><td></td><td></td><td></td><td></td><td></td><td></td></tr>
<tr><td colspan="4">10. 혼자서 옷을 입을 수 있다.</td><td></td><td></td><td></td><td></td><td></td><td></td></tr>
<tr><td colspan="4">11. 화장실 사용 후 뒤처리를 혼자 한다.</td><td></td><td></td><td></td><td></td><td></td><td></td></tr>
<tr><td rowspan="10">신체발달</td><td colspan="4">1. 자세가 바르다(앉을 때, 걸을 때, 서 있을 때).</td><td></td><td></td><td></td><td></td><td></td><td></td></tr>
<tr><td colspan="4">2. 행동이 민첩하다.</td><td></td><td></td><td></td><td></td><td></td><td></td></tr>
<tr><td colspan="4">3. 양발을 바꾸어 가며 계단을 오르내릴 수 있다.</td><td></td><td></td><td></td><td></td><td></td><td></td></tr>
<tr><td colspan="4">4. 바깥놀이에 활발히 참여한다.</td><td></td><td></td><td></td><td></td><td></td><td></td></tr>
<tr><td colspan="4">5. 한 발로 깡충 뛰기를 할 수 있다.</td><td></td><td></td><td></td><td></td><td></td><td></td></tr>
<tr><td colspan="4">6. 공을 던지고 받을 수 있다.</td><td></td><td></td><td></td><td></td><td></td><td></td></tr>
<tr><td colspan="4">7. 그네를 혼자 탈 수 있다.</td><td></td><td></td><td></td><td></td><td></td><td></td></tr>
<tr><td colspan="4">8. 매트에서 구르기를 할 수 있다.</td><td></td><td></td><td></td><td></td><td></td><td></td></tr>
<tr><td colspan="4">9. 손 사용에서 선호도를 보인다(왼손, 오른손).</td><td></td><td></td><td></td><td></td><td></td><td></td></tr>
<tr><td colspan="4">10. 손잡이나 병 뚜껑을 쉽게 돌린다.</td><td></td><td></td><td></td><td></td><td></td><td></td></tr>
</table>

영역	내용	1회	2회	3회	4회	5회	6회
신체발달	11. 주스나 우유를 흘리지 않고 따를 수 있다.						
	12. 지퍼를 열고 잠글 수 있다.						
	13. 버튼을 열고 잠글 수 있다.						
	14. 작은 물건을 집을 수 있다(손바닥, 손가락으로).						
	15. 가위질을 할 수 있다.						
인지발달	1. 질문을 많이 한다.						
	2. 사물을 주의 깊게 본다						
	3. 상식이 풍부하다.						
	4. 문제 상황이 생겼을 때 다양한 방법으로 해결을 시도한다.						
	5. 자연현상에 대하여 관심이 있다(계절, 낮과 밤, 날씨, 동·식물의 변화).						
	6. 기본 도형의 이름을 안다.						
	7. 기본 색깔의 이름을 안다.						
	8. 사건을 순서에 따라 배열한다.						
	9. 사물을 한 가지 속성에 따라 분류한다(색, 모양, 크기).						
	10. 5까지의 수를 합리적으로 센다.						
	11. 하루일과의 순서를 안다.						
	12. 하루 전에 무슨 일이 일어났는지를 안다.						
	13. 사물의 수량이 많고 적음을 변별할 수 있다.						
	14. 일대일 대응으로 두 집단의 수를 짝짓는다.						
	15. 자신을 중심으로 위아래, 앞뒤를 구별한다.						
	16. 일상생활에 쓰이는 수의 활용에 관심을 갖는다.						
	17. 자신을 중심으로 왼쪽, 오른쪽을 안다.						
언어능력	1. 주의 깊게 듣는다.						
	2. 기초적인 낱말과 문장을 듣고 이해한다.						
	3. 분명한 발음으로 말한다.						
	4. 자신의 의견을 분명히 말한다.						
	5. 또래와 대화를 할 수 있다.						
	6. 상황에 따라 알맞게 말할 수 있다.						

영역	내용	1회	2회	3회	4회	5회	6회
언어능력	7. 이야기를 듣고 기억해 내어 이야기한다.						
	8. 교사가 나타내는 신호나 지시에 따른다.						
	9. 읽어 준 글을 자기 생각대로 이해하여 순서대로 말한다.						
	10. 글자에 관심을 보인다.						
	11. 글자의 기초가 되는 모양을 그린다.						
	12. 자기 이름과 간단한 글자를 읽는다.						
	13. 어른의 도움 없이 혼자 책을 읽는다.						
	14. 책 읽기를 즐겨 한다.						
	15. 새로 내놓은 책에 관심을 갖는다.						
	16. 자기 이름과 간단한 글자를 쓴다.						
	17. 어른의 도움 없이 혼자 문장을 쓴다.						
	18. 연필을 똑바로 잡을 수 있다.						
	19. 바르게 앉아서 쓴다.						
	20. 창의적으로 이야기를 꾸며 말할 수 있다.						
부적응 행동	1. 자기 의사를 잘 표현하지 못한다.						
	2. 다른 사람과 말할 때 마주 보지 못한다.						
	3. 다른 사람과 이야기할 때 '예, 아니요'라고만 대답한다.						
	4. 용품(크레파스, 놀잇감)이 없어도 같이 쓰자는 말을 하지 못한다.						
	5. 친구들에게 자기 감정이나 의사를 나타내지 못한다.						
	6. 낯선 사람 앞에서는 말을 하지 못한다.						
	7. 공연히 얼굴을 붉히거나 유난히 수줍음을 탄다.						
	8. 남이 조금만 뭐라고 해도 당황하거나 쩔쩔맨다.						
	9. 어른이 조금이라도 꾸중을 하기만 하면 울기부터 한다.						
	10. 지명을 받았을 때 재촉받고서야 마지못해 일어난다.						
	11. 선생님의 질문에 알면서도 더듬거리거나 말을 하지 않는다.						
	1. 엄마와 쉽게 떨어진다.						
	2. 교사에게 매달리거나 달라붙지 않는다.						

영역	내용	1회	2회	3회	4회	5회	6회
자기정체성	3. 교사의 권유 없이 활동을 스스로 선택해서 논다.						
	4. 자신의 권리와 의견을 주장한다.						
	5. 자기가 하는 일에 열중한다(집중력이 있음).						
	6. 자기가 하는 일에 자신감을 보인다.						
	7. 자기가 시작한 일을 끝마친다.						
	8. 언어와 행동이 늘 긍정적이다.						
	9. 자신의 작품에 대체로 만족한다.						
사회정서 발달	1. 자신의 감정을 말로 표현할 수 있다.						
	2. 새로운 환경이나 교구에 흥미를 보인다.						
	3. 성격이 명랑하다.						
	4. 감정이 쉽게 바뀌는 편이다.						
	5. 혼자서 노는 편이다.						
	6. 놀이에서 주로 지도자 역할을 한다.						
	7. 이미 진행되고 있는 놀이에 자연스럽게 끼어든다.						
	8. 문제 상황이 생겼을 때 혼자서 잘 해결한다.						
	9. 문제 상황이 생겼을 때 말로 해결한다.						
	10. 다양한 놀이에 참여한다.						
	11. 친구들이 활동을 방해하지 않는다.						
친사회성 발달	1. 다른 사람의 감정을 이해하고 그에 맞는 말이나 행동을 한다.						
	2. 친구와 나누어 쓸 수 있다.						
	3. 친구에게 양보할 줄 안다.						
	4. 놀이나 작업을 할 때 협동을 잘한다.						
	5. 다른 사람의 부탁을 들어준다.						
	6. 친구나 교사를 잘 도와준다.						
공격적인 행동	1. 가만히 있는 친구를 공연히 툭툭 치거나 밀친다.						
	2. 물건을 다른 사람에게 던진다.						
	3. 다른 사람을 발로 차거나 때린다.						
	4. 친구를 꼬집거나 깨문다.						
	5. 다른 아이가 하는 일을 건드려서 망쳐 놓는다.						

영역	내용	1회	2회	3회	4회	5회	6회
	6. 친구가 가지고 놀고 있는 장난감을 빼앗는다.						
표현력과 창의력	1. 음악이나 악기소리에 맞추어 몸을 움직인다.						
	2. 악기를 연주하는 일에 관심을 보인다.						
	3. 자신의 생각과 느낌을 그림으로 표현한다.						
	4. 독창적이고 다양한 형태의 표현을 시도한다.						
	5. 여러 가지 재료를 이용하여 다양한 방법으로 만들고 꾸민다.						
	6. 역할 놀이에서 맡은 역할을 잘해 낸다.						
	7. 놀이의 주제를 다양하게 선택한다.						

관찰 결과 및 해석 요약

예시 18 행동 발달 관찰 기록지

표본식 기술 관찰 양식

관찰 아동 : 생년월일 :

관 찰 일 : 관 찰 자 :

장 면 :

시간	기 록	추론 및 해석
요 약		

예시 19 자기 진단 평가지

• 날짜 • 성명

다음 각 문항을 읽고 자신과 관련이 있는 정도에 해당하는 점수를 기록하시오.

	확실히 그렇다	약간 그렇다	잘 모르겠다	그렇지 않은 편이다	절대 그렇지 않다
예 1. 유아에게 애정이 있다.	5점	4점	3점	2점	1점
예 2. 유아를 공평하게 대한다.	5점	4점	3점	2점	1점

1. 신체가 건강하다.
2. 시간을 잘 지킨다.
3. 몸가짐이 단정하다.
4. 다른 사람에게 안정된 느낌을 준다.
5. 언행이 활력이 있다.
6. 표정이 부드럽고 온정적이다.
7. 발음이 정확하다.
8. 교육에 대한 확고한 사명감이 있다.
9. 필요할 때는 언제나 동료 직원의 힘이 되어 준다.
10. 원장의 신임을 받고 있다.
11. 자아 향상 기회를 항상 추구한다.
12. 매사에 사물의 밝은 면을 본다.
13. 화를 잘 내지 않는다.
14. 가르치는 일에 흥미를 느끼고 있다.
15. 생각이 독창적이어서 끊임없이 새로운 아이디어를 낸다.
16. 교육과정에 대하여 통합된 지식을 갖고 있다.
17. 아동 발달에 대한 지식이 많다.
18. 유아 이해에 도움이 되는 평가방법에 익숙하다.
19. 교육상의 문제를 발견해서 연구하는 자세를 갖고 있다.

20. 복잡한 문제라도 명확하게 판단한다.
21. 유아가 자유롭고 독창적인 사고를 하도록 자극한다.
22. 학습을 흥미롭게 이끌어 간다.
23. 유아의 발언에 적절한 반응을 한다.
24. 예기치 못한 사태라도 적절히 처리한다.
25. 학습의 계획과 진행에 학생과 협동한다.
26. 유아의 개별적인 필요나 문제에 관심을 갖는다.
27. 유아의 놀이 친구가 될 수 있다.
28. 모든 유아에게 활동의 기회를 골고루 준다.
29. 부모와 대화의 기회를 자주 갖는다.
30. 부모와 금전관계를 맺지 않는다.

자기 진단 결과					
평가요소	문항	문항수	점수	평균	만족도
개인적 자질	외형적 측면	1~7	7		
	정서적 측면	8~14	7		
	계	1~14	14		
전문적 자질	지적 측면	15~20	6		
	기능적 측면	21~30	10		
	계	15~30	16		
총계		1~30	30		

예시 20 수업 관찰표

<table>
<tr><td colspan="6">날짜: . . . 평가자 소속: 직위: 성명: (인)</td></tr>
<tr><td>유아교육기관명</td><td>반</td><td>담임명</td><td>교과명</td><td>주제(학습주제)</td><td>유아 수</td></tr>
<tr><td></td><td></td><td></td><td></td><td></td><td></td></tr>
</table>

<table>
<tr><th rowspan="2">영역</th><th rowspan="2">평가관점</th><th colspan="3">평점</th><th rowspan="2">특기사항</th></tr>
<tr><th>잘함</th><th>보통</th><th>노력</th></tr>
<tr><td rowspan="7">수업설계면</td><td>1. 수업목표 진술이 타당한가?</td><td></td><td></td><td></td><td></td></tr>
<tr><td>2. 실태분석(유아, 교사, 환경)이 잘 이루어졌는가?</td><td></td><td></td><td></td><td></td></tr>
<tr><td>3. 도입–전개–정리별 시간 운영계획이 적절한가?</td><td></td><td></td><td></td><td></td></tr>
<tr><td>4. 수업내용의 선정 및 조직이 적절한가?</td><td></td><td></td><td></td><td></td></tr>
<tr><td>5. 수준별 교수 학습 전개 계획이 수립되었는가?</td><td></td><td></td><td></td><td></td></tr>
<tr><td>6. 교육과정에 대한 충분한 이해를 바탕으로 수업계획이 되었는가?</td><td></td><td></td><td></td><td></td></tr>
<tr><td colspan="5">〈총평〉</td></tr>
<tr><td rowspan="9">교사활동면</td><td>1. 동기유발의 방법은 적절한가?</td><td></td><td></td><td></td><td></td></tr>
<tr><td>2. 발문이 적절하며 확산적인가?</td><td></td><td></td><td></td><td></td></tr>
<tr><td>3. 유아 발언에 대한 반응과 처리는 적절한가?</td><td></td><td></td><td></td><td></td></tr>
<tr><td>4. 충분한 사고를 할 수 있도록 시간을 주었는가?</td><td></td><td></td><td></td><td></td></tr>
<tr><td>5. 유아 주도적 학습을 유도하였는가?</td><td></td><td></td><td></td><td></td></tr>
<tr><td>6. 유아의 특성을 잘 이해하고 있는가?</td><td></td><td></td><td></td><td></td></tr>
<tr><td>7. 교사의 언어사용이 적절한가?(속도, 표준어)</td><td></td><td></td><td></td><td></td></tr>
<tr><td>8. 교사의 복장이 교수활동에 바람직한가?</td><td></td><td></td><td></td><td></td></tr>
<tr><td colspan="5">〈총평〉</td></tr>
</table>

<table>
<tr><th rowspan="2">영역</th><th rowspan="2">평가관점</th><th colspan="3">평점</th><th rowspan="2">특기사항</th></tr>
<tr><th>잘함</th><th>보통</th><th>노력</th></tr>
<tr><td rowspan="5">유아면</td><td>1. 적극적으로 학습에 참여하고 있는가?</td><td></td><td></td><td></td><td></td></tr>
<tr><td>2. 발표가 활발하게 이루어지고 있는가?</td><td></td><td></td><td></td><td></td></tr>
<tr><td>3. 학습자 간 상호작용 및 협동이 잘 이루어지고 있는가?</td><td></td><td></td><td></td><td></td></tr>
<tr><td>4. 기본 학습방법 훈련은 잘 이루어지고 있는가?</td><td></td><td></td><td></td><td></td></tr>
<tr><td colspan="5">〈총평〉</td></tr>
<tr><td rowspan="4">자료활용면</td><td>1. 정보기기 활용 및 자료 활용이 바람직한가?</td><td></td><td></td><td></td><td></td></tr>
<tr><td>2. 자료사용이 적시에 이루어지는가?</td><td></td><td></td><td></td><td></td></tr>
<tr><td>3. 자료실을 효율적으로 활용할 수 있는가?</td><td></td><td></td><td></td><td></td></tr>
<tr><td colspan="5">〈총평〉</td></tr>
<tr><td rowspan="4">평가 및 정리면</td><td>1. 학습정리가 바람직한가?</td><td></td><td></td><td></td><td></td></tr>
<tr><td>2. 수행평가는 잘 이루어지고 있는가?</td><td></td><td></td><td></td><td></td></tr>
<tr><td>3. 자기 주도적 학습력 신장 지도가 이루어졌는가?</td><td></td><td></td><td></td><td></td></tr>
<tr><td colspan="5">〈총평〉</td></tr>
<tr><td>종합 의견</td><td colspan="5"></td></tr>
</table>

예시 21 교사의 자기 평가

교사 : (인)

영역	평가 문항	1 2 3 4 5 부적합 보통 적합
물리적 환경	1. 모든 시설, 설비가 유아의 신체적 조건에 알맞게 준비되었는가?	
	2. 물리적 환경은 안전성을 고려하여 구성되었는가?	
	3. 실내의 온도가 적절히 유지되었는가?	
	4. 실내에는 다양한 흥미 영역(대근육활동, 역할놀이, 언어, 미술, 음률, 과학, 조작 영역 등)이 준비되어 있는가?	
	5. 흥미 영역의 배치는 공간배치원리를 따르는가?	
	6. 영역별 활동 계획판이 준비되어 있는가?	
	7. 대집단활동 영역은 전체 유아가 활동하기에 충분한가?	
	8. 공간의 크기 및 유아 수에 맞게 학습자료가 충분히 준비되어 있는가?	
	9. 놀잇감이 개방된 선반 위에 정리되어 있으며 바구니나 쟁반에 담겨 있어 어린이가 놀잇감을 옮기기에 편리하도록 되어 있는가?	
	10. 벽에 있는 그림이나 사진 등이 유아의 눈높이에 알맞게 게시되어 있는가?	
	11. 계절, 주제 등에 맞게 물리적 환경이 변화하는가?	
	12. 활동 실내에 유아가 휴식을 취할 수 있는 조용한 영역이 있는가?	
	13. 유아가 활동을 편하게 할 수 있도록 작업복(앞치마, 비닐커버 등)이 준비되어 있는가?	
	14. 식기 기타 학습 자료가 깨끗한가?	
	15. 속옷이 비치되어 있는가?	
	16. 실내를 자주 환기시키는가?	
	17. 실내 · 외를 정기적으로 소독하는가?	
	18. 응급처치에 필요한 의료용품이 준비되어 있는가?	
	19. 응급처치에 관한 보고서, 투약보고서, 어린이 건강 기록부, 예방 접종 카드 등이 있는가?	
	20. 전염병 예방을 위한 건강과 안전에 대한 사전 주의지침이 준비되어 있는가?	
등원 및 귀가	1. 일과가 시작되기 전에 활동실을 점검하는가?	
	2. 유아가 도착하는 대로 반갑게 맞이하는가?	
	3. 부모와 떨어지기 어려워하는 유아의 상태를 이해하고 보살피는가?	
	4. 유아가 스스로 신발과 겉옷을 챙기도록 하는가?	
	5. 유아의 보호자와 간단한 대화를 통해 유아에 관한 정보(예, 건강상태, 투약, 귀가시간 등)를 서로 나누고, 기록해 주어야 할 사항을 기록한다.	
	6. 모든 유아가 귀가한 후 활동실을 점검하는가?	

(7) 자기소개서 양식

예시 22 개성만점 자기소개서

은지를 아시나요?

이름 : 김은지
나이 : 23세
취미 : 일기 쓰기, 음악 감상, 독서
좌우명: 유리하다고 교만하지 말며, 불리하다고 비겁하지 말며, 무엇을 들었다고 쉽게 행동하지 말고, 그것이 사실인지 깊이 생각하여 이치가 명확할 때 과감히 행동하라.
미래교사상: 행복을 전해 주는 행복한 교사가 되고 싶습니다.

| 은지의 한마디 |

언제나
아이들에게
따뜻한 미소와
아낌없는 칭찬을 주는 교사가 되겠습니다.

2) 기안문 작성

유아교육기관에서 기안문 작성은 필수적으로 이루어지고 있다. 대개 기안문은 ᄒᆞᆫ글을 이용하여 만들게 된다. 기안문은 그 양식이 표준화되어 있어 표준양식에 준하여 만들어져야 한다. 따라서 기안문 작성에 관해 살펴보기 전에 먼저 사무관리와 관련하여 먼저 알아보고(서라벌대학, 2004) 기안문 예를 제시하고자 한다.

(1) 사무관리

최근 행정기관에서는 사무의 간소화, 표준화, 과학화 및 정보화를 기하여 행정 능률을 높이기 위해 대통령령 제17811호 일부개정에 따라 2002년 12월 26일 개정된 원칙에 기준해 2004년 1월 1일부터 개정 사무관리 규정을 시행하고 있다. 이 책에서는 개정 사무관리 규정 중 문서작성에 관한 부분에 대해서만 살펴보고자 한다.

1 문서 작성의 일반 원칙

문서는 문화예술 진흥법 제7조의 규정에 의한 어문규범에 맞게 한글로 작성하되, 쉽고 간명하게 표현하고, 뜻을 정확하게 전달하기 위하여 필요한 경우에는 괄호 안에 한자 등의 외국어를 넣어 쓸 수 있으며, 특별한 사유가 있는 경우를 제외하고는 가로로 쓰는 것을 원칙으로 한다.

2 문서의 전자적 처리 원칙 명문화

개정된 사무관리에서 문서의 결재 방식은 전자결재, 전자 문서의 유통 및 전자문서의 보존/검색 활용의 활성화를 위하여 문서의 생산부터 보존까지 문서의 모든 처리 절차가 전자적으로 처리되도록 원칙을 명문화한다.

3 전자문서의 수정 결정권자 확대

지금까지 전자 문서상에 수정 전의 전자문서의 내용이 보존되도록 하는 결정을 처리과의 장이 하였으나, 앞으로는 기안자 · 검토자 또는 결재권자로 확대하여 향후에 책임문제를 규명할 필요가 있을 경우에 이에 대처하도록 실시하고 있다.

4 중요문서의 간인 방법 변경

기존에는 결재를 받은 기안문 중 중요한 기안문에는 결재권자가 간인용결재인으로 간인하였으나, 앞으로는 기안문과 시행문이 하나로 통합됨에 따라 기안문에도 관인 관리자가 관임으로 간인하여야 한다.

5 문서의 구성요소 및 기안문서의 서식변경

개정된 사무관리에 따르면 문서의 구성요소에서 종이문서와 전자문서의 형식에 차이를 두고 있다. 그 차이점을 살펴보면 다음과 같다.

❶ 일반 기안문(종이문서+전자문서): 일반기안문은 두문 · 본문 및 결문으로 구성한다. 단, 전자문서는 두문 · 본문 및 결문 및 붙임으로 구성할 수 있다.

❷ 전자 기안문 전자 문서안: 문서를 일반기안문의 형식으로 구성하지 않고, 전자문서로서 전자기안문으로 구성할 수 있으며, 전자기안문은 표제부와 본문부로 나눌 수 있다. 이 경우에는 서로 다른 파일 또는 같은 파일로 구성하되, 표제부는 두문, 본문의 제목 및 결문으로, 본문부는 제목 · 내용 및 붙임으로 구성할 수 있다.

❸ 간이 기안문(종이문서+전자문서): 왼쪽 상단에 위치한 문서등록의 표시(등록번호, 보존기간, 결제일자 및 공개 구분), 오른쪽 상단에 위치한 결재란(기안자, 검토자, 협조자, 결재권자), 제목, 요약설명문작성일자, 작성기관의 표시를 한다. 문서의 구성요소는 다음과 같이 종이문서와 전자문서가 다르다.

- 두문: 행정기관명, (경유) 및 수신자로 한다.
- 본문: 제목 · 내용 및 붙임으로 함. 다만, 전자문서인 경우에는 제목 및 내용으로 할 수 있다.
- 결문: 발신명의, 기안자 · 검토자 · 협조자 · 결재권자의 직위 또는 직급 및 서명(전자문자서명 · 전자이미지서명 및 행정전자서명을 포함한다. 이하 같다), 생산등록번호와 시행일자, 접수등록번호와 접수일자, 행정기관의 우편번호 · 주소 · 홈페이지주소 · 전화번호 · 모사전송번호, 공무원의 공식 전자우편주소 및 공개구분으로 한다.

문서작성 원칙

1. 행정기관명: 그 문서를 기안한 부서가 속한 행정기관명을 기재한다.
2. 수신자 (　　): 수신자명 또는 수신자기호를 먼저 쓰고, 이어서 괄호 안에는 처리할 자(보조기관 또는 보좌기관을 말한다)의 직위를 쓰되, 처리할 자의 직위가 분명하지 아니한 경우에는 ○○업무담당과장 등으로 쓰며, 수신자가 많아 본문의 내용 기재란이 줄어들어 본문의 내용을 첫 장에서 파악하기 곤란한 경우는 두문의 수신자란에 '수신자 참조'라고 쓰고, 결문의 발신명의 밑의 왼쪽 기본선에 맞추어 수신자란을 설치하여 수신자명 또는 수신자기호를 표시한다.
3. (경유): 경유문서인 경우에 (경유)란에 '문서는 경유기관의 장은 ○○○(또는 제1차 경유기관의 장은 ○○○, 제2차 경유기관의 장은 ○○○)이고, 최종 수신기관의 장은 ○○○입니다.'라고 표시하고, 경유기관의 장은 제목란에 '경유문서의 이송'이라고 표시하여 순차적으로 이송하여야 한다.
4. 제목: 그 문서의 내용을 쉽게 알 수 있도록 간단하고, 명확하게 기재한다.
5. 발신명의: 합의제 행정기관 또는 행정기관의 장의 명의를 기재하고, 보조기관 또는 보좌기관 상호 간에 발신하는 문서는 그 보조기관 또는 보조기관의 명의를 기재한다.
6. 기안자 · 검토자 · 협조자 · 결재권자의 직위/직급: 직위가 있는 경우에는 직위를 온전하게 쓰고, 직위가 없는 경우에는 직급을 온전하게 쓴다. 다만 기관장과 부기관장의 직위는 간략하게 쓴다.
7. 시행 처리과명－일련번호(시행일자) 접수 처리과명－일련번호(접수일자): 처

리과명(처리과가 없는 행정기관은 10자 이내의 행정기관명의 약칭)을 기재하고, 일련번호는 연도별 일련번호를 기재하며, 시행일자와 접수일자란에는 연월일을 각각 온점(.)을 찍어 숫자로 기재한다. 단, 민원문서인 경우로서 필요한 경우에는 시행일자와 접수일자란에 시 · 분까지 기재한다.

8. (우) 주소: 우편번호를 기재한 다음 행정기관이 위치한 도로명 및 건물번호 다음에 괄호하여 주소를 기재하고, 사무실이 위치한 층수와 호수를 괄호 안에 기재한다. (예) 우110-034 서울특별시 종로구 효자로 39(창성동 117) (2층 208호)
9. 홈페이지 주소: 행정기관의 홈페이지 주소를 기재한다. (예) www.mogaha.go.kr
10. 전화 ( ) 전송 ( ): 전화번호와 모사전송번호를 각각 기재하되, ( ) 안에는 지역번호를 기재한다. 기관 내부문서의 경우는 구내 전화번호를 기재한다.
11. 공무원의 공식 전자우편주소: 행정기관에서 공무원에게 부여한 전자우편주소를 기재한다.
12. 공개구분: 공개 · 부분공개 · 비공개로 구분하여 표시한다. 부분공개 · 비공개인 경우에는 공공기관의 기록물관리에 관한 법률 시행규칙 제16조의 규정(별표 11)에 의한 공개여부 구분번호를 선택하여 ( ) 안에 표시한다.
13. 관인생략 등 표시: 발신명의의 오른쪽에 관인생략 또는 서명생략을 표시한다.

※ 기안자 · 검토자 및 결재권자(직위/직급) 서명: '기안자 · 검토자 및 결재권자'의 용어는 표시하지 아니하고, 기안자 · 검토자 및 결재권자의 직위/직급을 쓰고 서명한다.

※ 협조자(직위/직급) 서명: '협조자'의 용어를 표시한 다음, 이어서 직위/직급을 쓰고 서명한다.

※ 전결 및 서명표시 위치: 사무관리규정 제16조 제2항 및 동규정시행규칙 제19조 제1항의 규정에 의하여 결재권이 위임된 사항을 전결하는 경우에는 행정기관의 장의 결재란을 설치하지 아니하고 전결하는 자의 서명란에 '전결' 표시를 한 후 서명한다.

※ 전결 · 대결 및 서명표시 위치: 사무관리규정 제16조 제3항 및 동규정시행규칙 제19조 제2항의 규정에 의하여 위임전결사항을 대결하는 경우에는 행정기관의 장의 결재란을 설치하지 아니하고 전결하는 자의 서명란에 '전결' 표시를 한 후 대결하는 자의 서명란에 '대결' 표시를 하고 서명하며, 위임전결사항이 아닌 사항을 대결한 경우에는 행정기관의 장의 결재란을 설치하지 아니하고 대결하는 자의 서명란에 '대결' 표시를 하고 서명한다.

※ 발의자(★) · 보고자(◉)의 표시는 직위 또는 직급 앞 또는 위에 한다.

※ '수신자'는 '받는 자'로 사용할 수 있다.

(2) 기안문 작성

앞의 제시에 따라 기안문을 직접 작성해 보면 〈예시 23〉과 같다.

예시 23 기안문

ㅇㅇ을 주는 교실 ㅇㅇ을 주는 교육

ㅇㅇ유치원

수신자　내부결재
(경유)
제 목　2010학년도 3월분 수업료 감면 및 징수 결정

2010학년도 3월분 수업료의 감면 및 징수결정을 다음과 같이 결정하고자 합니다.

1. 재적 인원 : ㅇㅇ명
2. 감면인원 : ㅇ명
3. 징수대상인원 : ㅇㅇ명
4. 감면자 내역 : ㅇㅇㅇㅇㅇㅇㅇㅇㅇ
5. 기간 : ㅇㅇㅇㅇㅇㅇㅇ
6. 징수결정 금액 : 팔백이십오만원(₩8,250,000)
7. 감면내역 및 징수 결정 내역 : 덧붙임

덧붙임　1. 감면내역 및 징수 결정내역 1부.
　　　　2. 납입고지서 1부. 끝.

발 신 명 의 (인)

기안자(직위/직급) 서명　　검토자(직위/직급) 서명　　결재권자(직위/직급) 서명
협조자(직위/직급) 서명
시행 처리과명-일련번호(시행일자)　접수　처리과명-일련번호(접수일자)
우 780-713　00시　/ 홈페이지 주소 www.kids.or.kr
전화 (054)000-0000　전송 (054)000-0000 / 전자우편주소 0000@kids.or.kr / 공개

제 6 장

엑셀의 이해와 활용

유아교육기관을 효율적으로 운영하기 위해서는 사무관리가 제대로 이루어져야 함에도 대부분의 유아교육기관이 제반 업무를 전담 사무원이 아닌 원장이나 교사가 담당하고 있는 실정이다. 이로 인해 사무관리가 전문적이고 체계적으로 이루어지지 않고 있다. 따라서 사무 관리의 절차나 방법을 되도록 간소화시키고, 사무 처리를 효율적으로 처리할 수 있는 방안을 모색할 필요가 있다(이소희 외, 2003).

이에 유아교육기관의 사무관리 효율화를 위해 엑셀 프로그램을 소개하고자 한다. 엑셀은 그래픽 환경(GUI)의 윈도우용 스프레드시트로서, 컴퓨터를 이용하여 각종 계산표, 도표, 보고서 등을 짧은 시간에 정확하게 작성할 수 있는 응용 프로그램이다. 또한 엑셀의 기능에는 자동계산 기능, 차트 기능, 문서작성 기능 등이 있다. 이러한 점을 볼 때 교사가 엑셀을 활용하여 유아교육기관을 운영한다면 과학적인 방법으로 원아 및 재정 관리를 할 수 있을 것이다.

따라서 여기에서는 엑셀의 기초, 사용방법 및 엑셀을 활용한 원아 및 재정 관리 부분을 소개하고자 한다. 엑셀 프로그램의 기초 및 사용방법은 엑셀 프로그램의 도움말을 기초로 제시한다. 아울러 엑셀을 활용한 유아 및 재정 관리 부분은 실제 현장에서 활용할 수 있도록 구체적으로 제시하였다.

1 | 엑셀의 기초

엑셀의 기초에서는 엑셀의 화면구성, 마우스의 사용, 함수 마법사, 셀의 조정, 정렬 및 차트에 대해서 살펴보고자 한다.

1) 엑셀의 화면구성

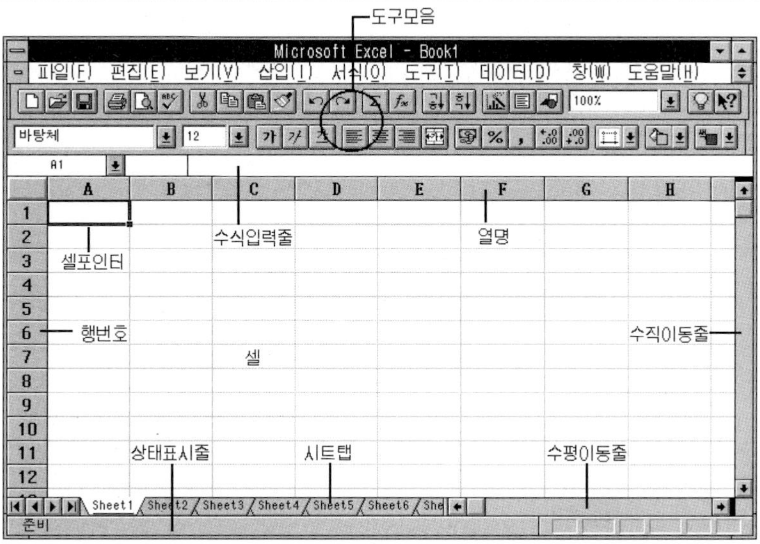

❶ 제목 표시줄: 현재 작업 중인 문서의 파일 이름과 창조절 버튼으로 구성되어 있다.

❷ 메뉴표시줄: 엑셀에서 사용되는 기능을 메뉴로 모아 놓은 곳이다.

❸ 표준도구모음: 자주 사용하는 기능을 쉽게 사용할 수 있도록 아이콘으로 표시해 놓은 곳이다.

❹ 서식도구모음: 글꼴, 문단, 모양이나 정렬 등에 대한 기능을 대화상자를 사용하지 않고 바로 실행할 수 있도록 아이콘을 모은 곳이다.

❺ 이름상자: 현재 선택된 셀의 주소나 이름을 표시하며 차트 항목이나 그리기 개체의 이름이 나타난다.

❻ 수식 입력줄: 현재 선택된 셀의 내용을 표시한다.

❼ 행머리글: 행의 번호를 1~65,563개까지 표시한다.

❽ 열머리글: 열의 번호를 A에서 IV까지 256개의 문자로 표시한다.

❾ 셀포인터: 현재 작업하고 있는 셀을 표시한다.

❿ 워크시트: 데이터를 입력하고 계산하는 공간, 행과 열이 만나서 사각형의 셀이 구성된다.

⓫ 수직/수평 이동줄: 화면상에서 시트를 상하 좌우로 이동시키는 줄이다.

⓬ 시트탭: 시트의 복사, 이동, 삽입, 이름바꾸기의 기능을 할 수 있다.

⓭ 그리기 도구 모음: 그림을 그리고 편집할 수 있도록 그리기에 관련된 기능, 또는 기능에 대한 아이콘을 모아 놓은 곳이다.

2) 문자 입력하기

(1) 특수문자 입력하기

다음 워크시트와 같이 'ㄱ'을 입력한 후 [한자]키를 눌러 원하는 문자를 선택한다.

	A	B	C	D
1	특수문자			
2				
3	ㄱ			
4				
5				
6				

(2) 한자 입력하기

다음 워크시트와 같이 입력한 후 글자 맨 뒤에 커서를 놓고 [한자]키를 누른다.

3) 셀서식 설정하기

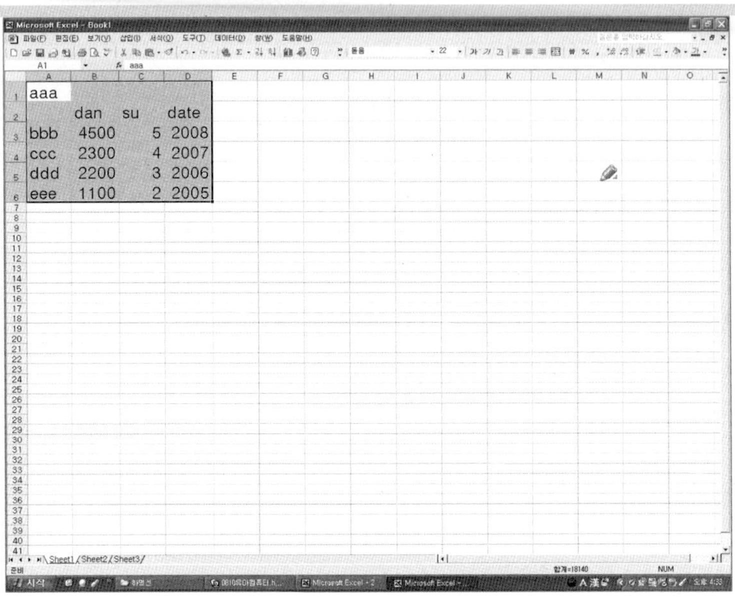

❶ A1:D6범위를 드래그한 후 [서식]-[셀]을 클릭한다.

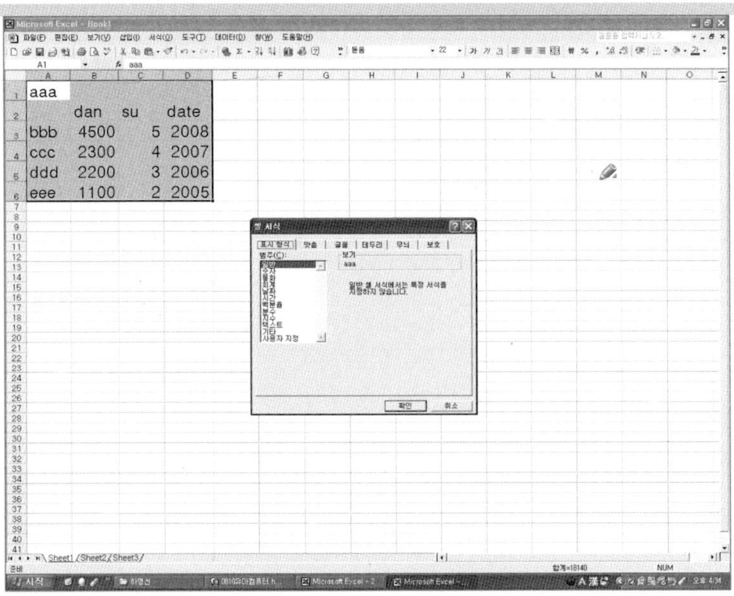

❷ [셀서식]-[글꼴] 탭에서 다음 그림과 같이 설정한다.

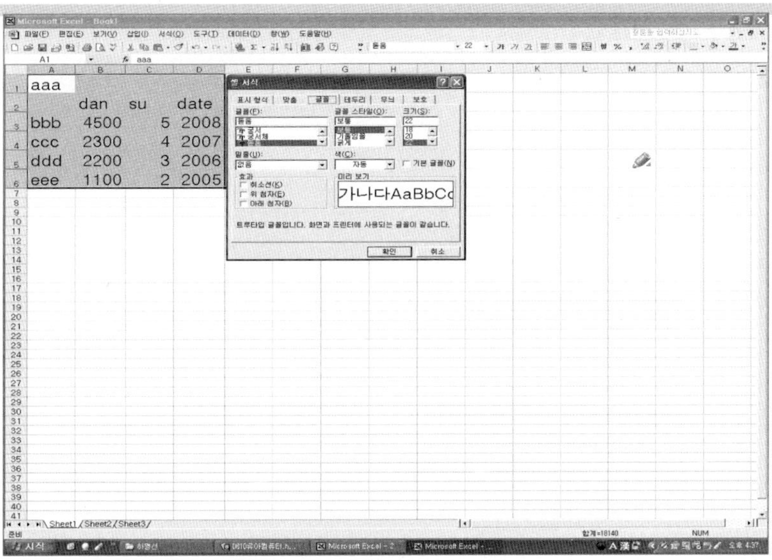

마우스로 드래그하여 범위을 지정한 후 마우스 오른쪽 버튼을 클릭하여 메뉴에서 [셀서식]을 클릭하여도 된다.

4) 셀복사, 삽입하기

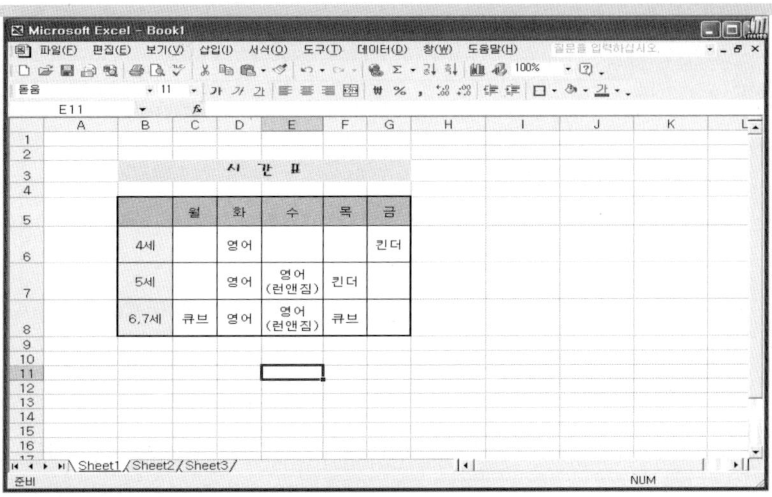

❶ 그림과 같이 [B3:G8]영역을 지정한 후 마우스 오른쪽 버튼을 눌러 [복사]를 클릭한다.

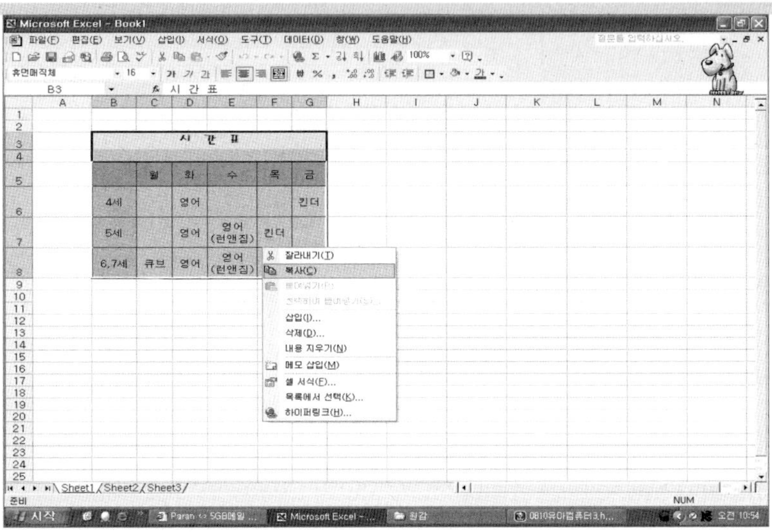

❷ [I3] 셀을 클릭한 후 마우스 오른쪽 버튼을 눌러 [선택하여 붙여넣기]를 클릭한다.

❸ [선택하여 붙여넣기] 대화상자에서 그림과 같이 설정하고 [확인] 버튼을 클릭한다.

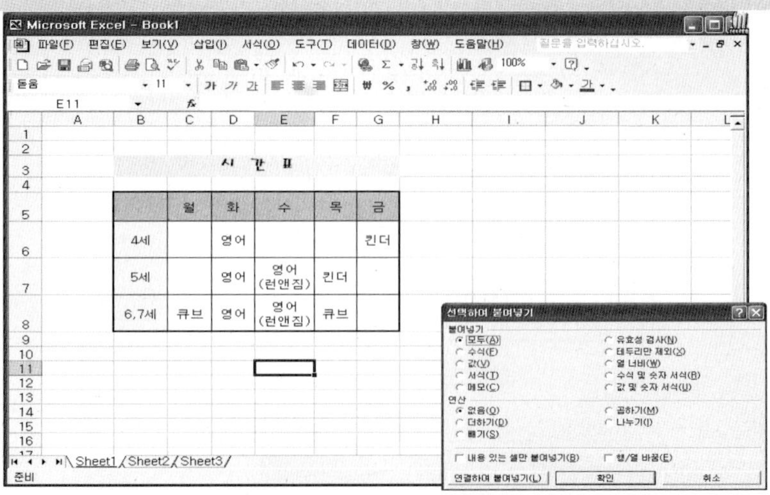

❹ 그림과 같이 [H]열 머리글을 마우스로 드래그하여 조절한다.

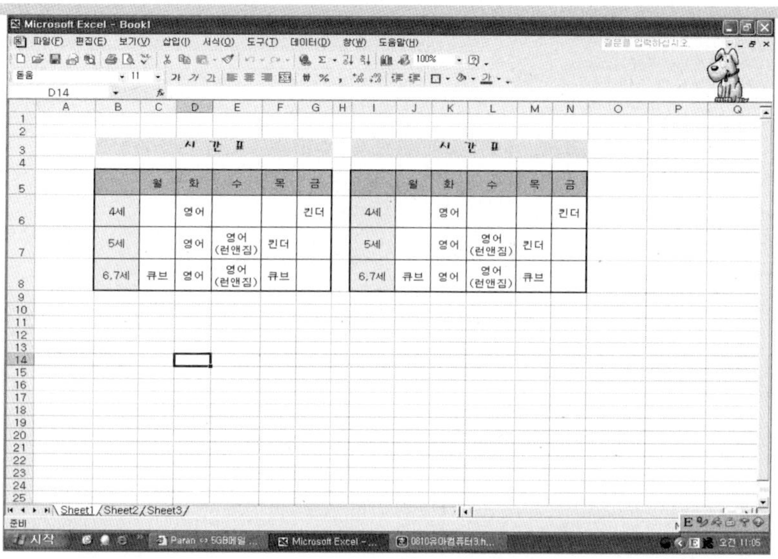

❺ [I6:N6] 셀 영역을 지정한 후 마우스 오른쪽 버튼을 눌러 [삽입]을 클릭한다.

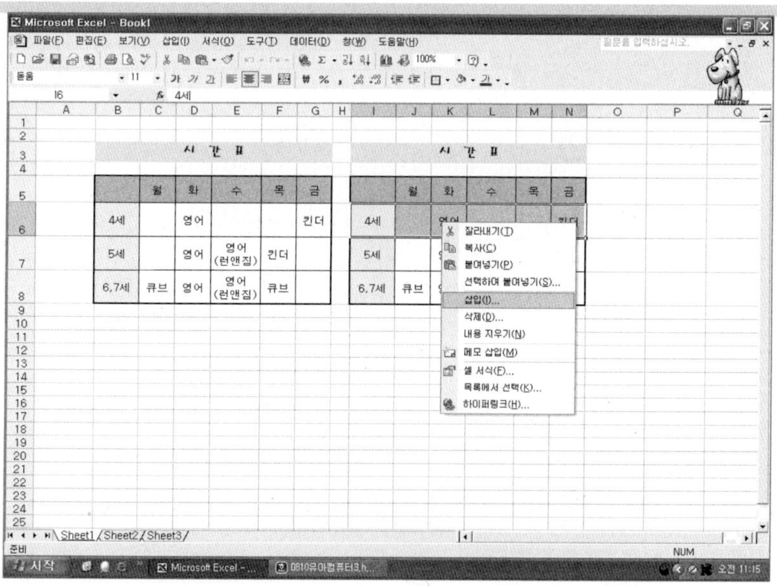

❻ [삽입] 대화상자가 나타나면 그림과 같이 지정한 후 [확인] 버튼을 클릭한다.

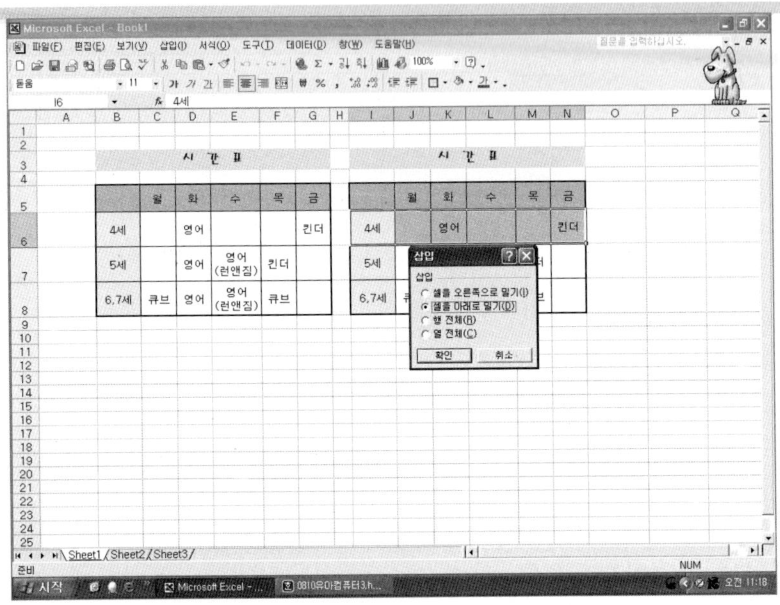

❼ [I6:N6]에 셀이 삽입된다.

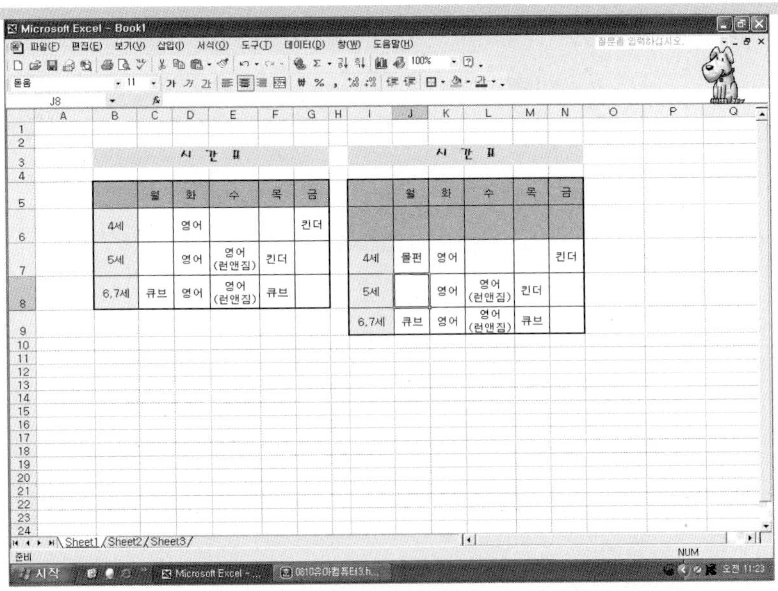

❽ 셀이 삽입되면 다음 워크시트와 같이 작성한다.

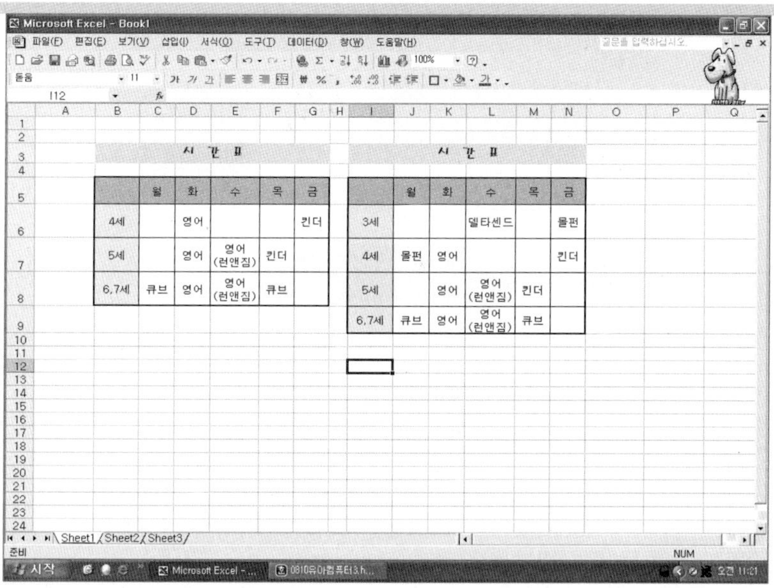

• 마우스를 드래그하여 범위 지정

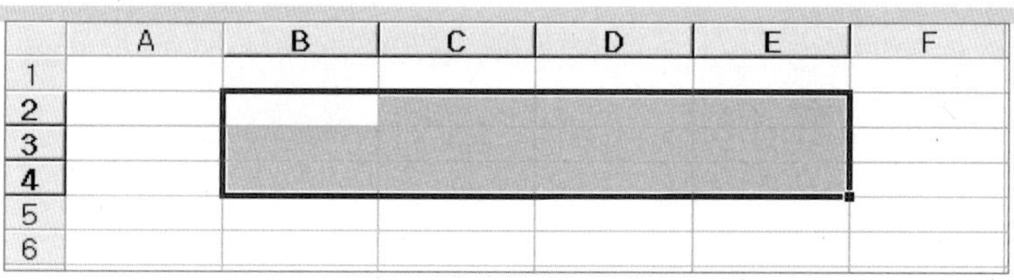

• 첫 포인트를 클릭 후 마지막 셀을 Shift +클릭

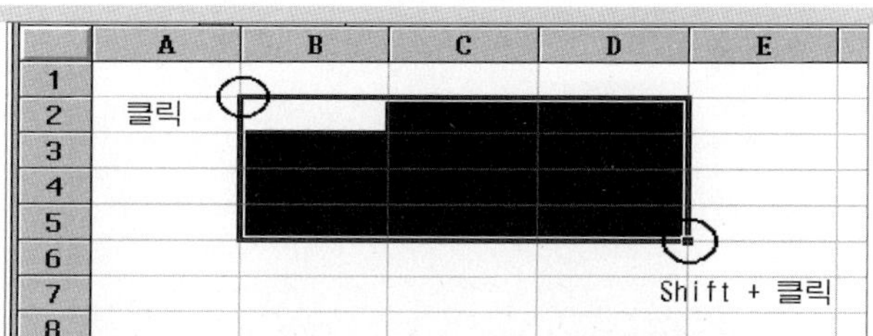

❾ 복수 범위 지정은 Ctrl + 드래그를 한다.

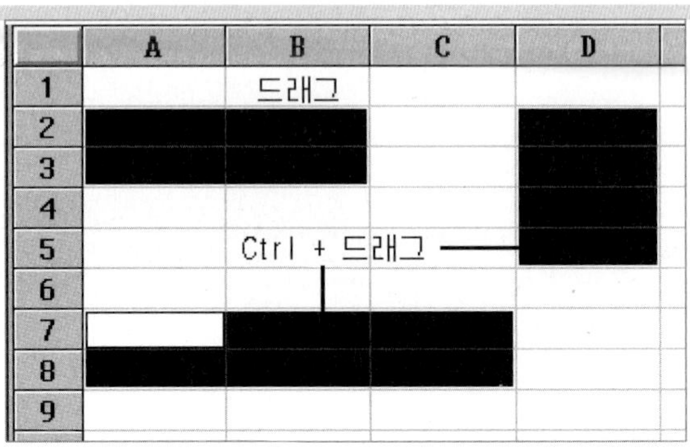

❿ 행/열 범위 지정은 행 번호와 열명을 드래그한다.

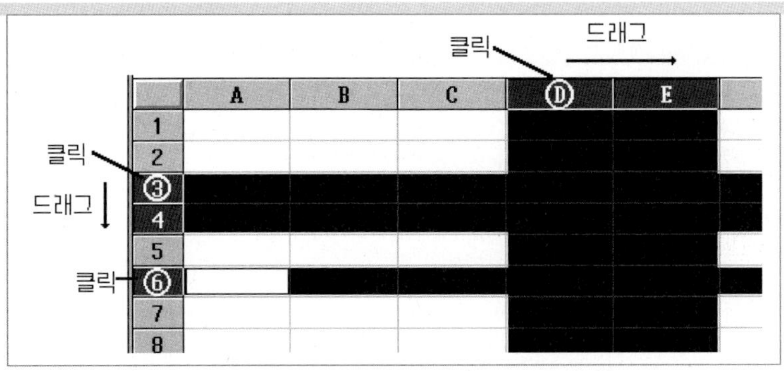

⓫ 전체범위 지정은 전체열은 선택상자를 지정한다.

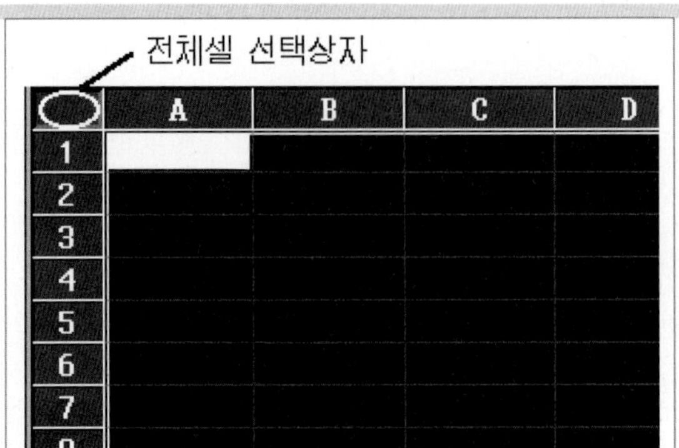

5) 데이터 채우기 핸들

❶ A4셀에 1교시를 입력하고 채우기 핸들에 마우스 포인트를 대고 드래그한다.

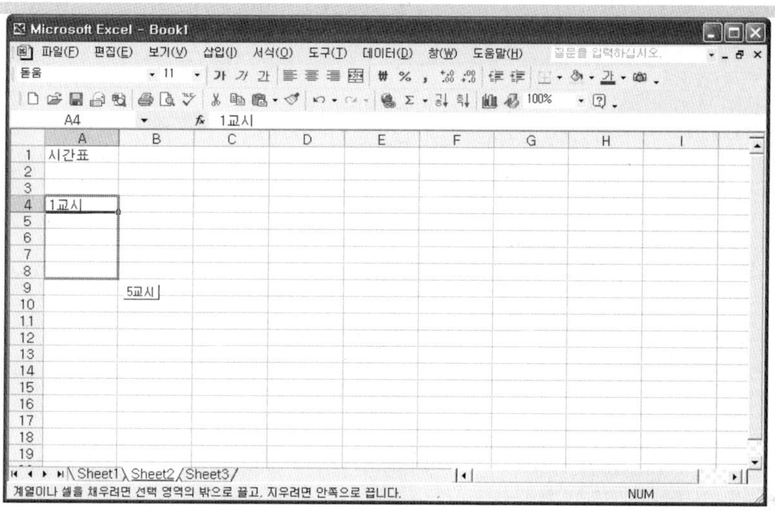

❷ B4셀에 월요일을 입력하고 채우기 핸들에서부터 오른쪽 마우스를 드래그한다.

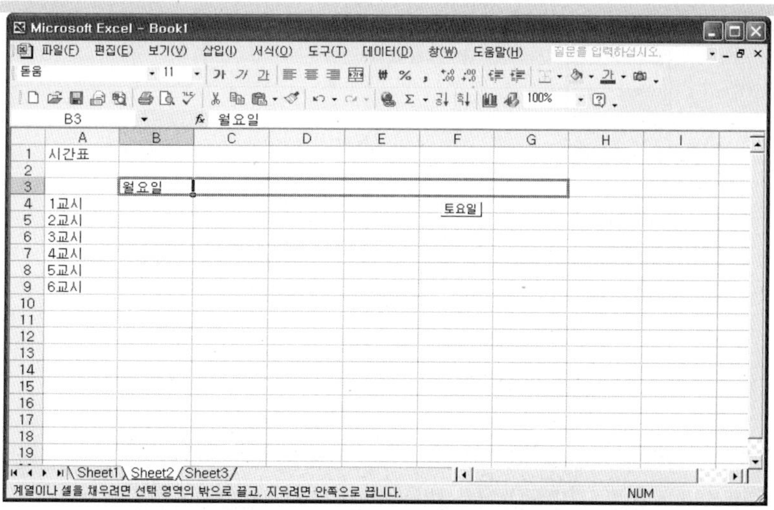

❸ 다음과 같이 워크시트를 완성한다.

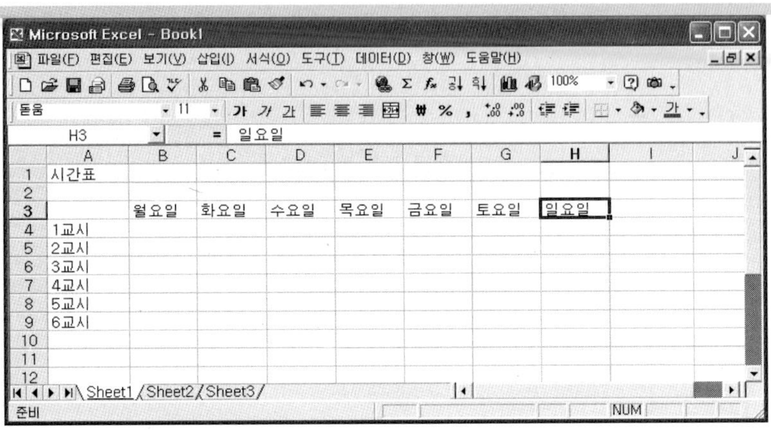

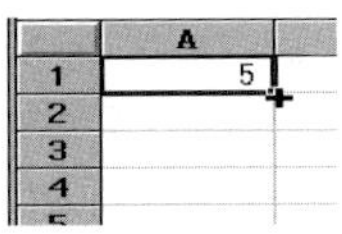

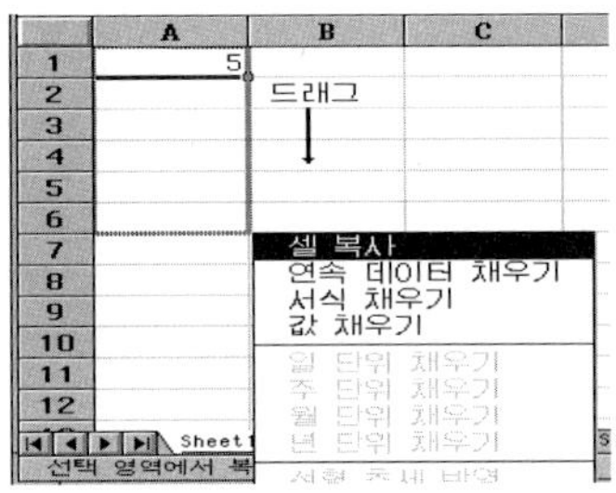

• 데이터 채우기의 실제 예

(예제 1) 1,3,5.......홀수로 숫자를 나오게 채우기를 한다.

(예제 2) 2,4,6.......짝수로 숫자를 나오게 채우기를 한다.

• 자동합계

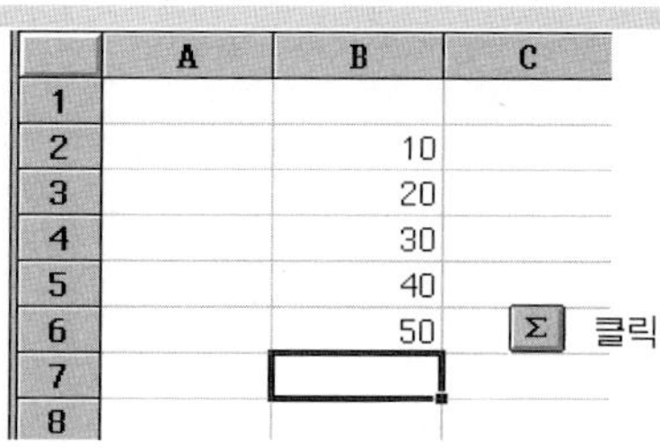

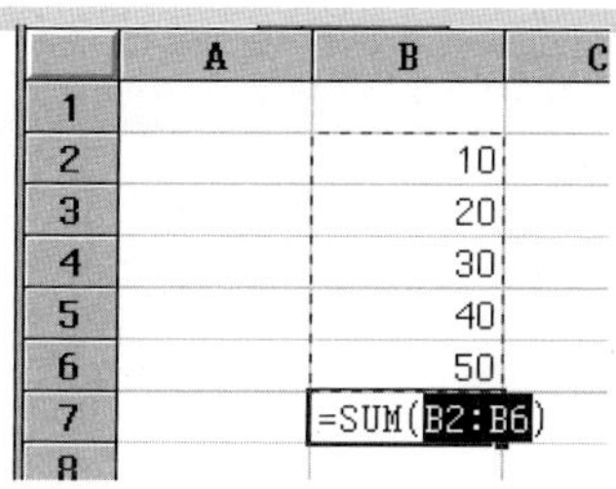

합계를 낼 셀을 지정 후 자동합계 아이콘 클릭

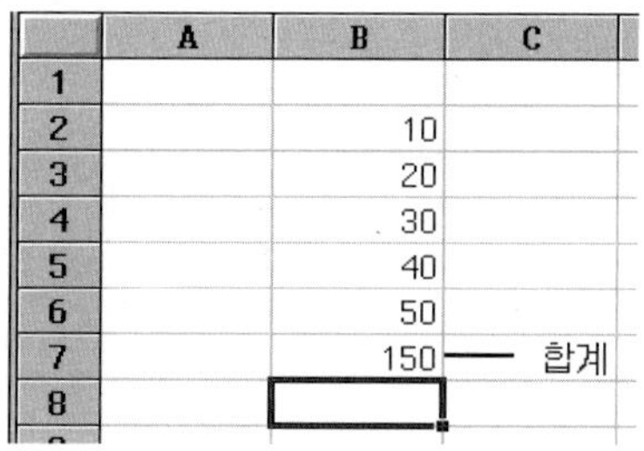

범위 지정 후 엔터

6) 사칙연산

❶ 워크시트에 다음과 같이 작성한다.

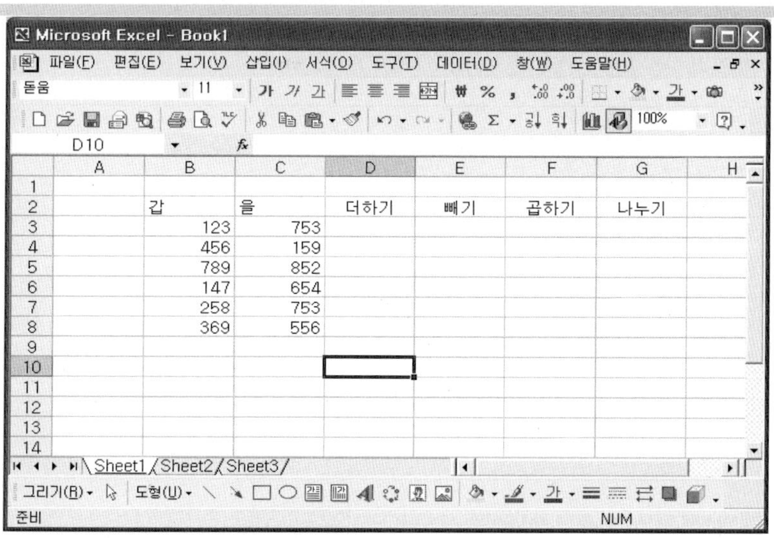

❷ D3셀에 키보드에 '='을 누른 후 마우스로 B3을 클릭한다.

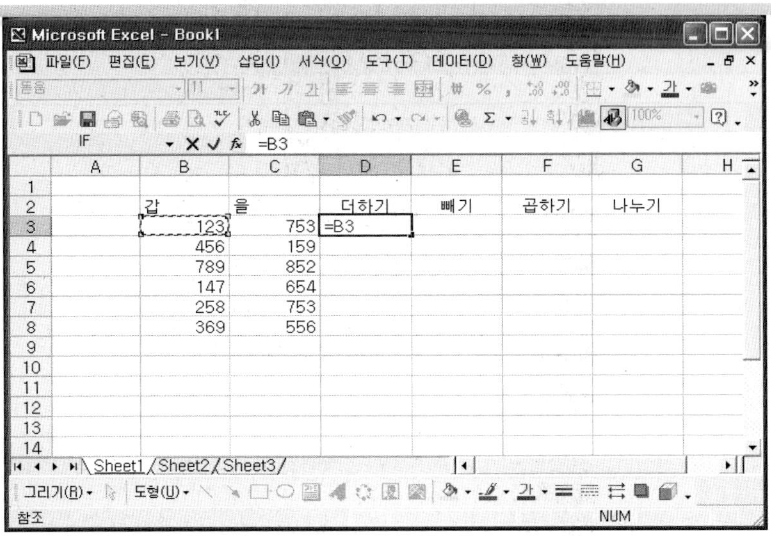

❸ 키보드에 '+'를 누른 후 C3셀을 클릭 후 ENTER를 누른다.

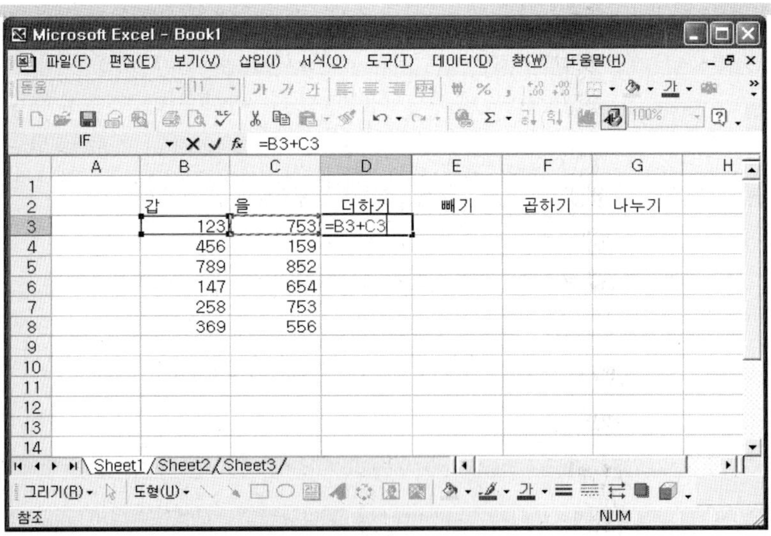

❹ 결과값이 생성된다.

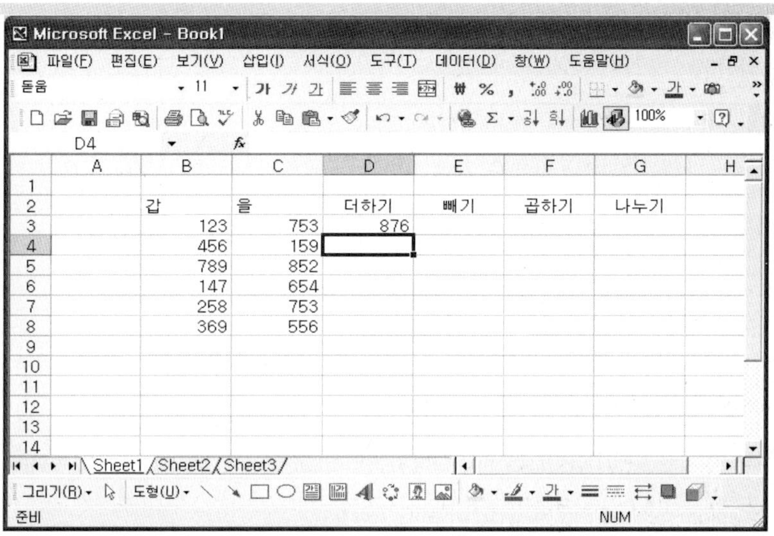

❺ D3셀 오른쪽 아래 모서리를 누른채 D8셀까지 드래그한다.

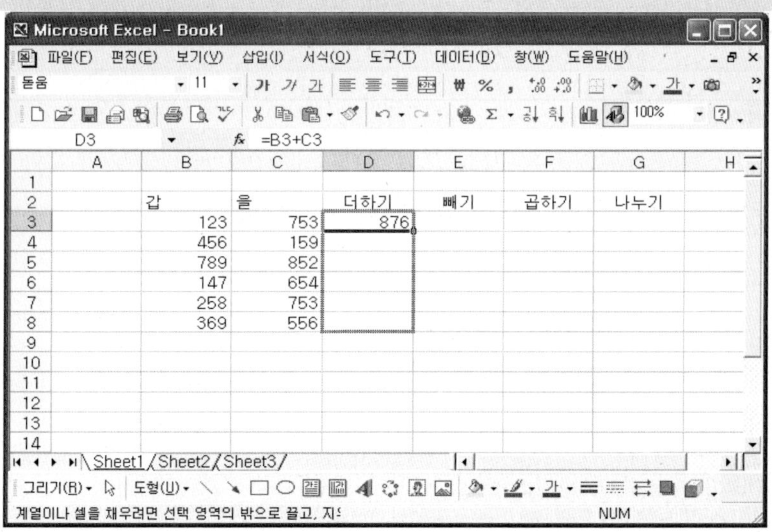

❻ 결과값이 생성된다.

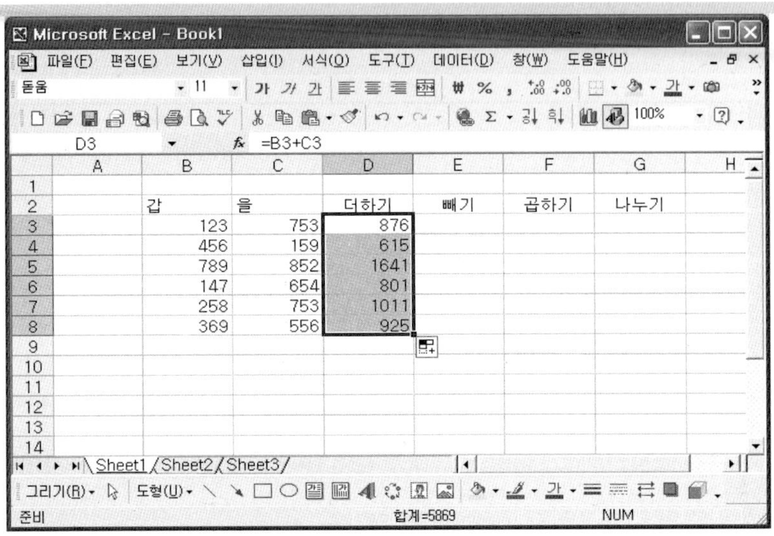

❼ 같은 방법으로 수식을 입력하고 결과값을 구한 뒤 채우기 핸들로 끌어내려 값을 구한다.

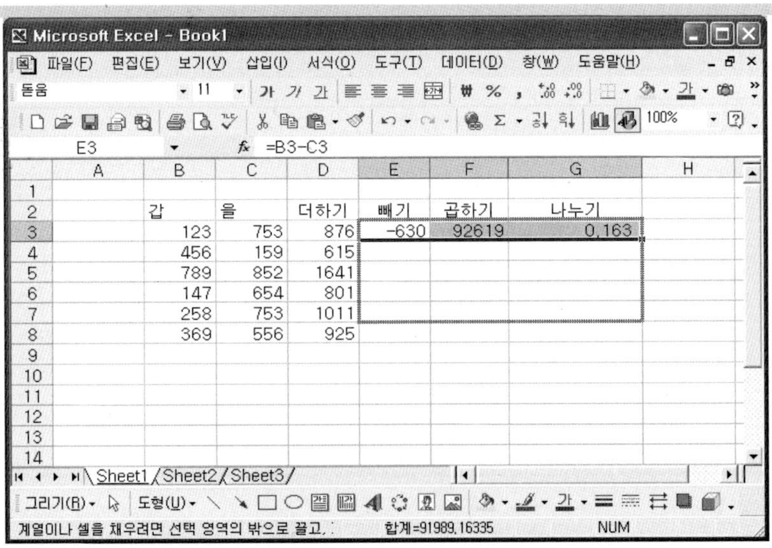

❽ 결과값이 생성된다.

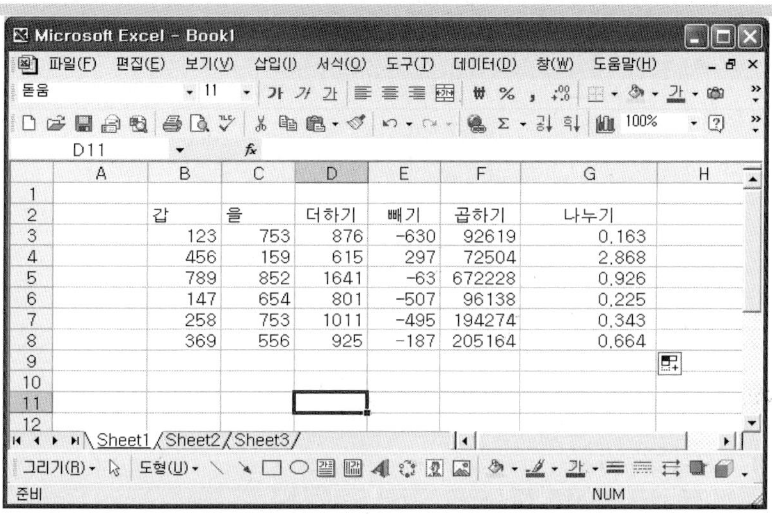

❾ Ctrl+~를 동시에 누르면 입력했던 수식을 확인할 수 있다.

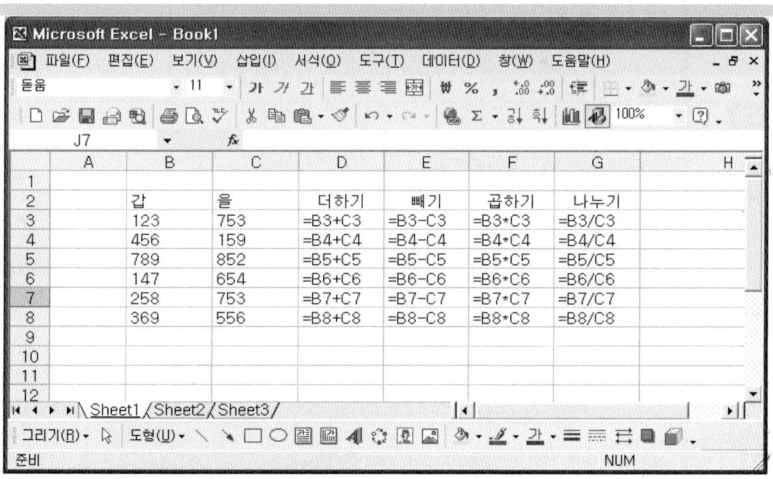

연습문제

다음 문제를 보고 더하기, 빼기, 곱하기, 나누기를 하시오.

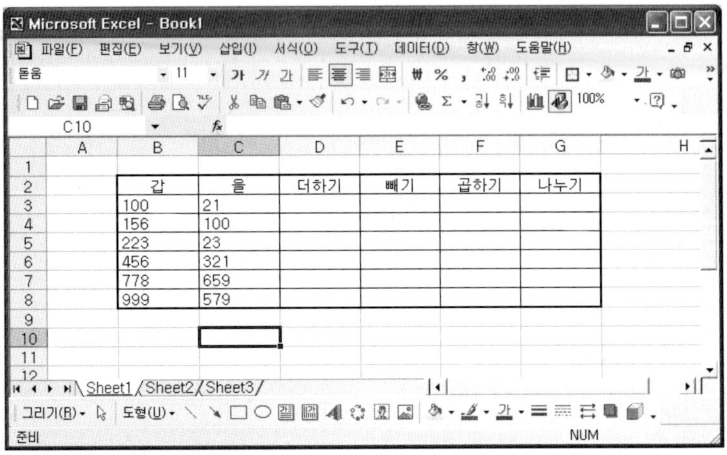

갑	을	더하기	빼기	곱하기	나누기
100	21				
156	100				
223	23				
456	321				
778	659				
999	579				

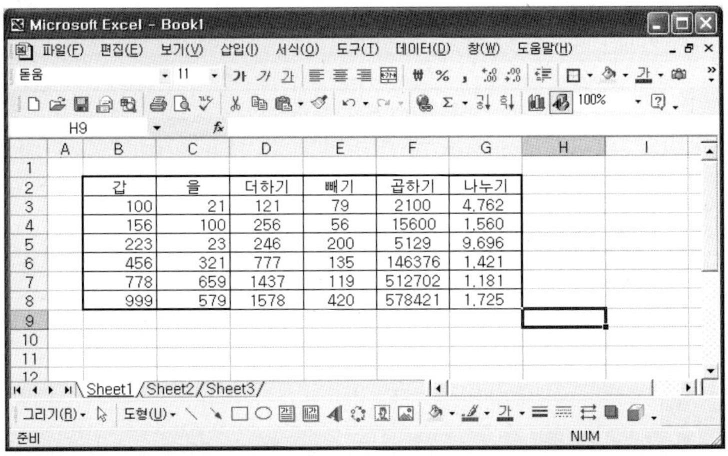

갑	을	더하기	빼기	곱하기	나누기
100	21	121	79	2100	4.762
156	100	256	56	15600	1.560
223	23	246	200	5129	9.696
456	321	777	135	146376	1.421
778	659	1437	119	512702	1.181
999	579	1578	420	578421	1.725

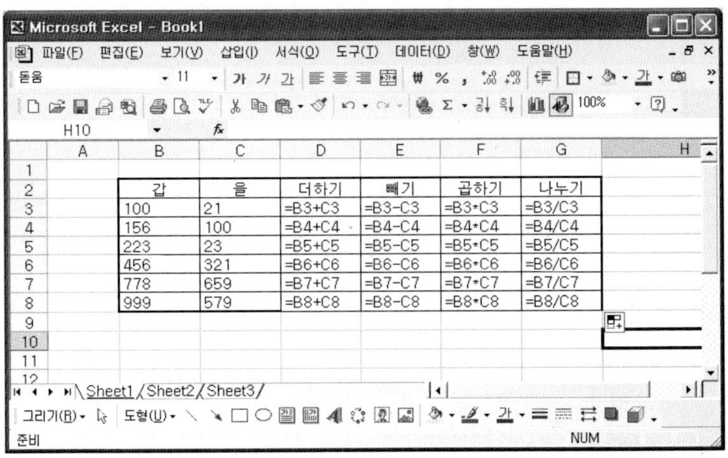

갑	을	더하기	빼기	곱하기	나누기
100	21	=B3+C3	=B3-C3	=B3*C3	=B3/C3
156	100	=B4+C4	=B4-C4	=B4*C4	=B4/C4
223	23	=B5+C5	=B5-C5	=B5*C5	=B5/C5
456	321	=B6+C6	=B6-C6	=B6*C6	=B6/C6
778	659	=B7+C7	=B7-C7	=B7*C7	=B7/C7
999	579	=B8+C8	=B8-C8	=B8*C8	=B8/C8

7) 함수마법사-합계

함수마법사를 활용한 합계 방법은 다음과 같다.

❶ 저장할 셀을 지정한 후 함수 마법사 아이콘을 클릭한다.

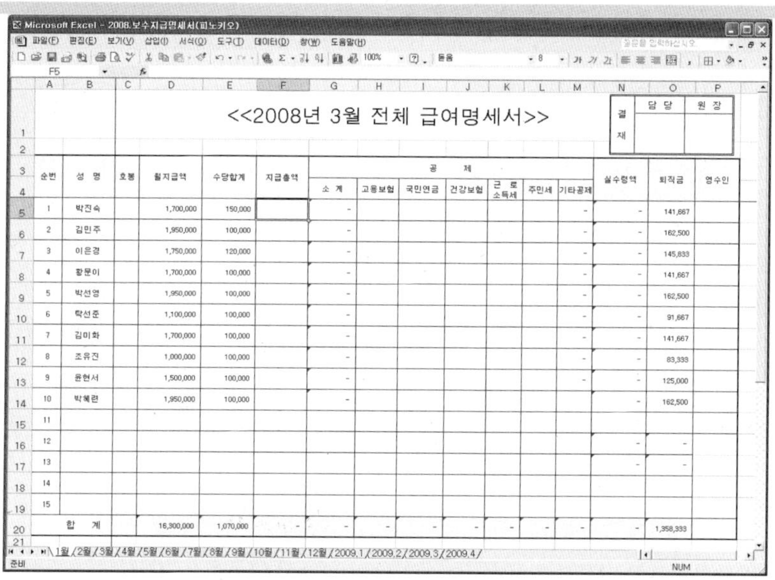

❷ F5셀에 "="을 입력하고 f(x)함수마법사를 클릭하면 함수마법사 대화상자가 나타난다. "SUM"함수를 클릭하고 [확인] 버튼을 누른다.

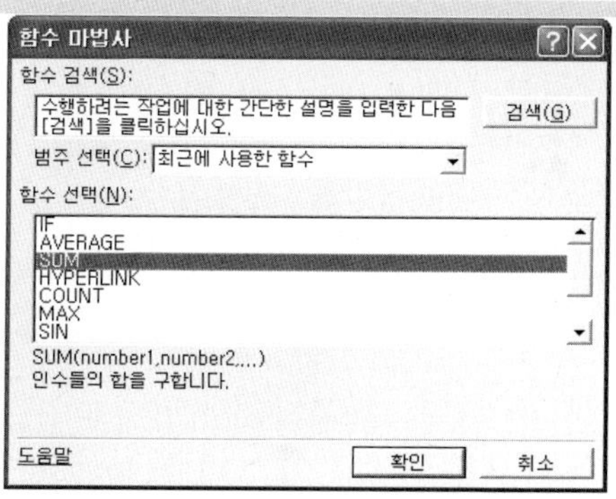

❸ 함수 인수 대화상자에 범위를 지정하고 [확인] 버튼을 누른다.

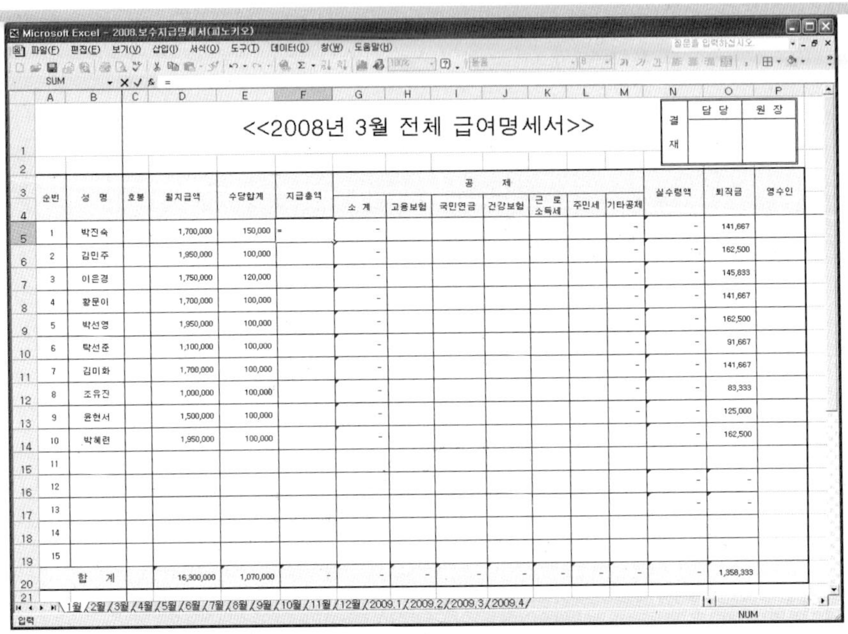

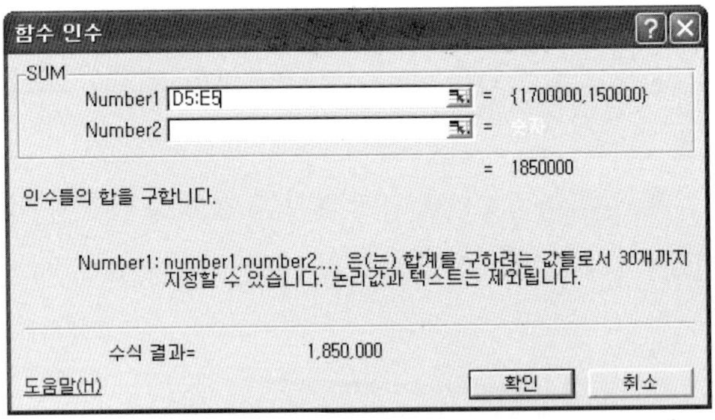

❹ 채우기 핸들로 마우스를 드래그한다.

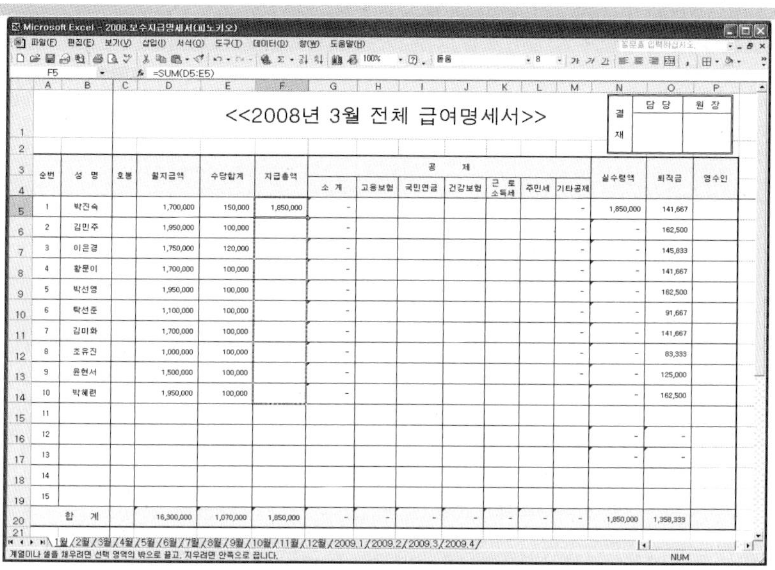

❺ 합계 결과가 나타난다.

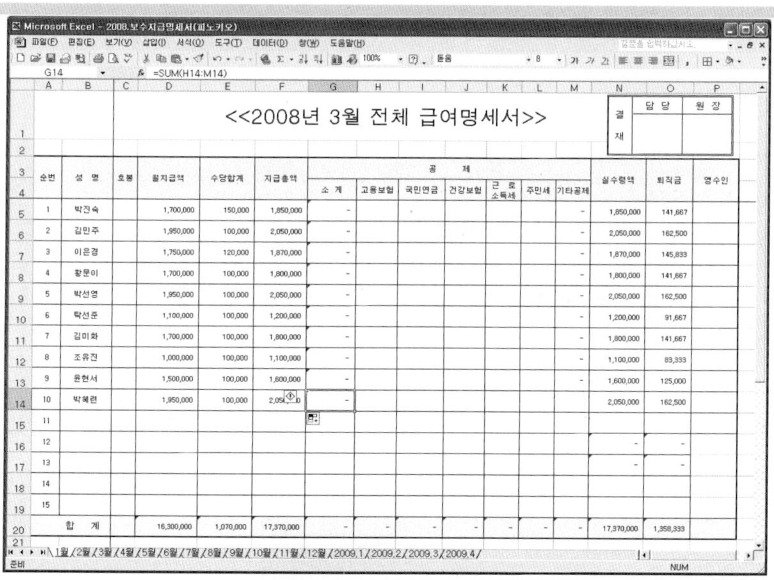

❻ 평균도 합계를 구하는 방법과 동일하다.

8) 셀의 조절

마우스를 활용한 셀의 조정방법은 다음과 같다.

❶ 셀 폭/높이 자동조정

- 조정하고자 하는 열/행 선택
- 경계선에서 마우스를 더블클릭

❷ 셀의 이동/복사 – 마우스

- 이동: 영역 선택 후 테두리를 드래그 & 드롭
- 복사: 영역 선택 후 Ctrl + 테두리를 드래그 & 드롭

❸ 선택하여 붙여 넣기

- 영역 선택 후 편집에서 복사 선택
- 기존 데이터와의 관계 선택

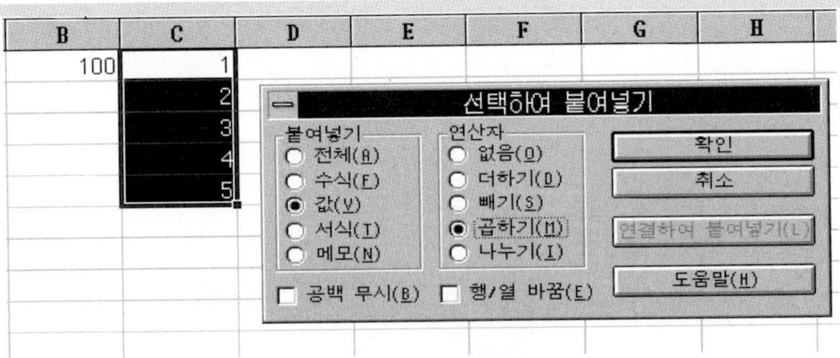

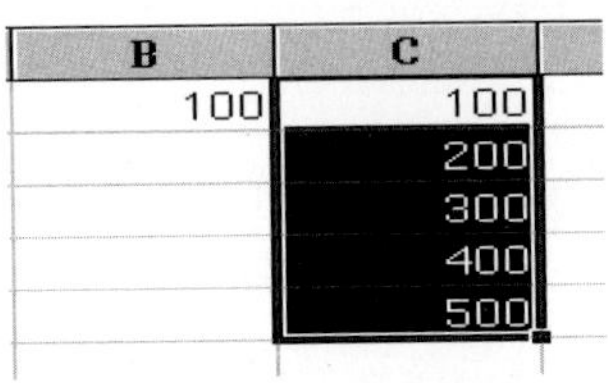

❹ 자동 채우기-마우스

- 연속데이터 채우기: 자동채우기 핸들을 드래그 & 드롭
- 반복데이터 채우기: Ctrl + 자동채우기 핸들 드래그 & 드롭
- 날짜 채우기: 년, 월, 주, 일 단위 채우기

9) 데이터의 정렬 및 차트

데이터 관리를 위해 정렬과 차트의 활용방법에 대해서 살펴보고자 한다. 먼저 정렬에 해당하는 데이터 관리 부분부터 살펴보면 다음과 같다.

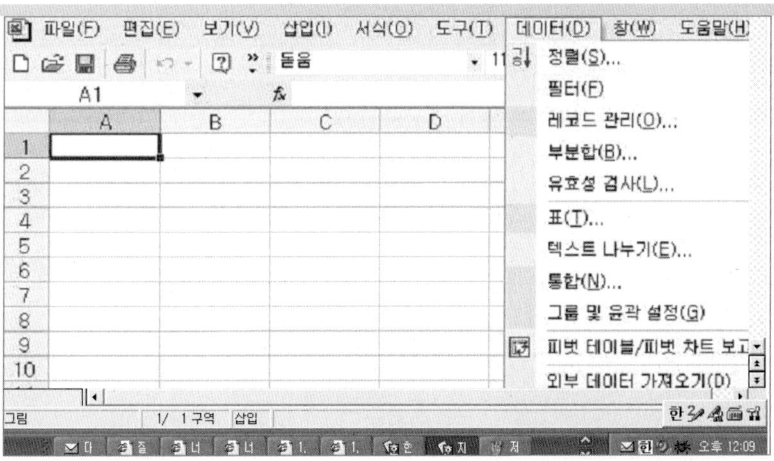

(1) 정렬

많은 양의 데이터를 일정한 순서대로 정렬하면 원하는 내용을 빠르고 쉽게 찾을 수 있다. 또한 원하는 유형대로 데이터를 정리할 수 있으므로 보고서 작성에도 유용하다. 정렬방법을 살펴보면 다음과 같다.

❶ 다음과 같이 워크시트를 작성한다.

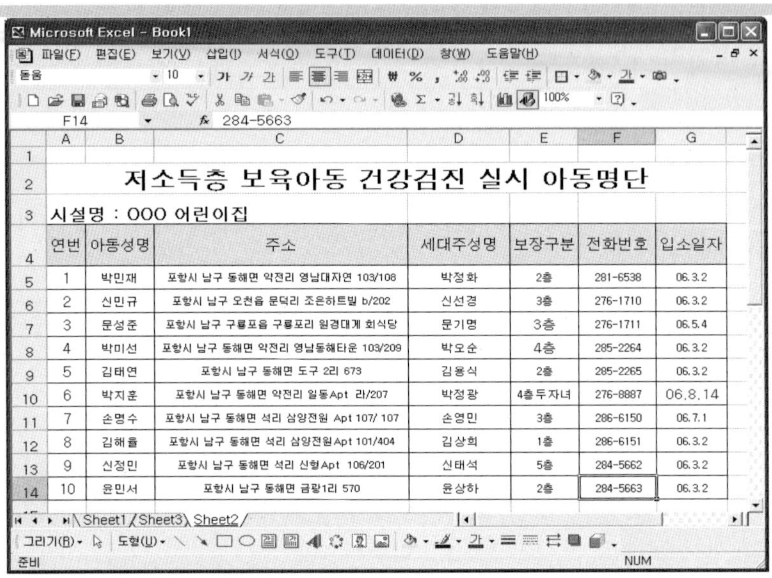

❷ A4셀부터G10까지 드래그하여 범위를 지정한후 [데이터]-[정렬]을 클릭하여 대화상자가 나오면 아동성명별로 오름차순에 마우스로 클릭한다.

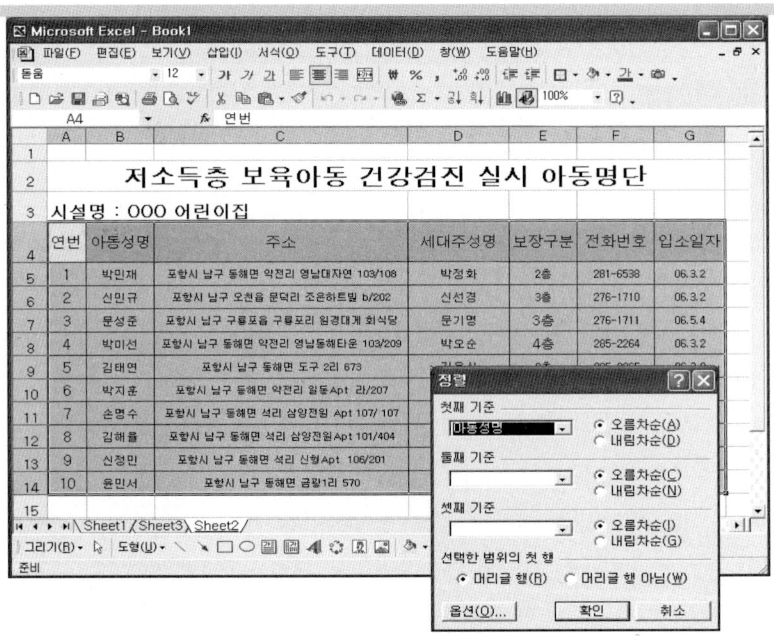

❸ 다음과 같이 성명별로 오름차순 정렬된 것을 확인할 수 있다.

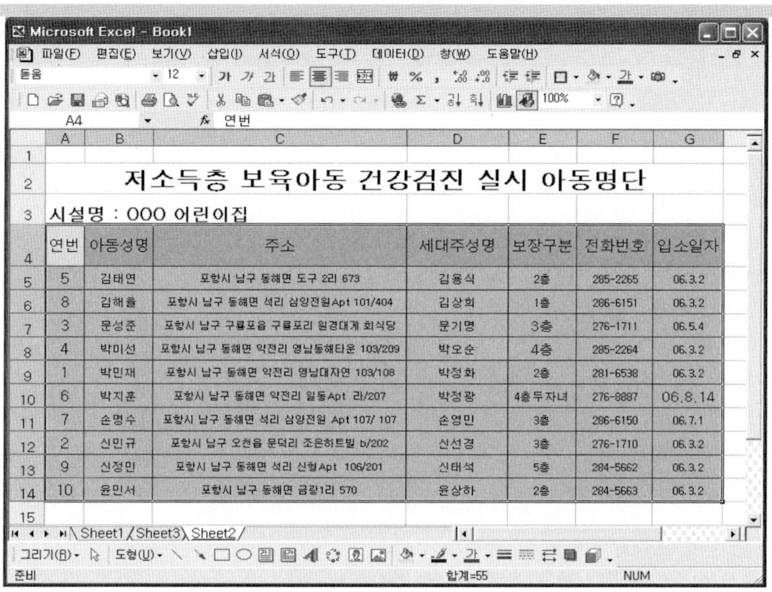

연번	아동성명	주소	세대주성명	보장구분	전화번호	입소일자
5	김태연	포항시 남구 동해면 도구 2리 673	김용식	2층	285-2265	06.3.2
8	김해솔	포항시 남구 동해면 석리 삼양전원Apt 101/404	김상회	1층	286-6151	06.3.2
3	문성준	포항시 남구 구룡포읍 구룡포리 원경대게 회식당	문기명	3층	276-1711	06.5.4
4	박미선	포항시 남구 동해면 약전리 영남동해타운 103/209	박오순	4층	285-2264	06.3.2
1	박민재	포항시 남구 동해면 약전리 영남대자연 103/108	박정화	2층	281-6538	06.3.2
6	박지훈	포항시 남구 동해면 약전리 일동Apt 라/207	박정광	4층두자녀	276-8887	06.8.14
7	손명수	포항시 남구 동해면 석리 삼양전원 Apt 107/ 107	손영민	3층	286-6150	06.7.1
2	신민규	포항시 남구 오천읍 문덕리 조은하트빌 b/202	신선경	3층	276-1710	06.3.2
9	신정민	포항시 남구 동해면 석리 신형Apt 106/201	신태석	5층	284-5662	06.3.2
10	윤민서	포항시 남구 동해면 금광1리 570	윤상하	2층	284-5663	06.3.2

(2) 필터

많은 데이터에서 원하는 데이터만을 골라 화면에 나타내 주는 기능이다. 필터에는 자동필터와 고급필터 두 종류가 있다.

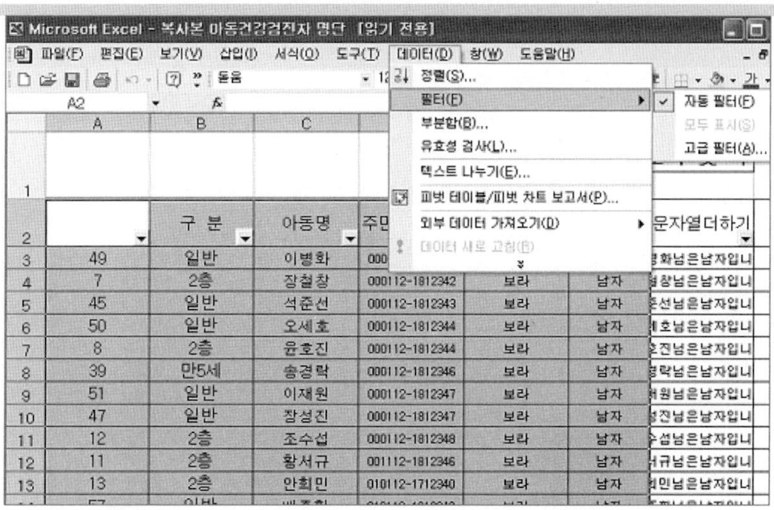

⑴ 자동필터

화면에서 원하는 조건에 맞는 데이터만 나타나게 하는 기능이다. 우선 데이터의 첫 번째 셀을 지정한 후 '데이터-필터-자동필터' 메뉴를 선택한다. 필드 제목에 화살표가 나타나면 원하는 데이터 목록을 선택한다. 또한 데이터를 사용자가 보고자 하는 형태로 나타나게 하기 위해서는 자동필터의 '사용자 정의'를 활용하여 데이터를 정리할 수 있다. 정리된 데이터 총 계수 등을 알아보기 위하여 더미(dumy)를 활용하면 편리하다. 그러나 더미를 활용할 때는 필터를 하기 전 원본 데이터에서 더미의 기능을 실행한 후 사용하여야 한다.

실제 활용방안을 제시하면 다음과 같다.

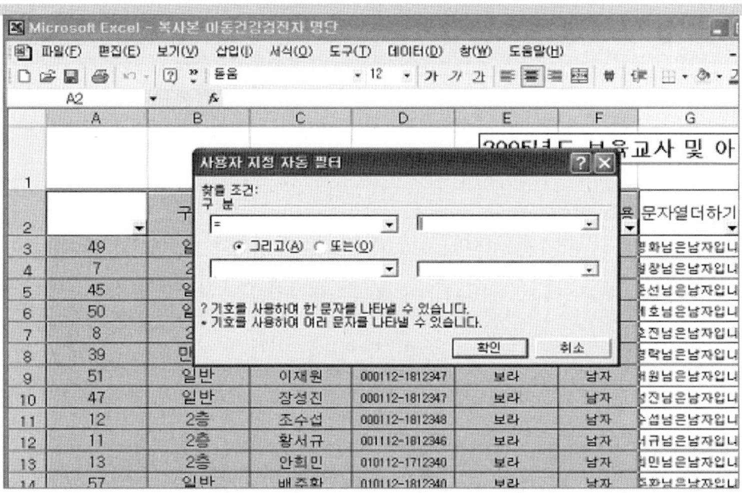

2 고급 필터

데이터 범위/조건 범위/복사위치를 임의로 지정할 수 있는 필터기능이다. 고급 필터를 이용하려면 먼저 찾을 조건 범위를 만든 후, '데이터-필터-고급 필터' 메뉴를 선택한다. 결과종류, 데이터 범위, 찾을 조건 범위, 복사 위치를 지정한 뒤 [확인] 버튼을 클릭하면 원하는 위치에 결과 값이 복사된다.

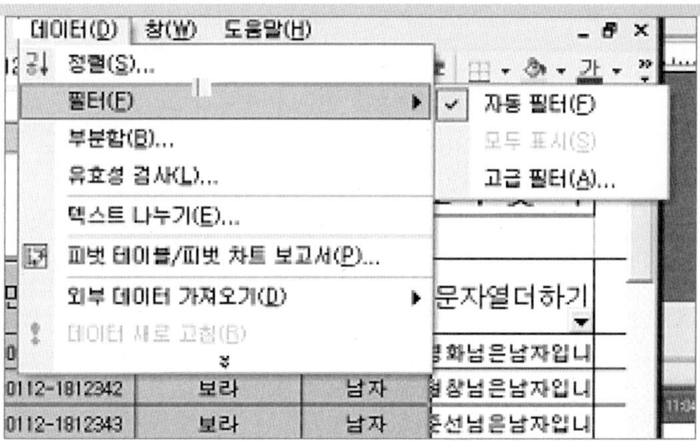

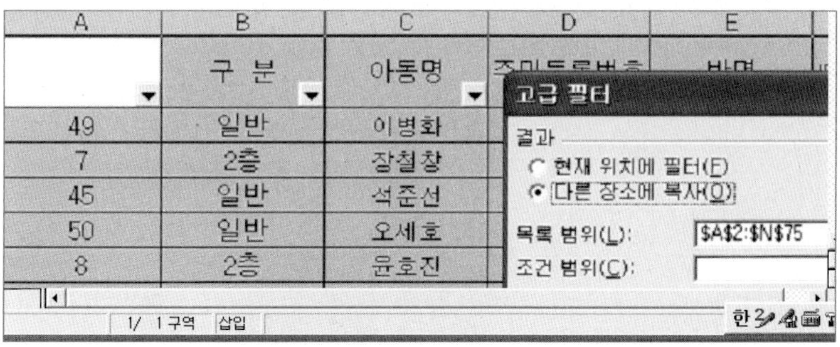

(3) 차트

❶ 차트로 작성하고자 하는 데이터의 범위를 지정한 후 아이콘을 클릭한다.

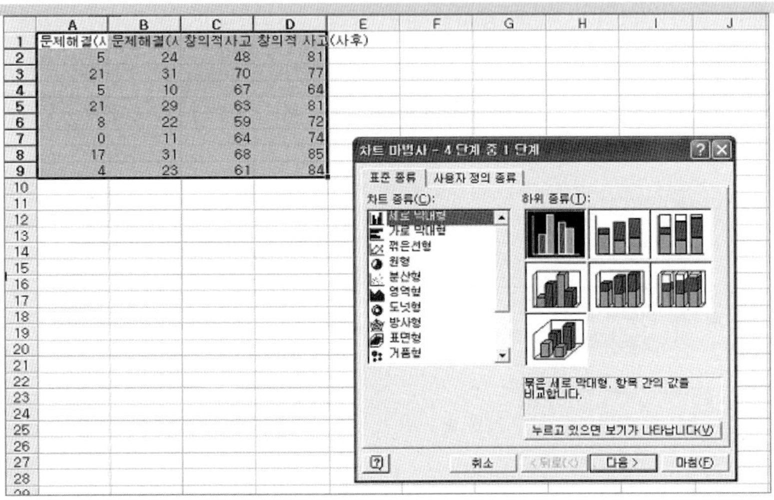

❷ 차트의 종류를 선택한다.

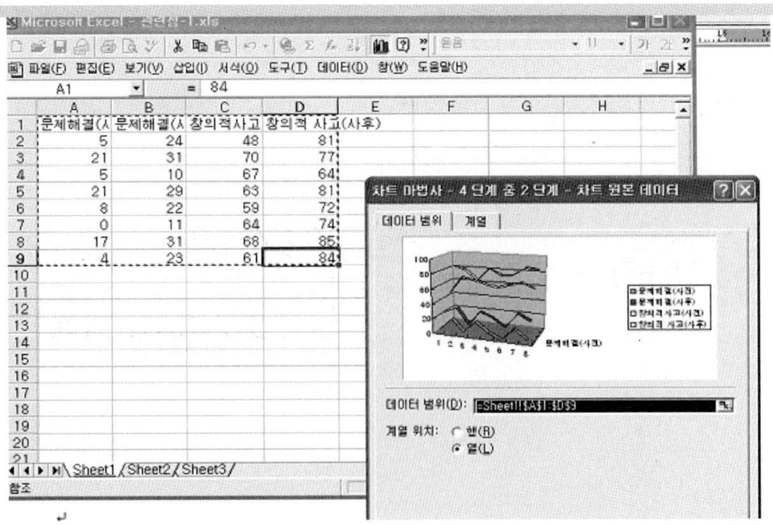

❸ 워크시트와 차트의 작성을 완료한다.

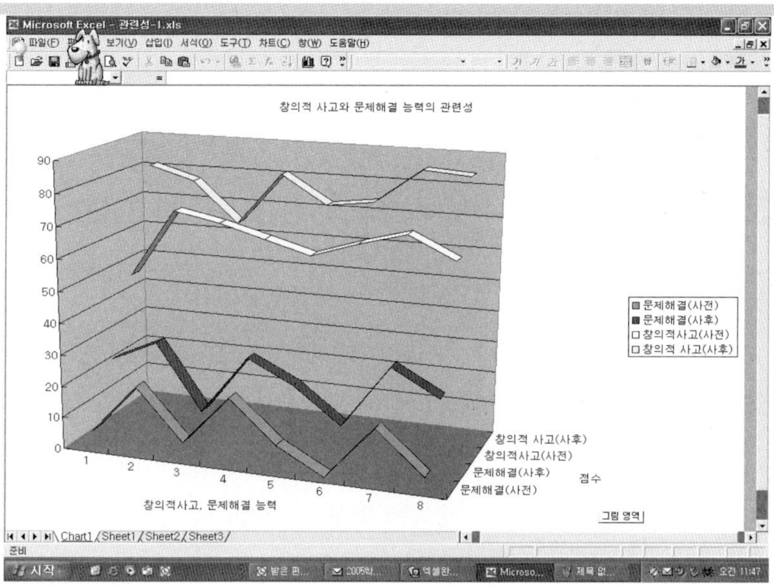

❹ 차트의 편집－마우스의 더블클릭은 에디트 화면으로 전환된다.

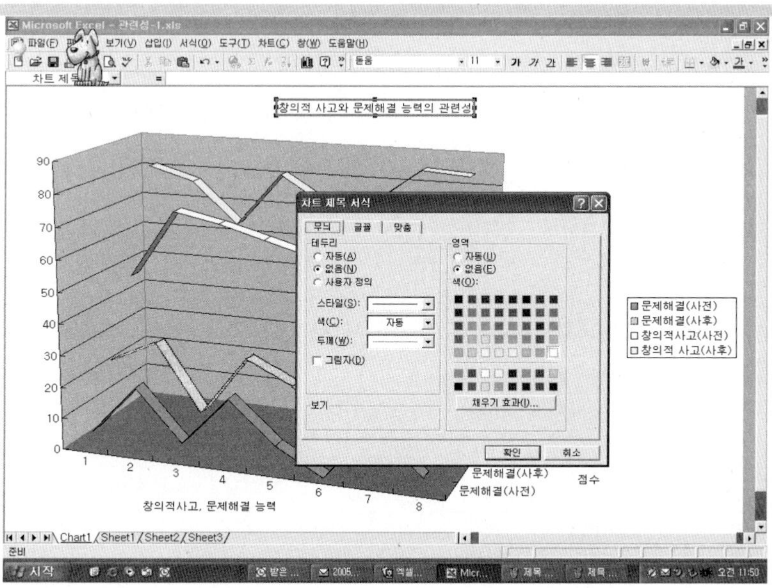

바꾸고자 하는 부분을 마우스로 지정 후 더블클릭 ⇨ 메뉴화면
그림에서는 ① 전체 화면의 제목 삽입 ② 파이 그림의 데이터계열 서식 ⇨ 데이터 이름표 수정 화면

2 | 유아교육기관에서의 엑셀 활용

이 장에서는 실제 엑셀을 활용한 원아 및 재정 관리방법에 대해서 살펴보고자 한다.

1) 원아관리

(1) 반 편성

유아교육기관에서 원아모집이 끝난 후 반 편성을 실시한다. 반 편성 기준은 그 유치원의 교육철학에 따라서 혼합 연령반, 연령별 편성, 지역별 편성, 유아의 지적 발달 수준 등 여러 가지 방법을 활용할 수 있지만, 가장 보편적으로 각 기관에서 운영하고 있는 연령별 편성을 엑셀을 활용하여 실행해 보고자 한다.

1 주민등록번호로 생년월일을 표시

=IF(VALUE(LEFT(D3,2))〈10,DATE(100+LEFT(D3,2),MID(D3,3,2),MID(D3,5,2)),DATE(LEFT(D3,2),MID(D3,3,2),MID(D3,5,2))) ⇨ 2001년 2월 25일

D3는 '주민등록번호' 셀, Value 함수는 문자열을 숫자로 변경, Left 함수는 왼쪽에서 문자열 추출, Mid 함수는 문자열 중간 값을 추출, Date 함수는 연월일을 표시한다. 단, 연도가 2000년 이후일 경우 '년' 인수에 100을 더해 줘야 2000년 이후로 계산된다.

```
=IF(VALUE(LEFT(D3,2))<10,DATE(100+LEFT(D3,2),MID(D3,3,2),MID(D3,5,2)),DATE(LEFT(D3,2),MID(D3,3,2),MID(D3,5,2)))
```

2005년도 보육교사 및 아동 건강검진자 명단

아동명	주민등록번호	반편성	살아온 날	만 나이	생년월일
안희민	010225-1712340	6세반	04年 6月 27日	4	2001년 2월 25일
윤호진	010301-1812344	5세반	04年 6月 23日	4	2001년 3월 1일

[2] 만 나이 계산

=YEAR(TODAY()−H3)−1900 ⇨ 4세

H3는 '생년월일' 셀, Year 함수는 연도만 표시, Today 함수는 오늘 날짜의 연월일을 표시한다.

= =YEAR(TODAY()-H3)-1900

	C	D	E	F	G
		2005년도 보육교사 및 아동 건강검진자 명단			
분	아동명	주민등록번호	반편성	살아온 날	만 나이
층	안희민	010225-1712340	6세반	04年 6月 27日	4
층	윤호진	010301-1812344	5세반	04年 6月 23日	4
층	이정빈	010809-1212348	5세반	04年 1月 14日	4
층	장철찬	010810-1812342	5세반	04年 1月 13日	4

[3] 반 편성 나이

=YEAR(DATE(2007,3,1)−H3)−1900&"세반" ⇨ 6세반

반 편성 나이는 2007년 3월 1일자를 기준으로 생년월일을 뺀 값을 표시함

E3 = =YEAR(DATE(2007,3,1)-H3)-1900&"세반"

	A	B	C	D	E	F
1				2005년도 보육교사 및 아동 건강검진자 명		
2	연번	구 분	아동명	주민등록번호	반편성	살아온 날
3		2층	안희민	010225-1712340	6세반	04年 6月 27日
4	8	2층	윤호진	010301-1812344	5세반	04年 6月 23日
5	16	2층	이정빈	010809-1212348	5세반	04年 1月 14日

[4] 살아온 날

= (TODAY()−H3) ⇨ 04年 6月 27日

오늘 날짜에서 생년월일을 뺀 값을 표시함.

F3 = =(TODAY()-H3)

	A	B	C	D	E	F
1				2005년도 보육교사 및 아동 건강검진자 명		
2	연번	구 분	아동명	주민등록번호	반편성	살아온 날
3		2층	안희민	010225-1712340	6세반	04年 6月 27日
4	8	2층	윤호진	010301-1812344	5세반	04年 6月 23日
5	16	2층	이정빈	010809-1212348	5세반	04年 1月 14日

(2) 조건에 따른 유아 정렬

유아교육기관에서 유아의 차량시간표 작성이나 유아교육기관의 용도에 따라 분류하는 것이 가끔 필요하다. 그러나 교사가 주먹구구식으로 분류하는 것은 시간상의 문제뿐 아니라 정확성에도 오류를 가할 수 있다. 엑셀의 메뉴 중 데이터의 '정렬' '필터' 방법을 활용한다면 정확하게 오류 없이 할 수 있다.

아동명	주민등록번호	반편성	살아온 날	만 나이	생년월일
안희민	010225-171234	5세반	##########	4	##########
윤호진	010301-181234	4세반	##########	4	##########
이정빈	010809-121234	4세반	##########	4	##########
장철창	010810-181234	4세반	##########	4	##########
조수섭	010811-181234	4세반	##########	4	##########
황상민	010815-181234	4세반	##########	4	##########
황서규	010312-181234	4세반	##########	4	##########

⊡ '정렬' 방법을 활용하여 유아의 데이터를 정리하는 방법

❶ 정렬하고자 하는 데이터에 블록을 설정한다.

아동명	주민번호	반편성
안희민	010225-1712340	5세반
윤호진	010301-1812344	4세반
이정빈	010809-1212348	4세반
장철창	010810-1812342	4세반
조수섭	010811-1812348	4세반
황상민	010815-1812344	4세반
황서규	010312-1812346	4세반
황허섭	010131-1812349	5세반
안민철	020112-1812341	4세반
권기후	010112-1812343	5세반

❷ 데이터에 있는 정렬방법을 적용하여 원하는 조건에 따라 정렬한다.

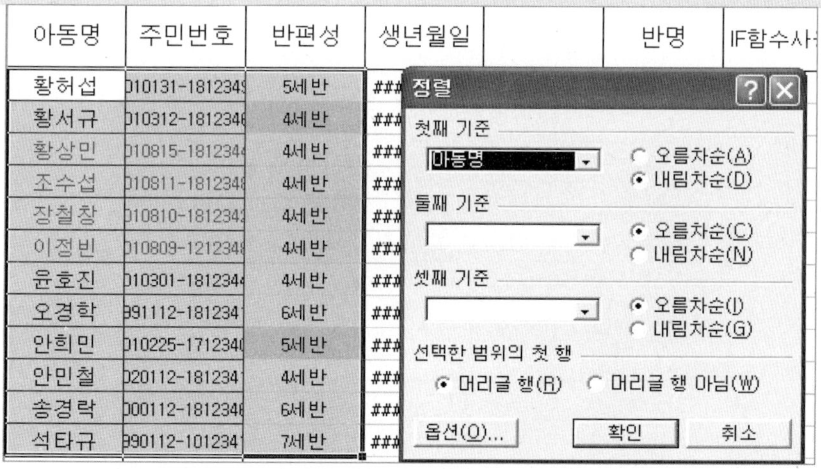

❸ 아동명에 따라 오름차순으로 정렬했을 때 정렬된 결과다.

아동명	주민번호	반편성	생년월일
권기훈	010112-1812343	5세반	##########
석타규	990112-1012341	7세반	##########
안민철	020112-1812341	4세반	##########
안희민	010225-1712340	5세반	##########
윤호진	010301-1812344	4세반	##########
이정빈	010809-1212348	4세반	##########
장철창	010810-1812342	4세반	##########
조수섭	010811-1812348	4세반	##########
황상민	010815-1812344	4세반	##########
황서규	010312-1812346	4세반	##########
황허섭	010131-1812349	5세반	##########

2 데이터에 있는 '필터'를 활용한 유아의 데이터 정렬방법

❶ 정렬하고자 하는 데이터에 블록을 설정한다.

아동명	주민번호	반편성	생년월일
안희민	010225-1712340	5세반	##########
윤호진	010301-1812344	4세반	##########
이정빈	010809-1212348	4세반	##########
장철창	010810-1812342	4세반	##########
조수섭	010811-1812348	4세반	##########
황상민	010815-1812344	4세반	##########
황서규	010312-1812346	4세반	##########
황허섭	010131-1812349	5세반	##########
안민철	020112-1812341	4세반	##########
권기훈	010112-1812343	5세반	##########
석타규	990112-1012341	7세반	##########

❷ 데이터에 있는 필터에서 자동필터를 클릭하면 '▼'이 나타난다.

아동명 ▼	주민번호 ▼	반편성 ▼
황허섭	010131-1812349	5세반
황서규	010312-1812346	4세반
황상민	010815-1812344	4세반
조수섭	010811-1812348	4세반
장철창	010810-1812342	4세반
이정빈	010809-1212348	4세반
윤호진	010301-1812344	4세반
오경학	991112-1812341	6세반
안희민	010225-1712340	5세반
안민철	020112-1812341	4세반
송경락	000112-1812348	6세반
석타규	990112-1012341	7세반

❸ '▼' 형을 클릭하면 정렬하고자 하는 데이터가 나타난다.

2	아동명 ▼	주민번호 ▼	반편성 ▼
	(모두) (Top 10...) (사용자 정의...) 권기훈 배주환 석명재 석준선 석타규 송경락 안미철 안희민 오경학 오세호 오창학 윤호진 이병화 이원식 이재원 이정빈 이찬희	010225-1712340 010301-1812344 010809-1212348 010810-1812342 010811-1812348 010815-1812344 010312-1812346 010131-1812349 020112-1812341 010112-1812343 990112-1012341	5세반 4세반 4세반 4세반 4세반 4세반 4세반 5세반 4세반 5세반 7세반

❹ 원하는 데이터를 클릭하면 그와 관련된 데이터만 나타난다.

(예, 권기훈을 클릭했을 때 정렬형태)

아동명 ▼	주민번호 ▼	반편성 ▼	생년월일		반명
권기훈	010112-1812343	5세반	##########	4	##########

❺ 필터의 '사용자 정의'를 활용한다면 다양한 형태로 데이터를 정렬할 수 있다.

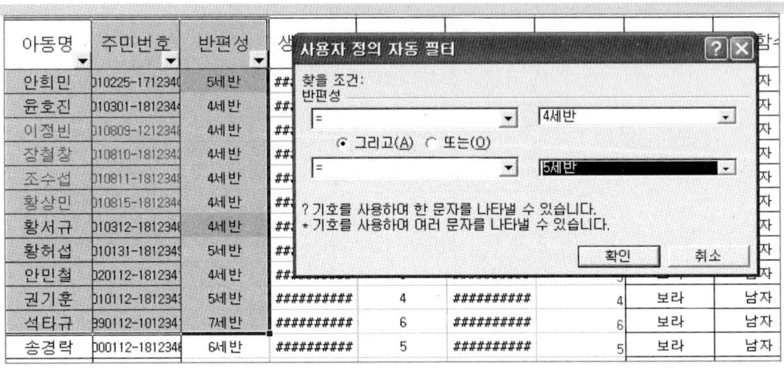

❻ 사용자 정의를 실행한 데이터다.

아동명	주민번호	반편성
안희민	010225-1712340	5세반
윤호진	010301-1812344	4세반
이정빈	010809-1212348	4세반
장철창	010810-1812342	4세반
조수섭	010811-1812348	4세반
황상민	010815-1812344	4세반
황서규	010312-1812348	4세반
황허섭	010131-1812349	5세반
안민철	020112-1812341	4세반
권기훈	010112-1812343	5세반
배주환	010112-1812340	5세반

3 더미

데이터가 많을 경우 필터를 활용한 데이터의 총계수를 정확하고 편리하게 사용할 수 있는 방법이 더미(dumy)다. 더미는 필터를 사용하기 전에 원본파일에서 먼저 실행한 후 사용하여야 한다.

더미 사용방법을 제시하면 '원본파일 더미 적용–필터 사용–필터 사용한 후 데이터의 계수'가 나타난다. 실제 활용방법을 제시하면 다음과 같다.

❶ 더미를 적용한다.

아동명	주민번호	반편성	생년월일		dumy
안희민	010225-171234	5세반	##########	4	1
윤호진	010301-181234	4세반	##########	4	1
이정빈	010809-121234	4세반	##########	4	1
장철창	010810-181234	4세반	##########	4	1
조수섭	010811-181234	4세반	##########	4	1
황상민	010815-181234	4세반	##########	4	1
황서규	010312-181234	4세반	##########	4	1
황허섭	010131-181234	5세반	##########	4	1
안민철	020112-181234	4세반	##########	3	1
권기훈	010112-181234	5세반	##########	4	1
[illegible]	890112-101234	7세반	##########	6	1

❷ 필터 사용 후 정리된 데이터의 더미의 가장 밑부분에 Σ를 클릭한다.

아동명	주민번호	반편성	생년월일		dumy	반명
윤호진	010301-181234	4세반	##########	4	1	##########
이정빈	010809-121234	4세반	##########	4	1	##########
장철창	010810-181234	4세반	##########	4	1	##########
조수섭	010811-181234	4세반	##########	4	1	##########
황상민	010815-181234	4세반	##########	4	1	##########
황서규	010312-181234	4세반	##########	4	1	##########
안민철	020112-181234	4세반	##########	3	1	##########
차건수	020112-181234	4세반	##########	3	1	##########
천성민	020112-181234	4세반	##########	3	1	##########
					=SUBTOTAL(9,F3:F32)	

❸ 정리된 데이터의 총계수가 나타난다.

아동명	주민번호	반편성	생년월일		dumy
윤호진	010301-1812344	4세반	##########	4	1
이정빈	010809-1212348	4세반	##########	4	1
장철창	010810-1812342	4세반	##########	4	1
조수섭	010811-1812348	4세반	##########	4	1
황상민	010815-1812344	4세반	##########	4	1
황서규	010312-1812346	4세반	##########	4	1
안민철	020112-1812341	4세반	##########	3	1
차건수	020112-1812344	4세반	##########	3	1
천성민	020112-1812342	4세반	##########	3	1
					9

2) 재정관리

유아교육기관의 효율적 운영을 위해서는 무엇보다도 적정 수준의 재정적 뒷받침이 있어야 하고, 확보된 재정을 합리적으로 관리하는 것이 선행되어야 한다. 사립 유아교육기관의 재정관리는 『사학기관 재무회계규칙』에 명시된 규정에 의하여 집행되어야 한다. 사립 유치원의 재정관리는 자체적인 예산 편성과 집행, 결산 등을 규정된 회계규칙에 의거해야 하므로 상당히 복잡하다(임재택, 1999). 재정관리와 관련하여 예산서 및 결산서뿐만 아니라, 이와 관련된 각종 증빙서류, 즉 수입결의서, 지출결의서, 봉급지출결의서, 구입수선 지출결의서, 물품명세서, 교육비 및 입학금 납입명세서 등 이와 관련한 금전출납부 작성 등이 있다(많은 유아교육기관에서 회계와 관련한 컴퓨터 프로그램을 활용하여 손쉽게 재정관리를 하고 있다. 그러나 회계와 관련한 프로그램은 고가이기도 한 단점이 있다). 따라서 엑셀 프로그램을 활용한다면 손쉽게 재정관리를 편리하게 활용할 수 있을 것이다.

엑셀을 이용한 재정관리를 할 때 예산이나 결산을 항목별, 월별, 연별로 모아서 정렬하고, 모은 항목을 합산하는 방법에 대해서 살펴보고자 한다.

❶ 월별로 사용된 재정에 대해 수입과 지출의 합을 'Σ'을 활용하여 정리한다.

관	항	목	해소	수입액
관리운영비	유치원운영비	행사비	어린이날 선물	
관리운영비	유치원운영비	수용비	문구류	0
사용료및 수수료	입교금	교육비	김근우외 12명	5,400,000
관리운영비	유치원운영비	재세공과금	수도세	
관리운영비	유치원운영비	차량비	차량유료	
관리운영비	유치원운영비	재세공과금	전기세	0
관리운영비	유치원운영비	행사비	견학비	0
관리운영비	유치원운영비	교직원연수비	박정희외1명	
				5,400,000

❷ 데이터의 필터 방법을 활용하여 과목별 수입과 지출을 정리한다.

관	항	목	해소	수입액	지출액
관리운영비	유치원운영비	행사비	어린이날 선물		500,000
관리운영비	유치원운영비	수용비	문구류		500,000
관리운영비	유치원운영비	재세공과금	수도세		100,000
관리운영비	유치원운영비	차량비	차량유료		500,000
관리운영비	유치원운영비	재세공과금	전기세		350,000
관리운영비	유치원운영비	행사비	견학비		500,000
관리운영비	유치원운영비	교직원연수비	박정희외1명		200,000
				0	2,650,000

❸ 데이터의 부분합을 활용하여 원하는 항목별로 그룹화하여 계산한다.

3) 기타 활용

이상에서 엑셀을 활용한 원아 및 재정 관리 부분만 살펴보았는데, 그 밖에 유아교육기관의 다양한 분야, 즉 유아의 행동발달 관찰 누가기록 및 학부모 관리, 유아의 작품 분석 누가표 등 다양한 부분에서 활용할 수 있다.

예시

[1]

A 유치원 원아는 150명이다. 2010년도 신입생은 100명, 재원생 50명으로 총 150명이다. A 유치원의 교육비와 관련한 내역을 살펴보면 입학금 120,000원, 월 교육비 150,000원, 교통비 월 30,000원, 급식대 월 40,000원(방학 중 8월과 1월은 교통비와 급식대는 받지 않음)이다.

문제 엑셀을 활용하여 다음을 계산해 보라.

- 유치원 1년의 입학금 총 금액은?
- 월 총 교육비는?
- 1년에 들어올 수 있는 교육비 총액은?
- 1년에 들어올 수 있는 교통비 총액은?
- 1년에 들어올 수 있는 급식대 총액은?

[2]

A 유치원의 교직원 현황은 원장 1명, 원감 1명, 교사 5명, 보조 교사 2명으로 구성되어 있다. 교직원 호봉 현황 및 봉급액은 원장 28호봉 1,756,000원, 원감 22호봉 1,426,800원, 교사 1(주임교사) 15호봉 1,082,900원, 교사 2, 3의 호봉은 12호봉 941,500원, 교사 4, 5의 호봉은 10호봉 890,100원, 보조교사 1, 2의 호봉은 7호봉 817,500원이다.

문제 위의 교사들에게 기말수당(분기별 본봉의 50%), 교직수당 월 250,000원, 담임 수당 월 110,000원을 지급할 때 다음을 계산해 보아라.

- 원장 및 각 교사의 연봉은?
- A 유치원 교사의 인건비는 월 얼마이며, 1년의 인건비 총액은 얼마인가?

(1) 자동서식 지정하기

❶ 그림과 같이 영역을 지정한 후 [서식]-[자동서식]을 클릭한다.

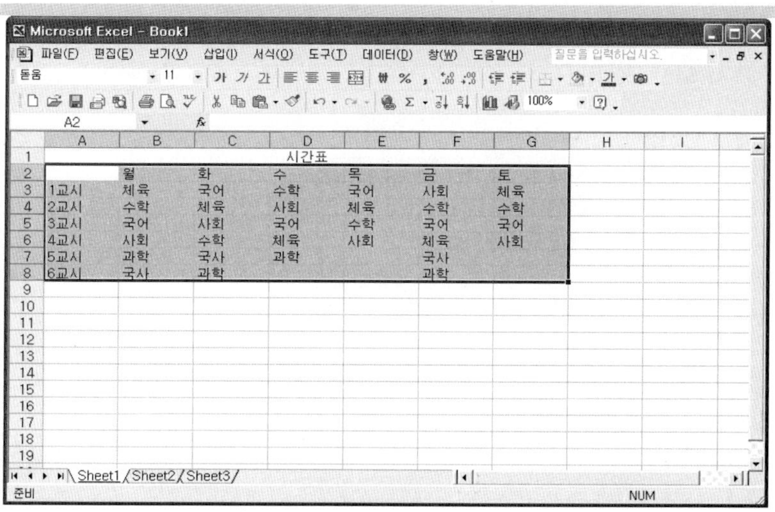

❷ [자동서식] 대화상자가 나타나면 목록형 2를 선택한 후 [확인] 버튼을 클릭한다.

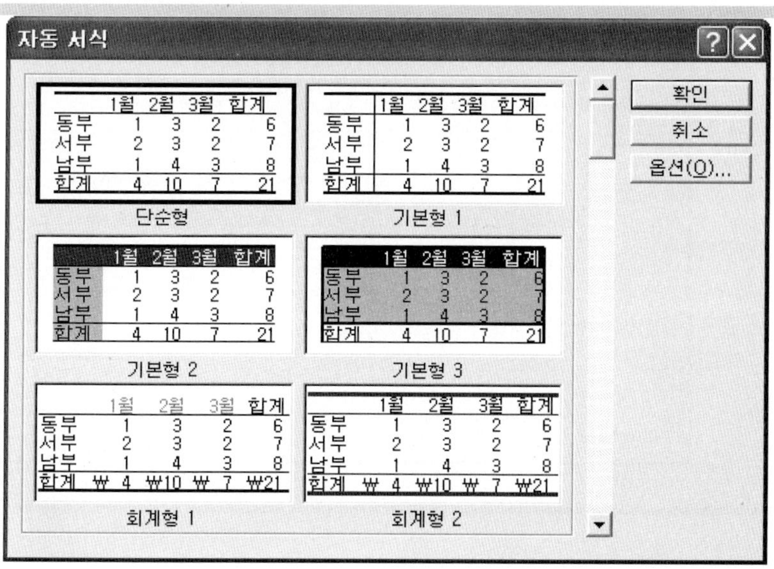

❸ 다음 워크시트와 같이 완성된 결과를 확인할 수 있다.

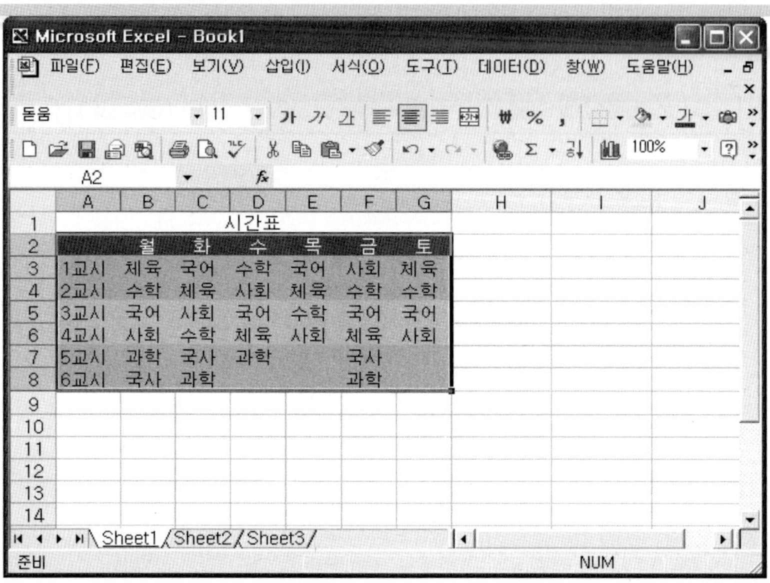

연습문제

다음 워크시트와 같이 작성하고 3월 달력으로 저장하시오.

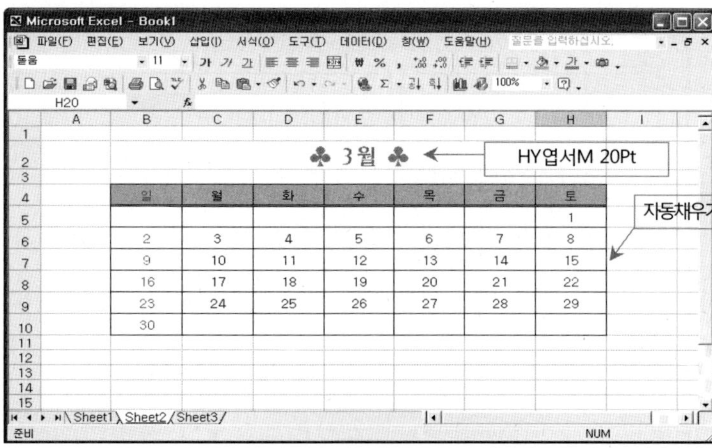

(2) 워드아트 클립아트 삽입

❶ 보기-도구모음-그리기를 클릭한다.

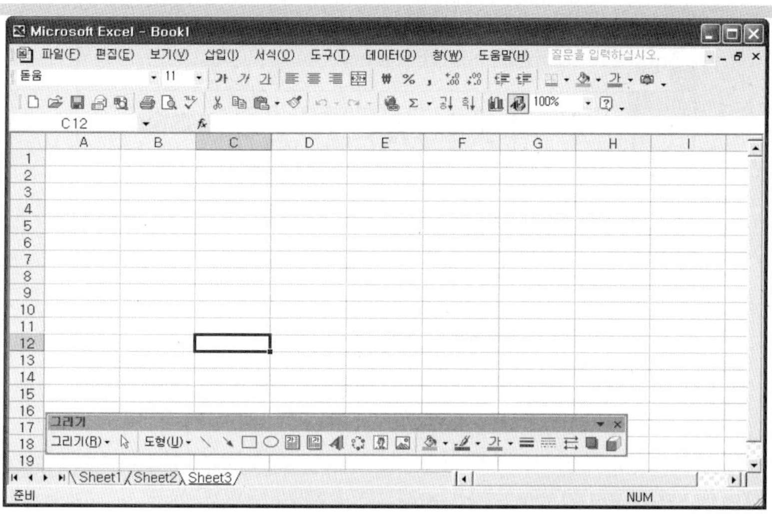

❷ 워드아트 갤러리에서 다음과 같이 클릭하고 [확인] 버튼을 클릭한다.

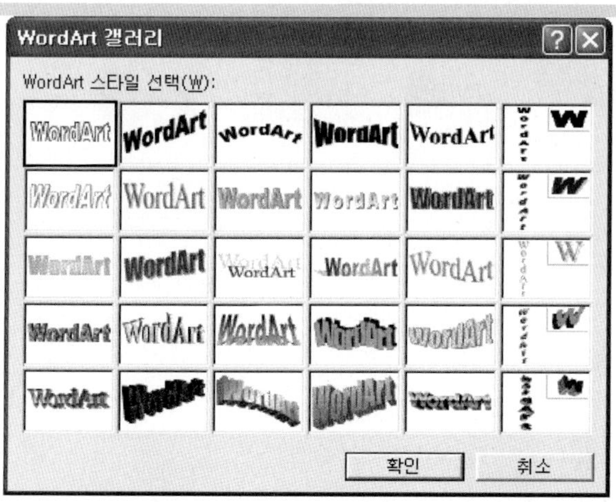

❸ 워드아트 텍스트 편집 대화상자에서 다음과 같이 입력하고 [확인] 버튼을 클릭한다.

❹ 작업창이 나타나면 자동차라고 입력하고 [검색] 버튼을 클릭한다.

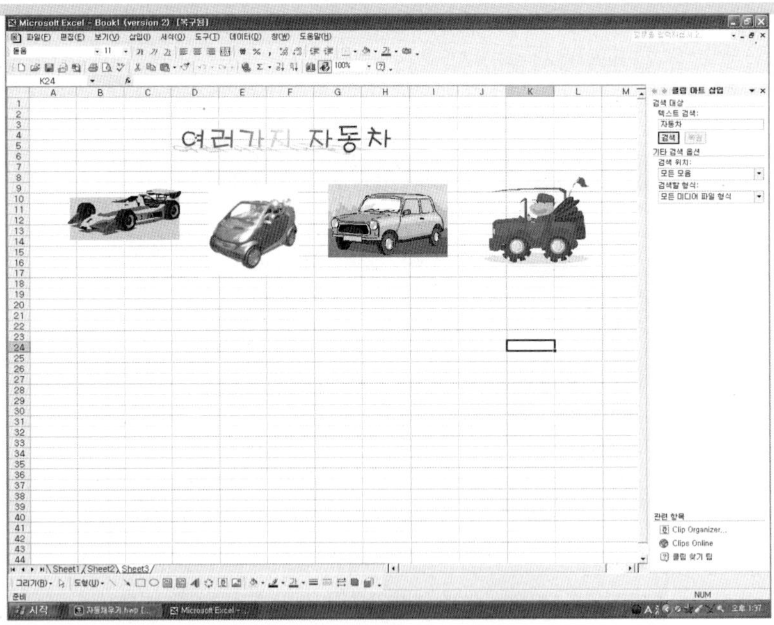

❺ 클립아트를 삽입하여 완성한다.

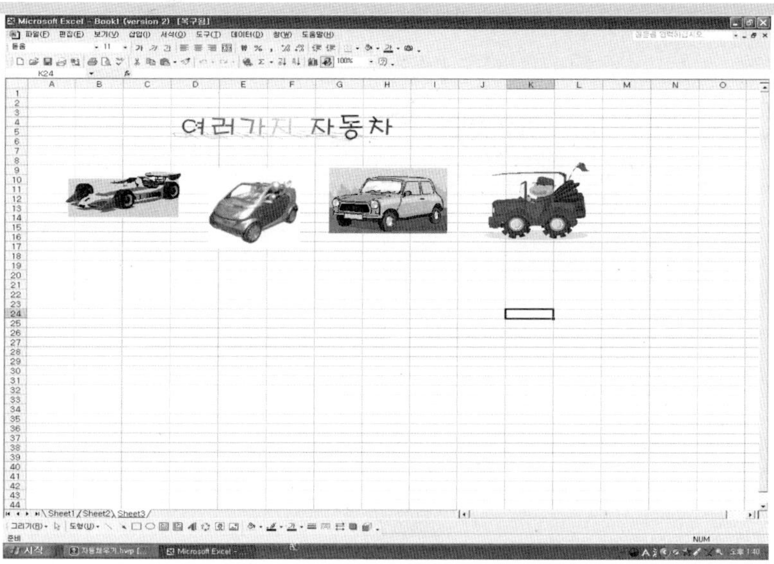

(3) 배경삽입, 그림삽입

1 배경삽입

❶ 서식-시트-배경을 순서대로 클릭한다.

❷ 그림삽입 대화상자가 나타나면 원하는 그림을 배경에 삽입한다.

❸ 삽입된 그림을 확인할 수 있다.

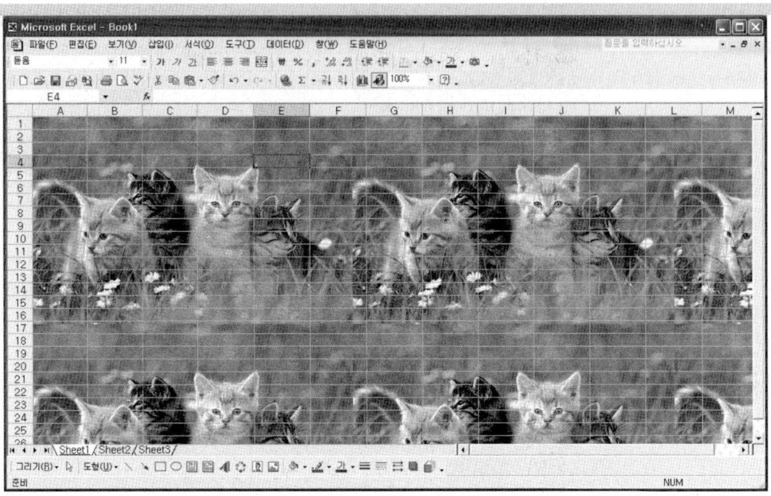

2 그림삽입

❶ 삽입된 배경그림에 삽입－그림－그림파일을 순서대로 클릭한다.

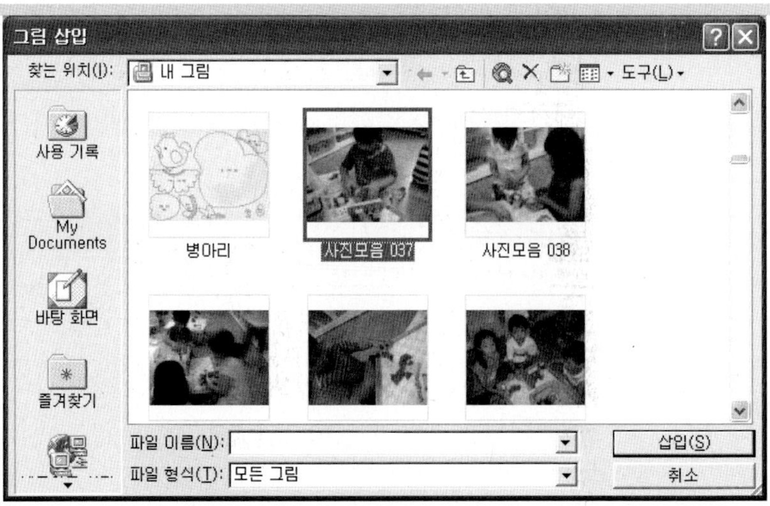

❷ 그림삽입 대화상자가 나타나면 원하는 그림을 클릭하고 [삽입] 버튼을 클릭한다.

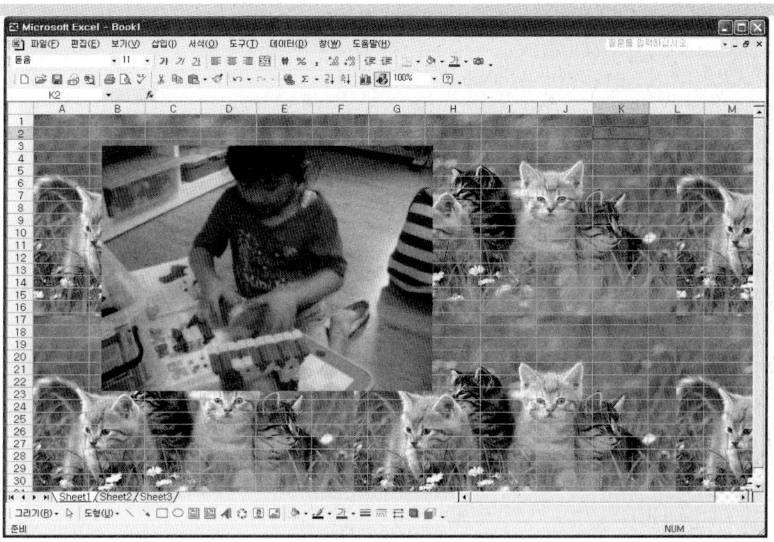

(4) 인쇄하기

❶ 다음과 같이 작성한다.

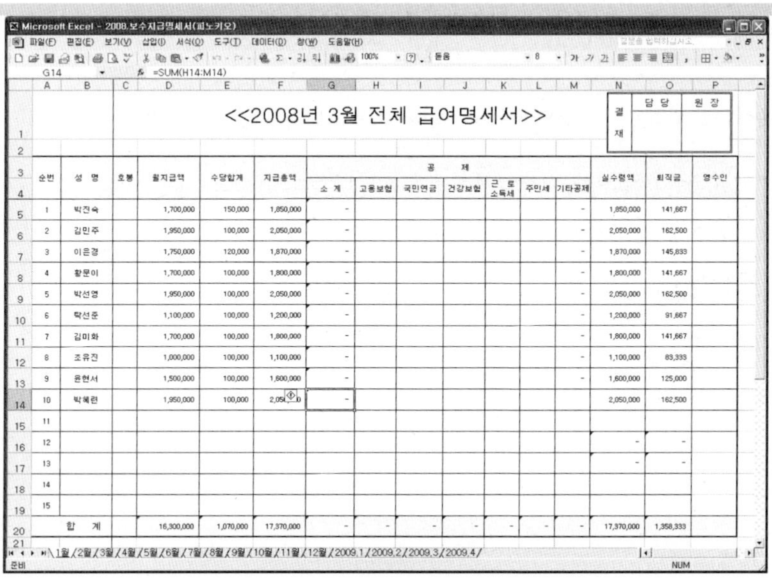

❷ 파일-인쇄미리보기를 누른 후 인쇄할 내용을 확인하고 [인쇄] 버튼을 누른다.

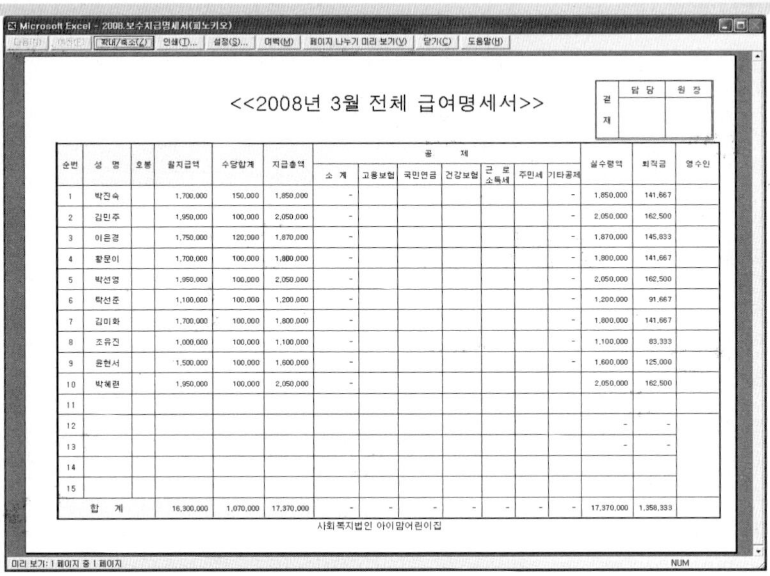

• 인쇄미리보기 대화상자에서 인쇄미리보기, 여백조정, 머리글 바닥글지정, 용지방향, 배율조정, 용지크기 기타 지정이 가능하다.

❸ 인쇄 대화상자가 나타나면 [확인] 버튼을 클릭하여 인쇄를 시작한다.

❹ 바탕화면에서 도구모음 메뉴아이콘에서 [인쇄] 버튼을 클릭해도 된다.

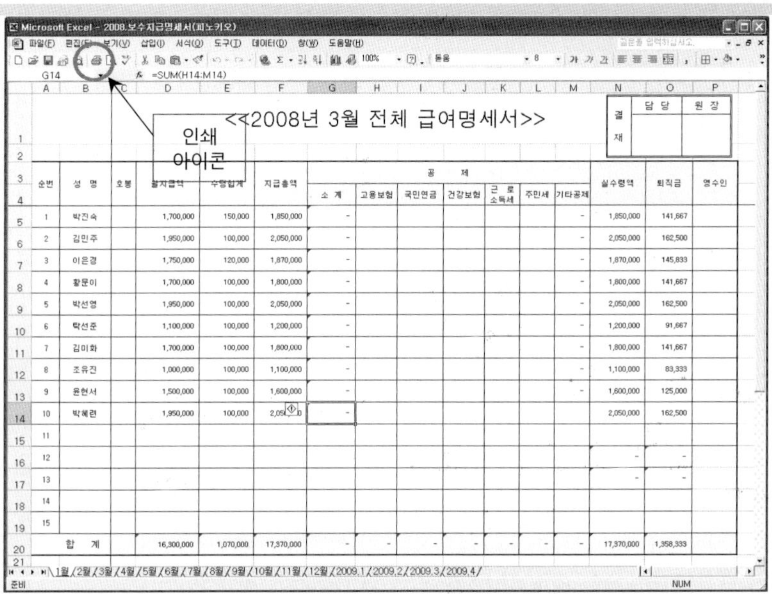

제 3 부

유아교육기관의 컴퓨터 활용방법 II

월드와이드웹(World Wide Web)의 급속한 확산에 따라 기업 및 공공기관에서뿐만 아니라 개인도 홈페이지를 작성하여 인터넷상에 올리고 있다. 유아교육기관 역시 홈페이지를 웹으로 올리고 있어, 인터넷상에서 홈페이지를 올리지 않는 것은 사이버공간의 주소(URL)에 유아교육기관이 없는 것과 같이 인식되고 있는 실정이다. 인터넷상에서 유아교육기관 이미지를 알리기 위해 이미지 처리가 필요하다. 이에 홈페이지 저작을 위한 편리한 편집도구가 널리 쓰이고 있다. 이미지 편집을 위한 Adobe사의 Photoshop, HTML문서 작성 위주의 Macromedia사의 Dreamweaver, 동영상 정보를 인터넷상에 공유하기 위한 Macro Media사의 Flash를 들 수 있다. 이 책에서는 사무자동화와 사진이나 그림 이미지 처리를 위해 유아교육기관에서 필요한 소프트웨어의 사용법을 익히고자 한다. 3부에서는 현재 널리 사용되고 있는 OA용 소프트웨어인 '파워포인트' 외에 디지털 이미지 프로세싱 프로그램인 '포토샵'과 최근 관심을 받고 있는 사진 편집 프로그램인 '포토 스케이프'를 다룰 것이며, 이들 소프트웨어의 기본 활용방법 및 유아교육기관의 실제 활용방법을 소개한다.

제 7 장
파워포인트의 이해와 활용

1980년대 이후 한국 유아교육 현장에서는 아동 중심 교육에 기초한 '활동중심 통합교육' '프로젝트 접근법' 등이 도입되어 활성화되고 있으며, 이와 아울러 교수 · 학습 방법에도 새로운 변화가 요구되고 있다. 지금까지 교사가 만들어 직접 제시해 주던 구체물 자료보다는 멀티미디어를 통해 제시되는 동영상 자료가 훨씬 더 유아의 학습 흥미를 높여 주고 있으며 학습 효과도 증대시키고 있다(전남사창초등학교 병설유치원, 1999).

동영상 자료의 활용은 수업을 활성화하고 있는 것은 사실이지만, 유아에게 선별하여 제공해야 하는 절차 역시 필요하다. 이러한 점을 고려해 볼 때 동영상 자료의 그림이나 내용을 수업자료에서 원 상태로 제시하기보다는 교사가 진행하는 수업 특성을 고려하여 재제작한다면 수업자료로 더욱 이상적일 것이다.

따라서 이 장에서는 교사가 수업자료 및 유아 작품 모음 및 전자앨범, 학부모교육, 유치원 홍보물 등에 활용할 수 있는 '파워포인트' 프로그램의 기본 기능 및 실제 유치원 교육에서의 활용방안을 소개하고자 한다. 파워포인트 프로그램의 도움말을 기초로 하여 파워포인트의 기본 기능을 소개하고, 아울러 유아교육기관에서의 파워포인트 활용방법에 대해서도 다룬다.

1 | 파워포인트의 기초

1) 파워포인트의 화면구성

파워포인트의 기본 화면구성은 아래 그림과 같다.

파워포인트 초기 화면은 현재 작업이 이루어지고 있는 슬라이드를 중심으로 슬라이드의 편집을 위한 다양한 표시 줄 및 도구 버튼으로 구성되어 있으며 각 구성요소의 명칭 및 기능은 다음과 같다.

❶ 제목 표시 줄: 현재 작성 중인 파워포인트의 제목을 표시하며 제목 표시 줄 오른쪽에 있는 3개의 윈도우 제어 아이콘은 각각 최소화(아이콘표시), 확대/축소(전체화면표시), 종료(닫기) 버튼이다.

❷ 메뉴 표시 줄: 프레젠테이션을 작성할 때 필요한 각종 명령이 풀다운 메뉴로 제공되며 메뉴는 어떤 작업이 진행되느냐에 따라 활성화된 항목이 달라진다.

❸ 도구모음: 표준 도구모음, 서식 도구모음, 그리기 도구 모음, 도형 도구 모음, 애니메이션 도구모음 등이 있다. 기본적으로 표준 도구 모음, 서식 도구 모음, 그리기 도구 모음이 화면에 표시되나 [보기(V)] 메뉴의 [도구모음(T)]에서 항목을 선택함으로써 화면에 표시하게 할 수 있다.

❹ 화면 보기 버튼: 프레젠테이션의 작성이 진행될 때 여러 가지 면에서 사용자를 돕기 위해서 파워포인트는 다섯 가지의 다른 보기를 제공한다. 그것은 각각 슬라이드 보기, 개요 보기, 여러 슬라이드 보기, 슬라이드 노트 보기, 슬라이드 쇼다.

2) 파워포인트의 활용방법

파워포인트를 활용하려면 우선 파워포인트를 시작하고 종료하는 방법을 알아야 한다. 여기에서는 파워포인트가 이미 설치되어 있는 것으로 가정하고 설명하고자 한다.

(1) 시작 메뉴에서 파워포인트 시작하기

Windows 2000 바탕화면에 파워포인트 단축실행 아이콘이 없을 때 시작하는 방법으로 다음이 가장 일반적이다.

❶ 윈도우 2000 바탕화면에서 작업 표시줄의 [시작] 버튼을 누른다.

❷ 메뉴의 [프로그램]에서 [Microsoft PowerPoint]를 누른다.

(2) 새 프레젠테이션으로 시작하기

❶ 작업 표시 줄의 [시작]–[프로그램]–[Microsoft PowerPoint]를 클릭한다.

❷ '새 프레젠테이션'을 선택한 다음 [확인] 버튼을 누른다.

❸ [새 슬라이드] 대화상자에서 첫 번째 슬라이드를 선택하고 [확인] 버튼을 누르면 아래와 같이 화면이 바뀐다.

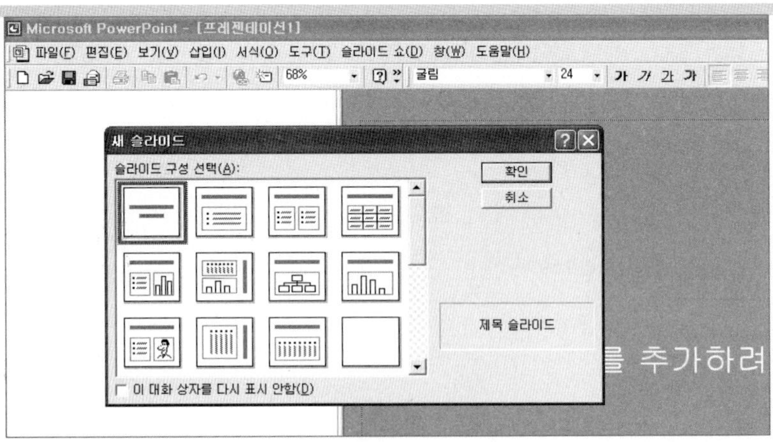

❹ 슬라이드 창에서 '제목을 입력하십시오' 부분을 클릭한 후 제목을 입력한다. '부제목을 입력하십시오' 부분을 클릭한 후 입력하면 다음과 같이 나타난다.

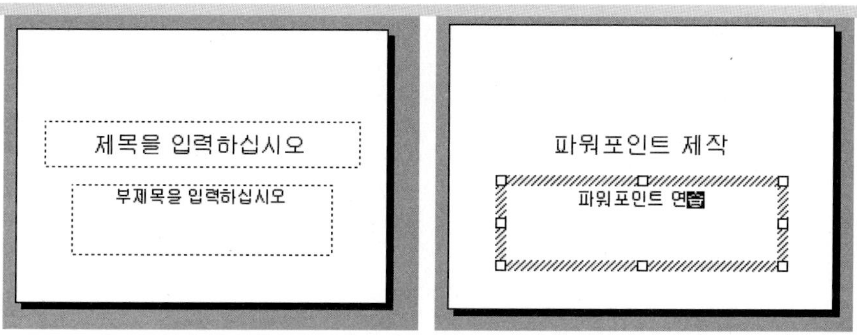

(3) 디자인 서식파일

❶ [새 프레젠테이션 만들기] 창에서 '디자인 서식파일'을 선택하고 [확인] 버튼을 누른다.

❷ [새 프레젠테이션] 대화상자의 [디자인] 탭을 클릭한다.

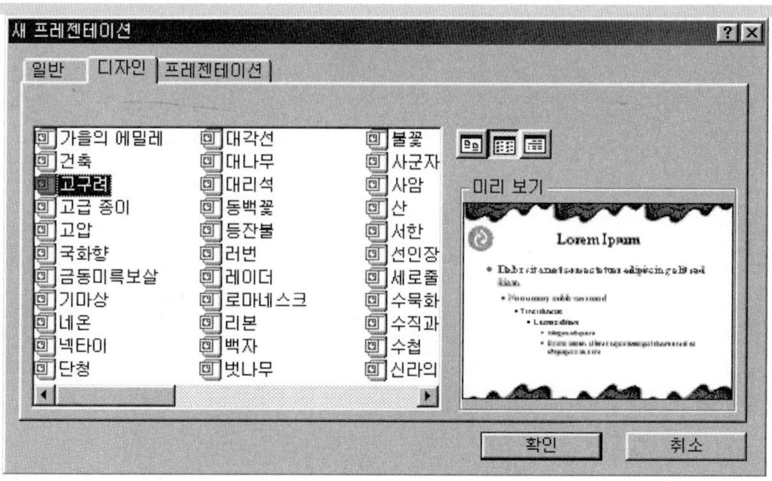

❸ 그다음 '고구려' 디자인 서식파일을 선택하고 [확인] 버튼을 누른다.

❹ [새 슬라이드] 대화상자에서 [제목 슬라이드]를 선택하고 [확인] 버튼을 누른다.

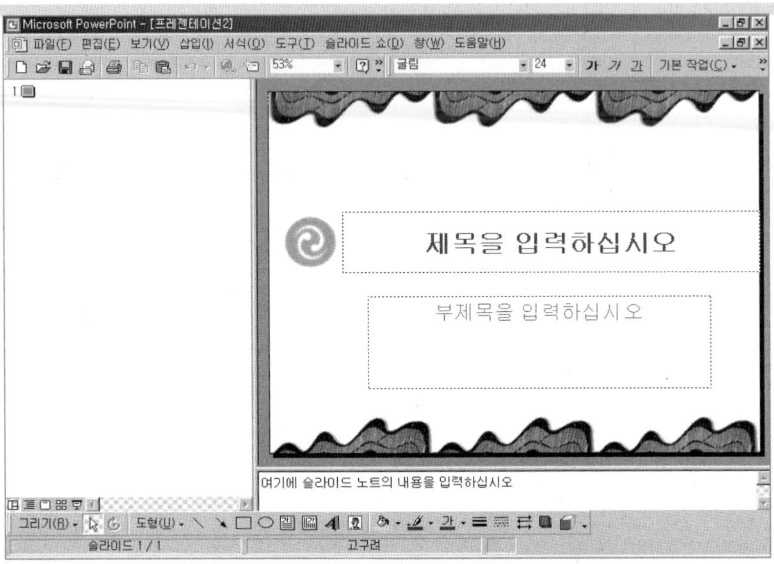

(4) 문서 저장하기

❶ [파일]-[저장] 메뉴를 클릭한다.

❷ Ctrl + S를 누른다.

❸ 버튼을 누른다.

❹ 저장한 문서 열기는 [파일]-[열기] 메뉴를 클릭한다.

(5) 슬라이드의 기본 익히기 및 구성 바꾸기

먼저 새 슬라이드 추가하는 방법을 제시하면 다음과 같다.

❶ [파일]-[새로 만들기]를 클릭한다.

❷ [새 프레젠테이션]-[일반]을 클릭한다.

❸ [새 슬라이드]-[제목 슬라이드]를 선택한다.

❹ [삽입]-[새 슬라이드]를 클릭(Ctrl +M)한다.

❺ [새 슬라이드]-[글머리 기호목록]를 확인한다.

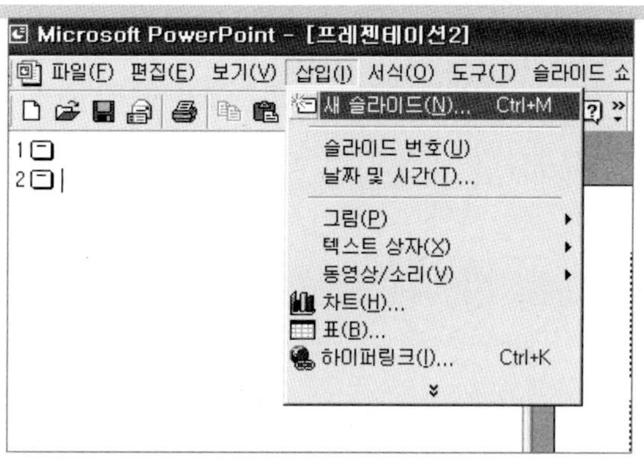

슬라이드 구성을 바꾸기 위해서는 첫 번째 슬라이드에서 [서식]-[슬라이드 구성] 메뉴를 클릭하고 '글머리 기호목록'을 선택하고 [적용] 버튼을 누른다(마우스의 오른쪽 버튼을 누른 후 해당메뉴를 선택).

(6) 슬라이드에 문자열 입력하기

1 한글 입력하기

❶ 첫 번째 슬라이드를 표시하고 슬라이드의 제목 부분에 '원훈'을 입력한다.

❷ 부제목은 '밝고, 맑고, 바르게' 두 번째 슬라이드와 세 번째 슬라이드는 다음과 같이 작성한다. 각각의 서식을 그림과 같이 바꾼다.

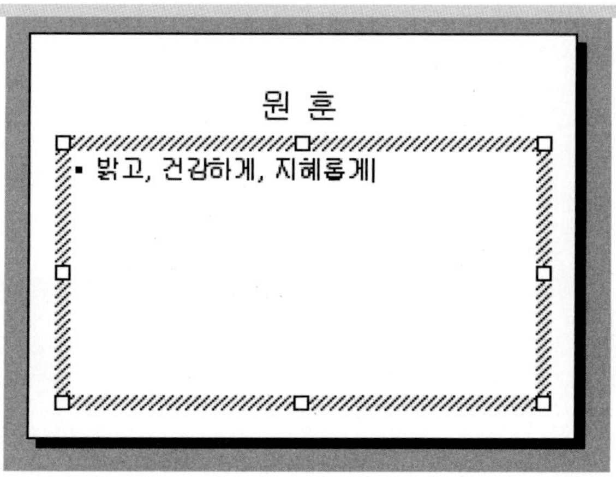

2 한자와 기호 입력하기

❶ 한자 입력하기는 문자열선택-키보드의 [한자] 키를 선택한다.

❷ 기호 입력하기는 [삽입]-[기호]를 선택한다.

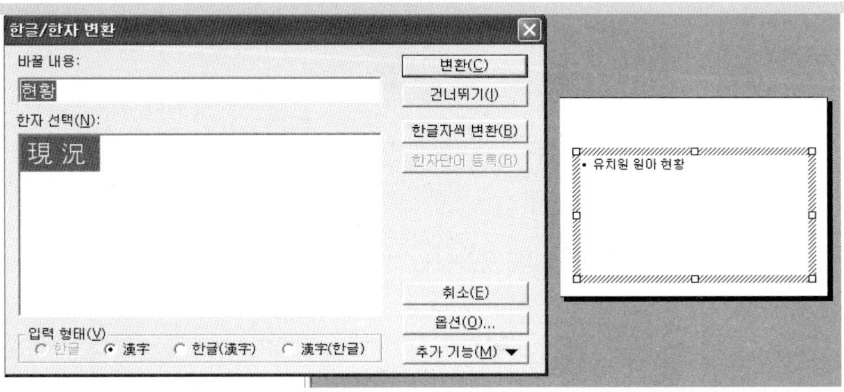

연습문제

슬라이드를 아래 화면과 같이 바꾸시오.

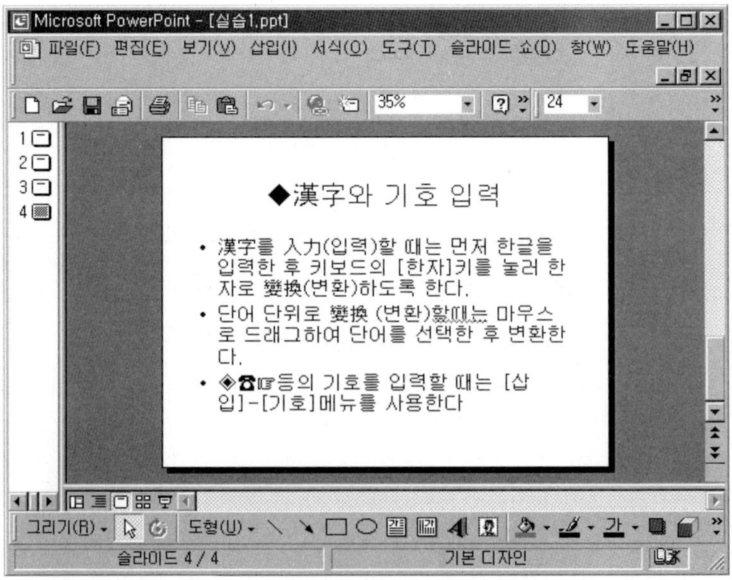

3 개요 보기에서 문자열 입력하기

❶ 슬라이드 보기 표시에서 [개요보기] 아이콘을 클릭한다.

❷ 슬라이드를 클릭하고 다음과 같이 내용을 입력한다.

> 레지오의 교실은 따뜻함과 친밀감을 주는 집과 같은 분위기를 제공해 주며 유아의 소집단 활동을 통한 커뮤니케이션을 지원해 주기 위한 공간이 마련되어 있다.

❸ 슬라이드를 클릭하고 다음과 같이 내용을 입력한다.

> 보물(寶物)
> - 보물은 유형 문화재 중 역사적, 학술적, 예술적, 기술적 가치가 큰 것을 문화재 심의위원회의 심의를 거쳐 지정되며 분류상 국보 다음 가는 격이다.
> - 보물의 종류는 목조, 석조, 건축, 전적, 서적, 고문서, 그림, 조각, 공예품, 고고학적 자료 등 여러 방면에 걸쳐 있다.

❹ 도구 모음의 [확대/축소]에서 화면 비율을 25%로 지정한다.

작성한 모든 슬라이드를 한눈에 볼 수 있다.

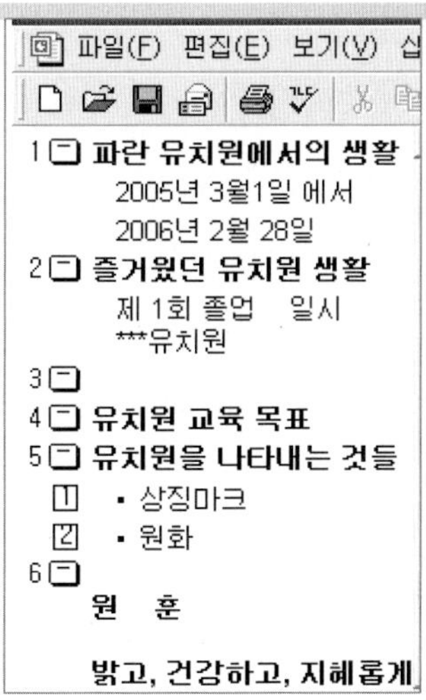

4 문자열 수준 바꾸기

❶ 수준을 변경할 문자열을 마우스로 드래그하여 범위를 지정한 후, 서식 도구 모음의 '한 수준 내리기( )' 아이콘을 클릭한다.

❷ 수준을 변경할 문자열을 마우스로 드래그하여 범위를 지정한 후, 서식 도구 모음의 '한 수준 올리기( )' 아이콘을 클릭한다.

5 글꼴 꾸미기

[서식]-[글꼴] 메뉴를 클릭한다.

❶ 단락 꾸미기

- 본문의 범위를 지정한다.
- [서식]-[줄간격] 대화상자에서 줄간격을 '1,2'로 입력하고 [확인] 버튼을 누른다.

❷ 맞춤 설정하기

- 문자열을 선택한다.
- [서식]-[맞춤]-[가운데 맞춤], [양쪽맞춤] 등을 선택한다.

❸ 서식 복사하기

- 복사할 스타일이 있는 문자열에 커서를 위치시킨다.
- 표준도구모음의 '서식복사( )' 아이콘을 클릭하고 서식을 적용할 문자열을 드래그한 후 범위를 지정하여 서식을 복사한다.
- 본문의 문자열 범위를 지정하여 '서식복사( )' 아이콘을 클릭한다.

❹ 문자열 이동과 복사

방법	복사/이동	붙여넣기
메뉴	[편집]-[복사] / [편집]-[잘라내기]	[편집]-[붙여넣기]
도구모음	'복사' / '잘라내기' 아이콘	'붙여넣기' 아이콘
바로가기 키	Ctrl + c / Ctrl + x	Ctrl + V
Ctrl + 드래그로 복사하기	Ctrl 키를 누른 상태에서 선택한 문자열을 복사할 곳으로 드래그한다(이동할 때는 Ctrl 키를 누르지 않고 드래그한다).	

(7) 슬라이드의 편집

슬라이드 보기 표시 중 '여러 슬라이드 보기(▦)' 아이콘을 눌러서 아래의 내용을 실행한다.

1 슬라이드 선택하기

내용	방법
떨어져 있는 슬라이드 선택하기	Ctrl 키를 누른 상태에서 선택한 슬라이드를 차례로 클릭한다.
연속되어 있는 슬라이드 선택하기	처음 슬라이드를 클릭하고 선택할 마지막 슬라이드는 Shift 키를 누른 상태에서 클릭한다
모든 슬라이드 선택하기	마우스로 드래그하거나 Ctrl + A를 누른다.

2 슬라이드 삭제하기

슬라이드를 선택한 뒤 [편집]-[슬라이드 삭제] 메뉴를 클릭하거나 Delete 키를 누른다.

3 슬라이드 삭제 작업 취소하기

[편집]-[슬라이드 삭제 실행 취소] 메뉴를 클릭한다.

4 슬라이드 이동하기

슬라이드를 선택한 뒤 원하는 위치에 드래그하여 이동한다.

5 슬라이드 복사하기

슬라이드를 선택한 뒤 [삽입]-[슬라이드 복제] 하거나 Ctrl 키를 누른 상태에서 드래그한다.

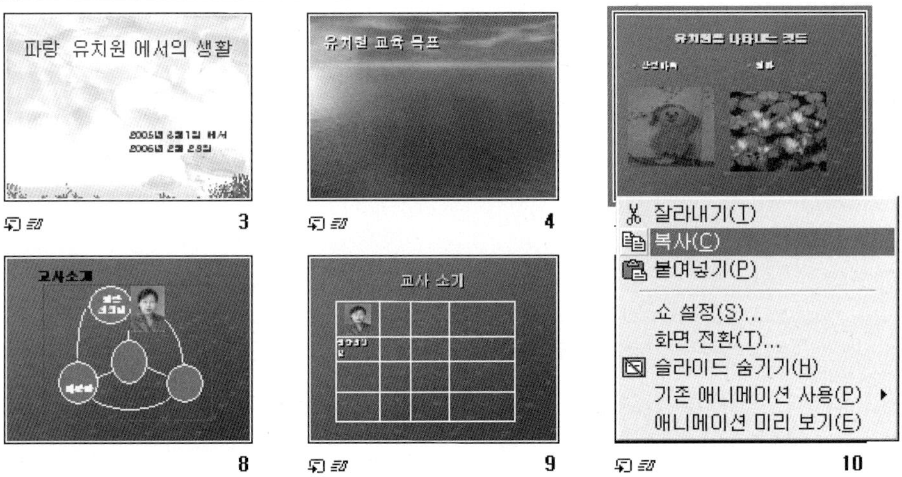

6 외부 슬라이드 삽입하기

❶ 여러 슬라이드 보기 상태로 변경하여 4번 슬라이드를 3번 슬라이드 앞으로 이동시킨다.

❷ 3번과 4번 슬라이드 사이에 커서를 위치시킨다(외부 슬라이드를 삽입할 위치 지정).

❸ [삽입]-[슬라이드 파일] 메뉴를 클릭한다.

❹ [슬라이드 찾기] 대화 상자의 '슬라이드 선택' 항목에서 삽입할 슬라이드를 선택한 후 [삽입] 버튼을 누른다. [닫기]를 누른다.

❺ 삽입된 슬라이드를 확인한다.

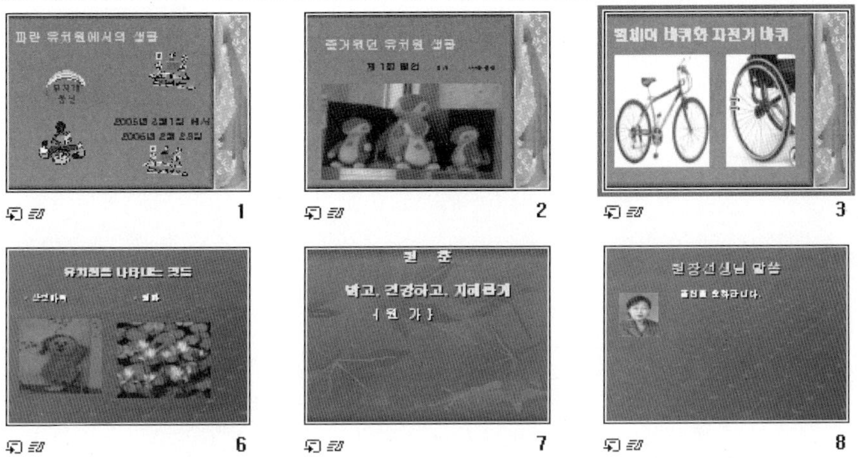

(8) 문자열 작성하기

1 텍스트 상자에서 가로(세로) 문자열 입력하기

❶ [삽입]–[텍스트 상자]–[가로]를 선택한다.

❷ [삽입]–[텍스트 상자]–[세로]를 선택한다.

2 텍스트 상자 복사하기

❶ Ctrl 키를 누른 상태에서 텍스트 상자를 드래그한다.

3 선 색상 설정하기

❶ 텍스트 상자를 선택한다.

❷ 그리기 도구 모음의 선색을 클릭하고 '검은색'을 선택한다.

선을 없애려면 [선색]–'선 없음'을 클릭한다.

4 선의 스타일 설정하기

❶ 그리기 도구 모음의 선 스타일을 선택한다.

❷ 그리기 도구 모음의 대시 스타일을 선택한다.

5 색 채우기

[그리기 도구 모음]의 색 채우기( )'를 클릭하고 '하늘색'을 선택한다.

❶ 그리기 도구 모음을 선택한다.

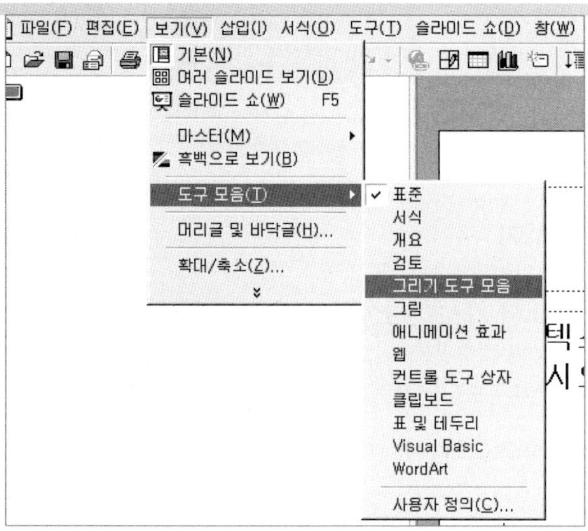

❷ 색 채우기를 선택한다.

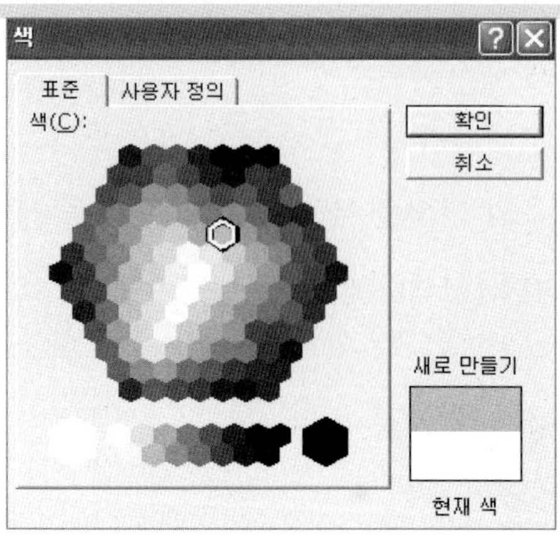

❸ 확인을 누른다.

6 그라데이션으로 채우기

❶ 제목 텍스트 상자를 선택하고 그리기 도구 모음의 [색 채우기]-[채우기 효과]를 클릭한다.

❷ [채우기효과] 대화상자에서 [그라데이션] 탭의 '색' 항목에서 '한색'을 선택한다.

❸ '색 1(1)'에서 '초록색'을 선택하고 아래의 슬라이드를 이용해 밝기를 조절한다.

❹ '음영 스타일'로 '가운데에서'를 선택하고 [확인] 버튼을 누른다.

❺ 제목 텍스트 상자의 글꼴 서식을 '글꼴: 돋움' '크기: 굵게'로 변경한다.

텍스트 상자의 크기 변경하기
텍스트 상자의 조절점에 마우스 포인터를 놓고 원하는 방향으로 드래그하여 크기를 조절한다.

마우스 포인터의 모양	의미
↕	텍스트 상자의 크기를 세로 방향으로 조절할 수 있다.
↔	텍스트 상자의 크기를 가로 방향으로 조절할 수 있다.
↘	텍스트 상자의 크기를 대각선 방향으로 조절할 수 있다

7 번호 매기기 설정하기

❶ 범위를 지정한다.

❷ [서식]-[글머리 기호 및 번호 매기기]를 클릭한다.

❸ [번호 매기기] 탭에서 번호를 선택하고 [확인]을 누른다. 항목 중 '없음'을 누르면 번호가 삭제된다.

(9) 다양한 개체 활용하기

1 클립아트 삽입하기(삽입 → 그림 → 클립아트)

❶ 새 프레젠테이션을 시작하고 슬라이드 구성을 '텍스트/클립아트'로 설정한다.

❷ 다음과 같이 입력한다.

❸ 슬라이드 오른쪽의 클립아트 영역에서 클립아트 아이콘을 더블 클릭한다.

❹ [Microsoft Clip Gallary] 대화상자에서 '교통수단' 클립아트를 선택하고 [클립 삽입] 아이콘을 클릭한다.

- 클립아트의 크기를 조절하려면 클립아트를 선택하고 테두리의 조절점에서 마우스 포인터를 드래그한다.
- 클립아트를 이동하려면 클립아트 안에 마우스 포인터를 놓고 원하는 위치로 드래그한다.

2 다른 방법으로 클립아트 삽입하기

❶ [삽입]-[그림]-[클립아트] 메뉴를 클릭한다.

❷ [클립아트 삽입] 대화상자에서 항목을 선택한다.

❸ 삽입된 클립아트를 드래그하여 적당한 위치로 배치한다.

3 그림 삽입하기

❶ [삽입]-[그림]-[그림파일]에서 그림파일을 선택하고 [삽입] 버튼을 클릭한다(jpg나 gif 파일을 선택한다).

❷ 삽입한 그림 변경 및 복사하기: 삽입한 그림을 선택한 후 그림의 테두리에 있는 조절점에 마우스 포인터를 놓고 드래그하여 그림 크기를 줄인다.

❸ Ctrl 키를 누른 상태에서 그림을 드래그하여 복사한다.

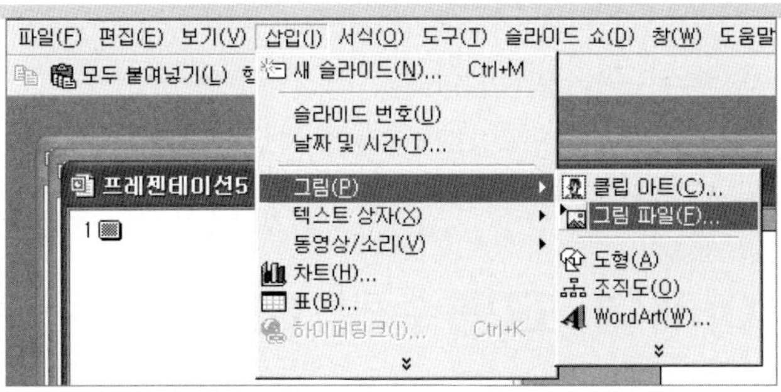

4 그리기 도구를 이용하여 도형 삽입하기

❶ 그리기 도구 모음의 [선(＼)] 아이콘을 클릭한다.

❷ 그리기 도구 모음에서 원하는 도형을 선택하여 클릭한다.

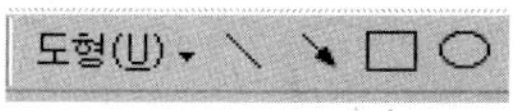

5 도형 선택하기

❶ Ctrl 키를 이용하거나 슬라이드 빈 곳에서 마우스를 드래그하여 선택할 도형의 범위를 설정하면 여러 개의 도형을 선택할 수 있다.

❷ Ctrl + A를 누르면 슬라이드의 모든 도형을 선택할 수 있다.

6 도형 꾸미기

❶ 새 프레젠테이션을 시작하고 '빈 화면' 슬라이드를 추가한다.

❷ 슬라이드에 다음 도형을 삽입한다.

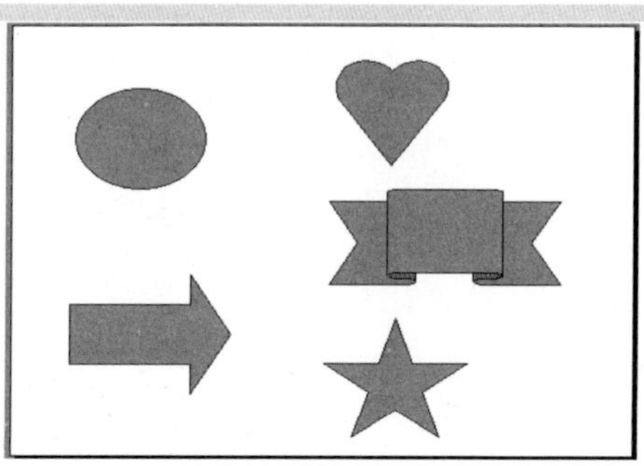

그리기 도구 모음의 선, 직사각형, 원 등의 아이콘을 한 번 클릭하면 단 한 개의 도형만을 그릴 수 있다. 연속해서 여러 개를 그리고자 한다면 해당 도형 아이콘을 더블 클릭한다.

❸ '하트'와 '별'을 선택하고 그리기 도구 모음에서 선 색을 '빨간색'으로 지정한다.

❹ 그리기 도구 모음의 [색 채우기]-[채우기 효과]를 클릭한 후 '그라데이션' 탭에서 색을 '기본 설정색' '안개'로 지정하고 [확인] 버튼을 누른다.

❺ 화살표 도형을 선택하고 그리기 도구 모음의 [그림자( )] 아이콘을 클릭

한다.

❻ [그림자 스타일 1]을 클릭한다.

❼ 화살표 도형을 선택하고 도구 모음의 [3차원()] 아이콘을 클릭한다.

❽ [3차원 스타일 1]을 선택한다.

❾ 화살표 도형을 선택하고 그리기 도구 모음의 각도를 자유롭게 [회전()] 아이콘을 클릭한다. 도형 테두리의 조절점이 사각형 모양에서 초록색 동그라미로 바뀐다.

❿ 다음 그림처럼 방향을 바꾼다.

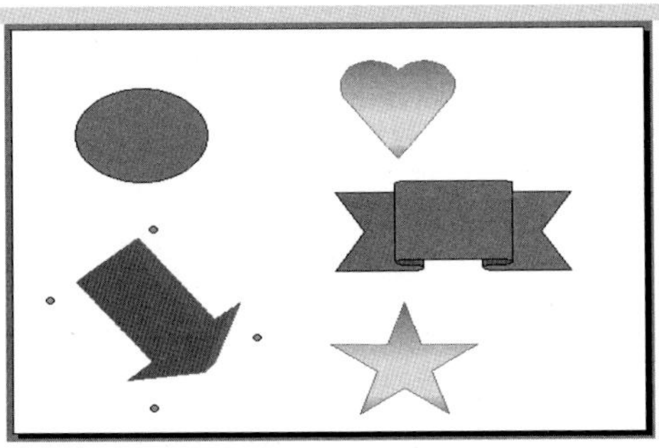

⓫ 리본 도형을 선택한 다음 마우스 오른쪽 버튼을 누르고 [텍스트추가] 메뉴를 클릭한다.

⓬ 도형에 커서가 생기면 '도형 만들기'를 입력한다.

⓭ 입력한 텍스트를 블록 설정한 뒤 글꼴을 '얕은 샘물체' 글씨크기 '36' '기울림' '굵게' 설정한다.

7 여러 도형 꾸미기

❶ 빈 화면에 다음과 같이 슬라이드를 작성하고 마우스를 드래그하여 화면과 같이 도형을 선택한다.

❷ 그리기 도구 모음의 [그리기]–[맞춤/배분]–[가운데 맞춤]을 클릭한다.

❸ '입학절차' 도형을 모두 선택하고 그리기 도구 모음의 [그리기]–[그룹]을 클릭한다.

❹ 하나로 그룹 지어진 '입학절차' 도형을 선택하고 그리기 도구 모음의 [그리기]–[그룹해제]를 클릭한다.

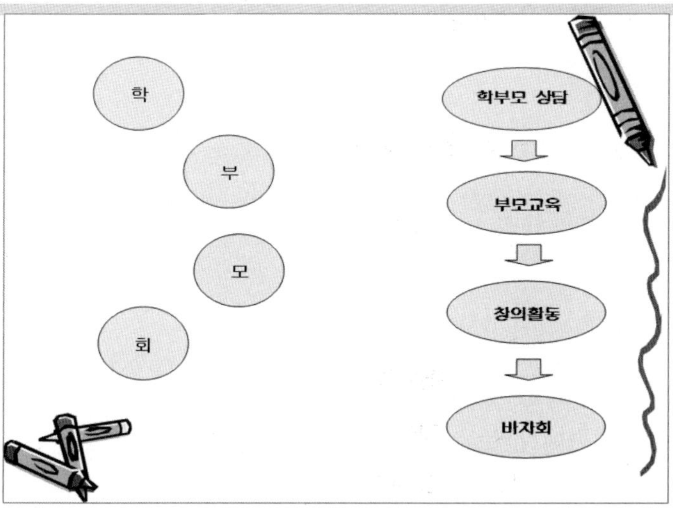

8 워드아트 삽입하기

❶ '빈 화면'에 슬라이드를 추가한다.

❷ [삽입]–[그림]–[WordArt] 메뉴를 클릭한다.

❸ [WordArt 모음집]에서 워드아트 스타일을 선택하고 [확인] 버튼을 누른다.

❹ [WordArt 텍스트 편집] 창에서 '파워포인트의 워드아트연습'을 입력하고 [확인] 버튼을 누른다.

❺ 슬라이드의 워드아트를 선택하고 [WordArt 도구모음]의 [도형( )] 아이콘을 선택하고 '물결1'을 선택한다.

(10) 슬라이드

1 슬라이드 보기

'슬라이드 보기'는 한 번에 하나의 슬라이드를 보여 주며 각각의 슬라이드를 수정할 때 사용한다.

❶ [보기] 메뉴의 [슬라이드]를 선택하거나 혹은 [화면보기] 버튼 중 [슬라이드 보기] 버튼을 누른다.

2 개요 보기

'개요 보기'는 개요 양식으로 슬라이드의 제목과 내용을 표시하여 문자열의 위치나 글꼴 등을 편집할 수 있도록 한다. [개요 보기]에서는 개요 작성을 도와줄 특별한 도구 모음이 나타나며, 현재 진행 중인 슬라이드의 축소 모형이 화면 구석에 나타난다.

❶ [보기] 메뉴의 [개요]를 선택하거나 혹은 [화면보기] 버튼 중 [개요 보기] 버튼을 누른다.

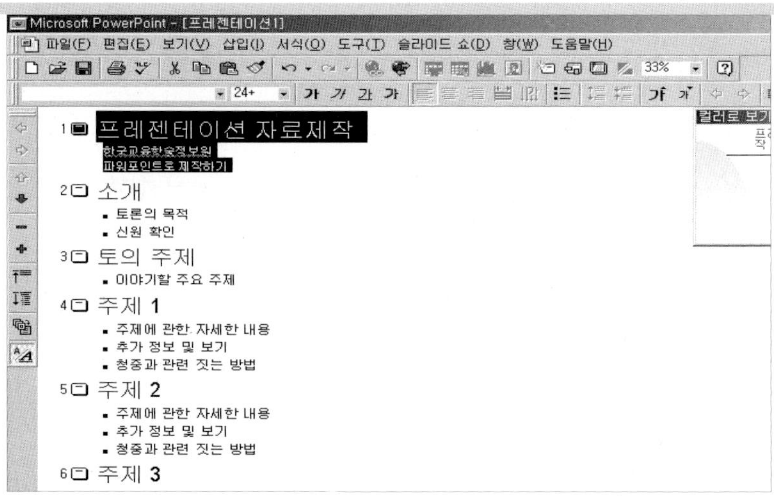

3 여러 슬라이드 보기

'여러 슬라이드 보기'는 하나의 창 안에 슬라이드의 순서에 따라 여러 개의 슬라이드를 축소하여 동시에 보여 주는 기능으로 여러 개의 슬라이드를 조직화하고, 슬라이드 사이에 변화를 주거나 슬라이드 쇼에 다른 효과를 추가할 때 사용한다. 이곳에서 슬라이드 화면 전환을 추가하면, 발표 도중에 이전 슬라이드가 다른 슬라이드로 바뀔 때 나타날 효과를 알려 주는 작은 아이콘이 나타난다.

❶ [보기] 메뉴의 [여러 슬라이드 보기]를 선택하거나 [화면보기] 버튼 중 [여러 슬라이드 보기] 버튼을 누른다.

4 슬라이드 노트 보기

'슬라이드 노트 보기'는 축소된 한 장의 슬라이드 아래에 메모나 기록을 할 수 있는 넓은 내용 상자를 보여 준다. '슬라이드 노트 보기'에서 작업할 때 더욱 쉽게 내용을 입력하기 위해서는 [확대/축소]를 선택해 원하는 만큼 내용 상자를 확대하여 사용하면 된다.

❶ [보기] 메뉴의 [슬라이드 노트 보기]를 선택하거나 [화면보기] 버튼 중 [슬라이드 노트 보기] 버튼을 누른다.

5 슬라이드 쇼

'슬라이드 쇼'는 한 번에 하나씩의 슬라이드를 프레젠테이션하며 다음 슬라이드로 이동하고자 할 때는 왼쪽 하단의 아이콘을 마우스 버튼으로 누르거나 Enter↵ 키를 눌러 이동시킨다. Esc 키를 눌러 아무 때나 '슬라이드 쇼'를 빠져나가 이전 화면으로 복귀할 수 있다.

❶ [보기] 메뉴의 [슬라이드 쇼]를 선택하거나 [화면보기] 버튼 중 [슬라이드 쇼] 버튼을 누른다.

(11) 프레젠테이션 저장하기

작성된 프레젠테이션을 다음에 활용하기 위해서는 반드시 저장하여야 한다. 저장 방법은 메뉴 이용, 단축키 이용, 표준 도구 모음 이용 등의 방법이 있다.

1 새 이름으로 프레젠테이션 저장하기

작성된 프레젠테이션을 처음 저장할 때나 새로운 이름으로 저장하고 싶을 때는 [다른 이름으로 저장] 명령을 이용한다.

❶ 메뉴 표시줄의 [파일]-[다른 이름으로 저장]을 선택하면 아래와 같이 [저장] 대화상자가 나타난다.

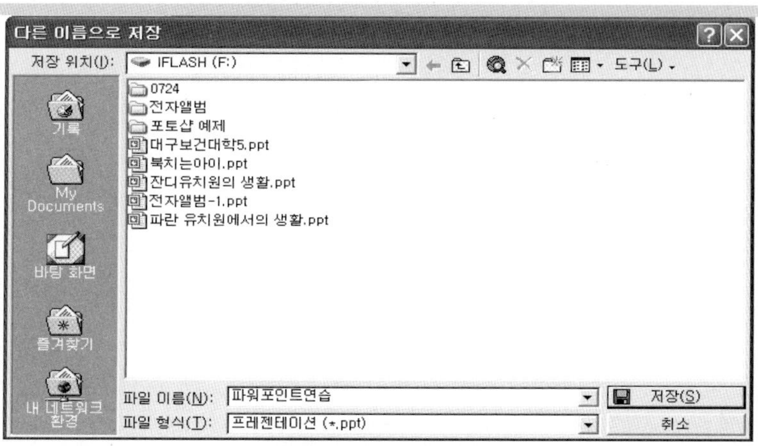

❷ [파일 이름] 상자에 새로운 프레젠테이션의 이름을 입력한다.
여기서는 프레젠테이션의 이름을 '파워포인트 연습'이라고 입력한다.
❸ [저장] 버튼을 누른다. 새로운 프레젠테이션의 이름이 제목 표시줄에 나타난다.

2 프레젠테이션을 수정한 후 저장하기

이미 저장된 프레젠테이션 파일은 수정한 후 표준 도구 모음에서 [저장] 버튼을 누르거나 Ctrl +S 단축키를 눌러 저장한다.

마지막으로 프레젠테이션 작업을 마친 후에는 파일을 닫아야 한다. 파일을 닫는 것은 더 많은 컴퓨터 메모리를 확보하는 데 도움을 준다. 프레젠테이션을 닫는 것과 파워포인트를 끝내는 것은 다르다. 프레젠테이션을 닫은 후에도 여전히 파워포인트는 가동 중이다. 프레젠테이션을 닫는 방법은 메뉴 표시줄 우측에 있는 [닫기] 버튼을 누르거나 [파일] 메뉴에서 [닫기]를 선택한다.

마지막으로 파일을 보호하기 위해서는 항상 컴퓨터를 끄기 전에 파워포인트를 끝내야 한다. 파워포인트를 끝내는 방법도 여러 가지가 있으나, 가장 간단한 방법은 제목 표시 줄에 있는 [닫기] 버튼을 누르거나 메뉴 표시 줄의 [파일] 메뉴에서 [종료]를 선택한다.

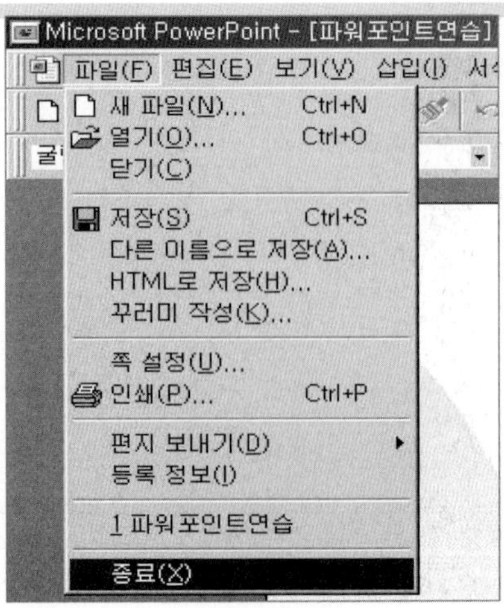

만일 [파워포인트 연습의 변경 사항을 저장하시겠습니까?]라는 대화상자가 나타나면 [예] 버튼을 누른다. 그러면 파워포인트 화면이 사라지고 종료된다.

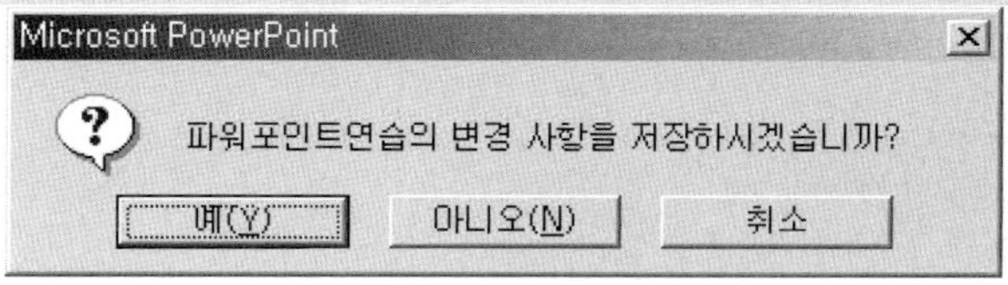

2 | 유아교육기관에서의 파워포인트 활용

유아교육기관에서 파워포인트는 교사의 수업자료, 유아 작품모음, 학부모 교육자료, 유치원 홍보물, 전자앨범 등 다양하게 여러 분야에서 활용될 수 있다. 여기에서는 이 중에서 유아 작품모음, 유치원 홍보 등에도 함께 활용할 수 있는 전자앨범 제작방법을 소개하고자 한다. 전자앨범 제작방법을 기초로 하여 파워포인트를 익힌다면 다른 수업자료 제작에서도 큰 어려움이 없을 것이다. 따라서 '수업자료'는 예시만 제시한다.

1) 전자앨범 만들기

파워포인트의 기본 사용법은 이미 알고 있으므로 내용의 직접적인 화면 제시는 하지 않고 제작과정을 중심으로 유치원에서 많이 활용되고 있는 '전자앨범'을 만드는 과정을 소개한다.

앨범은 그동안 어떻게 살아왔는가에 대한 추억 속에서 다시금 존재와 삶의 의미를 발견하고 더 열심히 보람 있게 살도록 하는 하나의 자극제다. 그런데 그동안의 앨범은 종이책으로 되어 있어 추억거리를 생생하고 다양하게 담아내는 데 제한이 많았다. 따라서 컴퓨터를 활용한 전자앨범 제작이 필요하다. 전자앨범은 이전의 종이앨범처럼 정적인 순간의 담음이 아닌 동적이며, 동영상, 오디오, 비디오 등의 기능 모두를 삽입할 수 있어 보관 면에서 종이 자체의 견고성의 한계를 극복할 수 있을 것이다.

파워포인트를 활용한 전자앨범 제작 방법을 살펴보면 다음과 같다.

(1) 표지 만들기

[1] 새 프레젠테이션 만들기

❶ 표준 도구 모음의 [저장] 버튼을 누르고 [저장] 대화상자가 나타나면 기본 설정 폴더인 [C : ₩My Documents]에 '유성유치원전자앨범'이라는 파일명을 지정하여 저장한다.

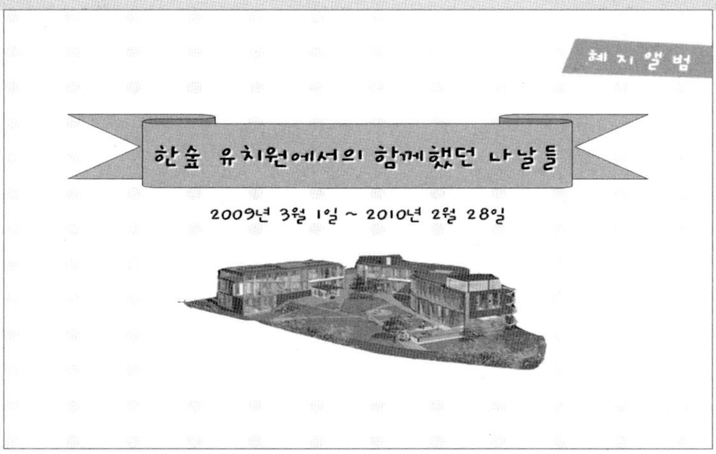

2 슬라이드 만들기

❶ 첫 번째 슬라이드가 화면에 나타난 상태에서 마우스 오른쪽 버튼을 눌러 단축 메뉴의 [바탕색]을 누르면 [슬라이드 바탕색] 대화상자가 나타난다.

❷ 바탕색 채우기 하단의 목록 화살표를 눌러 '채우기 효과'를 선택한다.

❸ [채우기 효과] 대화상자가 나타나면 [그림] 탭을 선택하고 [그림 선택]을 누른다. 그림은 슬라이드 표지에 사용할 것이므로 마음에 드는 것을 선택하거나 클립아트를 활용하여 표지를 꾸밀 수 있다.

❹ [확인]을 누른 후 [마스터에서 바탕 그래픽 생략]을 선택하고 [적용]을 누르면 선택한 그림이 배경 화면으로 삽입되는데, 주의할 것은 [모두 적용]을 누르지 않는 것이다. [모두 적용]을 누르게 되면 프레젠테이션을 구성하는 모든 슬라이드에 같은 그림이 배경으로 적용된다.

3 제목 문자열 만들기

❶ 기존의 제목 문자열을 삭제한다. 제목 문자열 개체를 선택한 다음 빗금 테두리 부분을 마우스로 선택하고 Delete 키를 누르면 제목 문자열 개체가 삭제된다.

❷ 그리기 도구 모음 [WordArt 삽입] 버튼을 누르면 [WordArt Gallery] 대화상자가 나타난다. 다양한 디자인의 유형이 보이면 사용할 유형을 선택한 후 [확인] 버튼을 누른다. [WordArt 문자열 편집] 대화상자가 나타나고 반전되어 있는 '문자열을 입력하십시오' 부분에 '동심유치원 졸업앨범'이라고 입력한다.

4 그림 삽입하기

❶ 메뉴 표시줄 [삽입] 메뉴에서 [그림]-[그림 파일]을 선택한다.

❷ [그림 삽입] 대화상자에서 그림이 있는 폴더로 이동한 다음 그림을 선택한다. 미리 보기 창에 그림이 나타나면 확인하고 [삽입] 버튼을 누른다.

❸ 삽입된 그림은 원래 크기로 제목과 어울리지 않으므로 크기 조절 핸들로 크기를 줄인다. 삽입된 그림을 제목의 왼쪽에 어울리도록 위치시킨다.

(2) 하이퍼링크 만들기

프레젠테이션이 완성되어 슬라이드 쇼를 진행할 때 슬라이드 목차에서 만든 3개의 항목을 마우스로 누르면 특정 슬라이드의 내용이 바로 나타나도록 실행을 설정할 수 있는데, 이를 '하이퍼링크를 설정한다'고 한다. 설정방법은 다음과 같다.

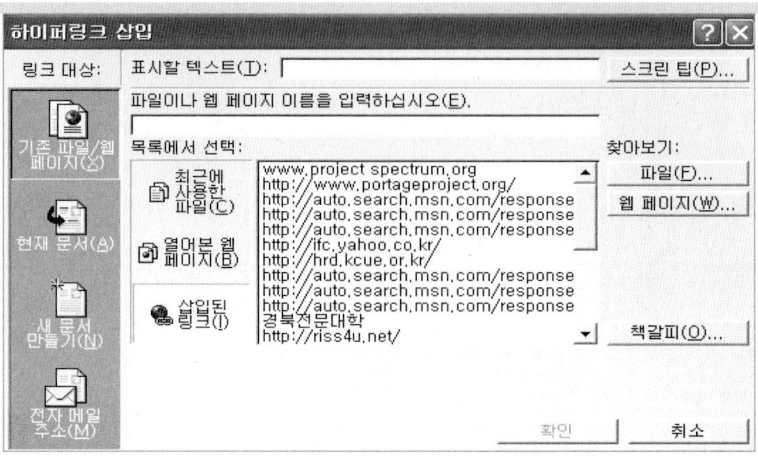

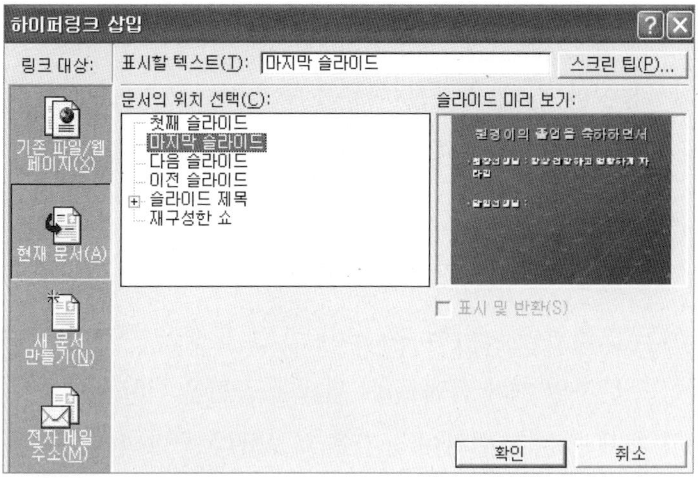
하이퍼링크 삽입
링크 대상:
표시할 텍스트(T): 마지막 슬라이드
스크린 팁(P)...
기존 파일/웹 페이지(X)
현재 문서(A)
새 문서 만들기(N)
전자 메일 주소(M)
문서의 위치 선택(C):
첫째 슬라이드
마지막 슬라이드
다음 슬라이드
이전 슬라이드
슬라이드 제목
재구성한 쇼
슬라이드 미리 보기:
표시 및 반환(S)
확인
취소

목 차
교육목표
원훈
원가
원장선생님 말씀
교사소개
우리를 위해 수고해주시는 분들
유치원에서의 생활
달빛 반
혜지의 사진첩
혜지의 작품
클릭클릭
클릭클릭
클릭클릭

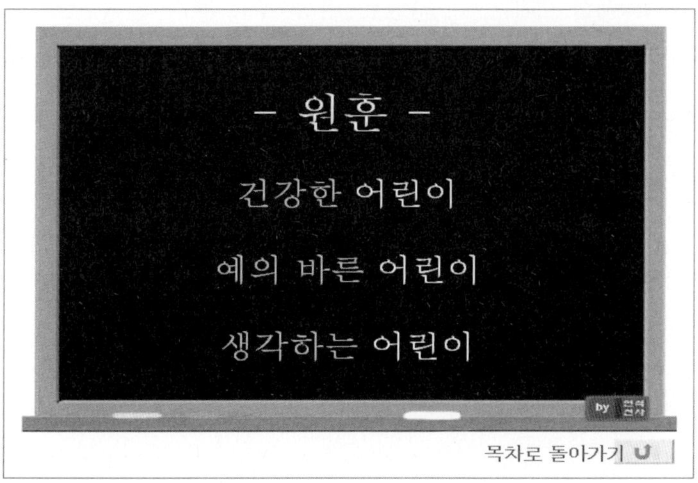
- 원훈 -
건강한 어린이
예의 바른 어린이
생각하는 어린이
목차로 돌아가기

(3) 개체 추가하기

프레젠테이션이란 결국 의도한 내용을 효과적으로 전달하기 위한 것이며 최대의 효과를 얻기 위해서는 시청각 효과를 적극적으로 활용해야 한다.

1 슬라이드에 도형 추가하기

❶ 슬라이드를 화면에 나타낸 후 슬라이드에 도형을 추가하기 위해서 기존 슬라이드 문자열 개체 틀을 줄여 필요한 공간을 확보해야 한다.

❷ 문자열 개체 틀을 조절하여 공간을 확보했다면 그리기 개체를 삽입하기 위한 그리기 도구 모음의 [도형]을 선택한다.

❸ 메뉴에서 [별/현수막]을 누르면 부 메뉴가 나타나고 도형 [수평으로 말린 두루마리]를 선택한다.

❹ 마우스 포인터를 메뉴 밖으로 이동하면 '+'모양으로 바뀐다. 확보한 빈 공간에 포인터를 위치시키고 마우스를 드래그한 후 적당한 크기가 되면 마우스 버튼을 해제한다.

❺ 그리기 도구 모음에서 [색 채우기] 옆의 화살표를 눌러 개체의 색을 변경한다. 원하는 색이 색 목록에 없다면 [기타]를 눌러 색 구성표를 선택하면 된다. 마찬가지로 [선 색]에서 개체의 테두리 색을 변경한다.

❻ 삽입된 그리기 개체 틀의 모양을 변경한다. 크기 조절 핸들 외에도 작은 마름모꼴 노란색 조절 핸들이 있는데, 이것은 2차원 비율을 변경하는 것이다.

❼ 개체 틀을 선택한 후 Ctrl 키를 누르면 마우스 포인터가 복사 모양으로 바뀔 것이다. 복사하고자 하는 위치로 드래그한 후 마우스 버튼을 놓으면 복사가 된다.

2 그리기 개체에 문자열 추가하기

❶ 첫 번째 그리기 개체를 마우스 오른쪽 버튼으로 누르면 단축 메뉴가 나타난다.

❷ [문자열 추가] 메뉴를 선택한다. 그리기 개체에 삽입 포인터가 나타나 깜빡인다.

❸ 왼쪽 내용과 상응하는 간략한 내용을 입력한다.

❹ 슬라이드의 여백을 누르면 개체 틀의 선택이 해제된다. 차례로 다른 그리기 개체 틀에 문자열을 입력한다.

❺ 첫 번째 두루마리 개체 틀을 누르고 Shift 키를 누른 상태로 나머지 개체 틀을 선택한 후 모두 선택된 다음 그리기 도구 모음의 [그리기] 메뉴를 누른다.

❻ 그리기 메뉴가 나타나면 [맞춤/배분]을 누르고 부 메뉴에서 [가운데 맞춤]을 선택한다.

❼ 두루마리 개체가 정렬된다.

❽ 개체가 선택된 상태에서 그리기 도구 모음의 [글꼴 색]을 누르면 개체 틀의 문자열이 잘 보이도록 글꼴 색이 변경된다.

❾ '유치원 교육 활동' 그리기 개체의 실행 설정을 7번 슬라이드로 지정하고 '특성화 교육' 애니메이션 그리기 개체는 8번 하이퍼링크 슬라이드로 지정한다.

❿ 7, 8번 슬라이드에서 6번 슬라이드로 돌아오는 [실행] 버튼을 만들어 넣는다.

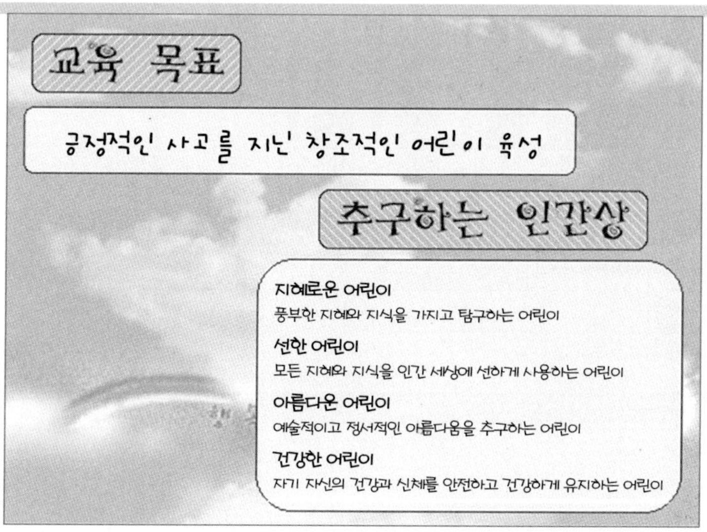

(4) 차트 삽입과 표 작성하기

차트는 정보를 수치 데이터화하여 그래프로 일목요연하게 보여 주기 때문에 정보 전달 효과가 뛰어나며 엑셀 등과 데이터를 공유함으로써 효율적인 프레젠테이션을 만들 수 있다. 파워포인트에서 제공하는 차트를 삽입해 보도록 한다.

[1] 차트 삽입하기

❶ 차트를 슬라이드에 삽입하기 위해서 차트 구성 슬라이드를 새로 삽입할 수도 있으나 슬라이드에 직접 차트를 삽입하도록 한다. 문자열은 필요 없으므로 문자열 개체 틀을 잘라낸다.

❷ 표준 도구 모음의 [차트 삽입] 버튼을 누른다.

❸ 예제 데이터시트와 함께 차트가 삽입되며 그래프의 색상은 프레젠테이션의 색구성표에 따른다.

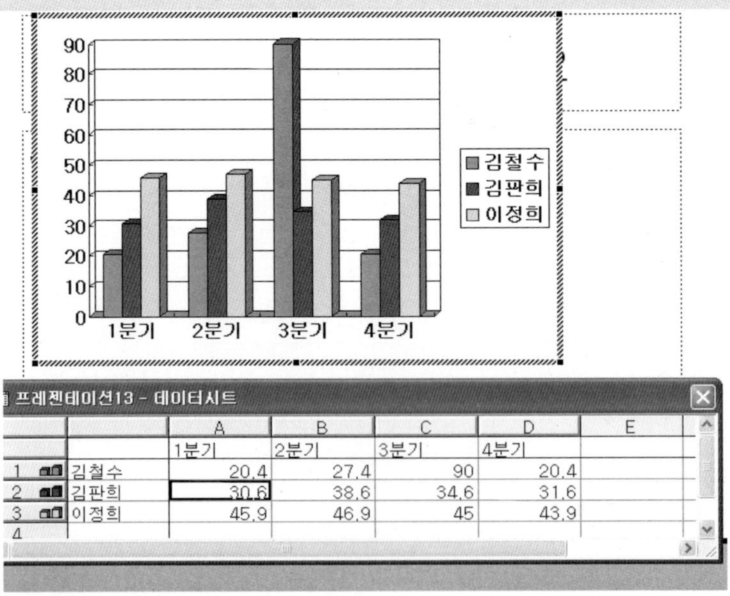

2 표 삽입하기

표는 정보를 간결하게 표현하는 유용한 기능이다. 파워포인트는 워드와 표를 공유한다. 내용 구성 마법사를 이용해 표를 가진 슬라이드를 삽입할 수도 있지만 표준 도구 모음의 [Microsoft Word 표 삽입] 버튼으로 기존 슬라이드에 표를 삽입한다.

❶ 4번 슬라이드로 이동하여 필요 없는 문자열 개체 틀을 삭제하고 표준 도구 모음의 [Microsoft Word 표 삽입] 버튼을 누른다.
❷ 포인터를 드래그하여 가로 4칸, 세로 4칸의 표를 만든다.
❸ 표가 슬라이드에 삽입되면 크기 조절 핸들을 드래그하여 크기를 늘인 후 데이터를 입력한다.
❹ 이 표는 실제로는 워드에서 작성된 것으로 워드에서처럼 서식을 설정하도록 하고 표의 간격을 조절한 후 그림처럼 표의 크기를 줄이고 슬라이드에 배치시킨다.
❺ 표가 선택된 상태에서 메뉴 표시줄의 [표] 메뉴를 누른다.
❻ 부 메뉴에서 '자동 서식'을 누르면 [자동 서식] 대화상자가 나타난다.
❼ 서식에서 '현대형'을 선택하고 [확인] 버튼을 누른다. 마우스로 서식을 지정할 문자를 드래그하여 선택한 후 서식 도구 모음에서 정렬, 포인트 등을 변경한다.
❽ 3번 슬라이드로 돌아가는 실행 버튼과 다음 슬라이드로 넘어가는 실행 버튼을 각각 복사하여 붙여넣기를 한다.

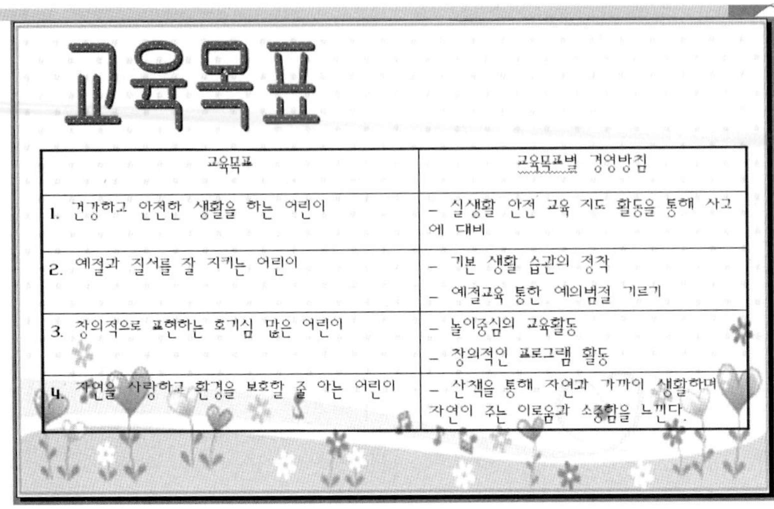

(5) 고급 그리기를 이용한 조직도 만들기

조직도란 유치원 교사 현황 등 단체 조직의 구조를 일목요연하게 정리하여 전달할 수 있는 효과적인 개체 틀이다. 조직도를 만드는 방법은 다음과 같다.

1 조직도 만들기

❶ 그리기 도구 모음의 [도형]을 누르고 [기본도형]-[액자]를 선택한다

❷ 마우스 포인터를 드래그하여 적당한 크기가 되도록 조절한 후 버튼을 해제한다.

❸ 메뉴 표시줄의 [서식]을 선택하고 [도형]을 누르면 [도형 모양 서식] 대화상자가 나타난다.

❹ [채우기 효과] 대화상자를 연다.

❺ [채우기 효과] 대화상자의 [변화] 탭에서 색은 '회색', 밝기는 '밝게', 유형은 '수평'을 선택하고 [확인]을 누른 후 [도형 모양 서식] 대화상자에서 [확인] 버튼을 누른다.

❻ 삽입된 도형을 오른쪽 마우스 버튼으로 눌러 단축 메뉴를 호출하고 [문자열 추가]를 선택한 후 글꼴은 '굴림', 포인트는 '24', 유형은 '보통', 글

꼴 색은 '검정'으로 하고 '유아'라고 입력한다.

❼ 만들어진 도형을 Ctrl 키를 누르고 선택하면 복사 포인터가 보인다. 드래그하여 2개의 도형을 추가한 다음 각각 '교사' '학부모'라고 문자열을 수정한다. 그림은 3개의 도형을 선택하여 수평으로 배분하고 아래쪽으로 이동시킨다.

❽ 활동 도형 위쪽으로 제목 도형을 만들기 위해 둥근 직사각형을 선택한 후 문자열 '유치원운영위원회'를 입력하고 유형은 '굵게', 포인트는 '32'를 적용한다.

❾ 마찬가지의 방법으로 활동 아래쪽에 주체 도형을 넣은 후 문자열은 '24' 포인트를 준다.

❿ 이제 각 도형에 3차원 설정을 적용시키는 데 각 도형별로 지나치게 다른 효과를 주면 깔끔하지 못한 인상을 준다. 그리기 도구 모음의 [3차원]-[3차원 설정]을 눌러 3차원 설정 도구 모음을 나타낸다.

⓫ 여러 개의 개체를 선택하기 위해 Shift 키를 누르고 주체 도형을 선택하면 3차원 설정 도구 모음의 [3차원 적용/해제]와 방향 버튼 등이 활성화된다.

⓬ [3차원 적용/해제] 버튼을 누르고 3차원 색은 목록에서 '강조색'을 사용하여 3차원 같은 효과를 준다.

⓭ 도형의 3차원 효과를 완료하였다. 활동 도형의 경우 3차원 설정이 불필요하므로 3차원 설정 도구가 활성화되지 않는다.

⓮ 이제 도형들을 연결선으로 연결한다. 그리기 도구 모음의 [도형]-[연결선]을 누르고 목록에서 [구부러진 화살표 연결선]을 선택한다.

⓯ 주체 도형에 마우스 포인터를 가져가면 꼭지점에 파란 점이 생기고 포인터는 연결선 모양으로 변한다. 누르고 연결할 도형에 드래그하여 버튼을 해제하면 된다. 선의 굵기와 색 등은 그리기 도구 모음을 이용하면 된다.

(6) 동화상 및 소리 삽입하기

프레젠테이션에서 움직이는 그림과 소리를 넣으면 더욱 생동감 있는 효과를 낼 수 있다. 그러나 동화상과 소리 파일은 상대적으로 차지하는 양이 커서 나중에 꾸러미 파일을 만들 때 부담이 된다는 단점이 있다. 프레젠테이션의 성격에 맞는 동화상과 소리는 직접 제작해야 하지만 통신망의 공개자료실이나 인터넷 멀티미디어 포럼 등에서도 구할 수 있다.

1 동화상 삽입하기

❶ 문자열 입력란은 사용하지 않을 것이므로 삭제한다.

❷ 메뉴 표시줄의 [삽입]-[동화상/소리]를 누르고 부 메뉴에서 [동화상 모음집]을 선택한다. 만일 하드디스크나 다른 디스크의 동화상을 원한다면 [동화상 파일]을 누르면 된다.

❸ Microsoft Clip Gallery가 20개의 비디오 파일을 미리 볼 수 있도록 목록을 보여 주고 대화상자 하단에 비디오 중심어가 있어 동화상의 내용을 간략하게 설명하고 있다. 갤러리에서 동화상을 보려면 동화상을 선택한 다음

[재생] 탭을 누르면 된다.

❹ 원하는 동화상을 선택한 다음 [삽입]을 누르면 슬라이드에 동화상이 삽입되며 크기 조절 핸들을 이용하여 적당한 크기로 조절한다.

❺ 삽입된 동화상 개체를 마우스로 더블 클릭하여 동화상을 재생시켜 본다. 만약 재생되지 않으면 윈도의 매체재생기를 점검한다.

❻ 동화상을 오른쪽 마우스 버튼으로 눌러 단축 메뉴를 호출한 후 [동화상 개체 편집] 버튼을 누르고 [재생 옵션] 대화상자가 나타나면 반복재생, 동화상 자동 재감기를 모두 선택한 후 [확인] 버튼을 누른다. 이 옵션은 슬라이드 쇼 중에 동화상이 계속 반복 재생되도록 명령을 준 것이다.

2 소리 파일 삽입하기

소리 파일을 삽입하는 것은 기본적으로 동화상을 삽입하는 것과 같으며 삽입되는 소리는 슬라이드에 표현된 내용과 같게 직접 소리 파일을 녹음하여 사용하되 너무 거칠거나 요란해서 슬라이드 내용 전달에 방해가 되지 않도록 한다.

❶ [삽입]-[동영상소리]-[소리 모음집]을 누른다. 다른 디스크에 위치한 소리 파일은 [소리 파일]을 선택한다.

❷ [Microsoft Clip Gallery] 대화상자의 소리 탭이 선택되고 소리 목록이 스피커 아이콘으로 나타나며 동화상과 마찬가지로 대화상자에서 [재생] 탭을 눌러 소리를 직접 확인한다. 여기서는 'Spkgliss'라는 소리 파일을 선택한다.

❸ [삽입]을 누르면 슬라이드에 스피커 아이콘이 생성되고 아이콘을 누르고 조절핸들로 크기를 조절한 다음 화면 왼쪽 하단으로 이동시킨다.

❹ 스피커 아이콘을 더블 클릭하여 소리가 정상적으로 재생되는지 확인해 보고 만약 소리를 들을 수 없다면 시스템에 사운드카드가 제대로 설치되어 있지 않거나 설정이 잘못된 것이므로 제어판에서 설정을 바로잡는다.

❺ 동화상과 마찬가지로 오른쪽 마우스 버튼을 클릭하여 단축 메뉴를 호출

해서 [소리 개체 편집]을 누르면 재생 옵션을 설정할 수 있고 반복 재생을 원하는 경우 [반복 재생]을 누른다.

(7) 애니메이션 효과 넣기

파워포인트가 제공하는 애니메이션 효과는 소리, 문자열, 개체의 움직임, 동영상 등 모든 개체에 적용할 수 있으므로 현재까지 만들어진 슬라이드에 애니메이션 효과를 추가하여 생동감 넘치는 프레젠테이션을 만들어 본다. 이는 슬라이드 쇼가 진행될 때 청중의 시선을 집중시킬 수 있는 효과적인 방법이다.

❶ 1번 표지 슬라이드로 이동하여 메뉴 표시줄의 [슬라이드 쇼]–[애니메이션 사용자 정의]를 선택하거나 제목 개체 틀을 오른쪽 마우스 버튼으로 눌러 단축 메뉴를 호출하고 [애니메이션 사용자 정의]를 누른다.

❷ 「애니메이션 사용자 정의」 대화상자가 나타나면 [시간] 탭을 누르고 '문자열1' 'WordArt : 물결2' '그림 틀3' '문자열4' 등을 Shift 키나 Ctrl 키를 누르고 마우스로 선택한다.

❸ [애니메이션 시작] 항목에서 [애니메이션]을 선택하고 [자동시작]을 선택하고 [애니메이션 순서] 항목에서 [WordArt → 그림 틀 → 문자열 1 → 문자열 2]가 되도록 바꾸어 화면에 나타나는 순서를 정한 후 미리 보기를 누르면 적용하기 전에 애니메이션을 미리 볼 수 있다.

❹ [효과] 탭을 누르고 '애니메이션 순서' 항목에서 효과를 줄 개체를 선택한 다음 화면에 나타나는 효과, 소리, 문자열 드러내는 방법, 애니메이션 효과를 수행한 뒤의 화면 등을 지정하여 모든 개체에 동일한 효과를 줄 수도 있고 각각 다른 효과를 줄 수도 있다. 여기서는 WordArt 개체와 그림 개체에 Camera 소리 효과를 넣고 화면에 나타나는 방법은 각각 다르게 한다.

❺ 미리 보기를 통해 충분히 검토한 후 [확인]을 누른다.

❻ 프레젠테이션의 각 슬라이드 개체에 다음과 같은 애니메이션 효과를 준다. 제목 개체 틀은 '애니메이션 및 소리' 항목의 '아래쪽에서 슬며시',

'문자열 드러내기'는 '한꺼번에', 문자열 상자는 '오른쪽 아래 띠 모양으로', 실행 버튼은 '상자형으로 펼치기' 등과 같은 애니메이션 효과를 준다.

❼ 6번 슬라이드의 세 개의 두루마리 개체는 '나선 모양으로'를 선택한다.

❽ 차트 슬라이드는 '차트 효과' 탭에서 '차트 구성 요소 드러내기' 항목–'시리즈 구성 요소별로'를 선택하여 차트의 그래프가 같은 종류별로 순차적으로 나타나는 효과를 준다. '애니메이션 및 소리'는 '나타내기'로 설정한다.

❾ 조직도 슬라이드의 도형과 연결선은 모두 '확대' 효과를 준다.

❿ 소리와 동화상이 삽입된 슬라이드의 매체 개체에도 애니메이션 효과를 준다. 마우스로 누르면 실행되며 실행 중에는 슬라이드 쇼가 일시적으로 멈추게 설정한다. 화면상의 어느 곳이든 한 번만 눌러도 실행되도록 설정한다.

⓫ 10번 슬라이드는 '감사합니다'라는 Word Art를 삽입하고 개체에 '회전시키기' 애니메이션 효과를 준다.

(8) 예행연습과 슬라이드 미터/화면 전환 옵션 설정

슬라이드 예행연습은 각각의 슬라이드가 화면에 나타나 소요되는 시간을 측정해 전체 프레젠테이션의 진행 시간을 계산하고 모든 개체의 정보가 충분히 전달되도록 시간을 재조정하는 기능으로 자동으로 실행되도록 설정한 프레젠테이션의 경우 필수적인 작업이다.

1 슬라이드 예행연습과 슬라이드 미터

❶ 여러 슬라이드 보기 상태로 전환한다.

❷ 메뉴 표시 줄의 [슬라이드 쇼]–[예행연습]을 선택한다.

❸ 슬라이드 쇼가 실행되고 화면 우측 하단에 [예행연습]대화상자가 나타난다.

❹ 슬라이드의 내용이 충분히 전달되었다고 생각되면 [진행] 버튼을 마우스로 누르고 [슬라이드 시간을 기록해 사용하겠는가]라는 확인 상자가 나타나면 [예]를 누른다. 또 [여러 슬라이드 보기로 시간을 검토하시겠습니까?]라고 물으면 [예]를 눌러 여러 슬라이드 보기로 복귀한다.

❺ 여러 슬라이드 보기에서 각 슬라이드 아래에 소요 시간이 표시되어 있는 것을 볼 수 있다.

❻ 슬라이드 쇼를 실행시키고 오른쪽 마우스 버튼을 눌러 단축 메뉴를 호출한 후 [슬라이드 미터]를 누른다. 슬라이드 미터는 슬라이드 예행연습에 소요되는 시간을 그래프로 나타내 슬라이드가 적절한 시간으로 진행되는지 판단할 수 있게 해 준다.

[2] 화면 전환 옵션 설정

화면 전환이란 작성해 둔 여러 장의 슬라이드를 한 장 한 장 넘길 때 나타나는 특수효과를 지정하는 기능이며 화면 전환을 설정할 때 슬라이드 하나하나에 효과, 화면전환, 소리를 지정한다. 앞에서 수행한 예행연습과 슬라이드 미터를 참조하여 시간을 설정한다.

❶ 1번 슬라이드로 이동하고 [슬라이드 쇼]-[화면 전환]을 선택한다.

❷ [화면 전환] 대화상자가 나타나면 화면 전환에 쓰일 효과를 설정하되 모

든 슬라이드가 [상자형으로 펼치기]로 열리도록 통일한다. 단, 하이퍼링크된 슬라이드가 있고 시간 설정이 각각 다르므로 [적용]을 누른다. 슬라이드 표지는 '상자형으로 펼치기' '보통' 빠르기로, 마우스를 누르거나 10초 후 자동으로 다음 슬라이드로 이동하며 카메라 셔터 소리를 삽입한다.

❸ 2번 슬라이드는 목차 슬라이드로 하이퍼링크를 마우스로 클릭하기 전에는 아무 변화가 없도록 설정한다.

❹ 3번 슬라이드는 예행연습에서 설정된 대로 14초 후에 자동으로 다음 슬라이드로 이동하도록 설정한다.

❺ 나머지 슬라이드에도 적절한 화면 전환 옵션을 설정하도록 한다.

(9) 프레젠테이션 맞춤법과 유형 검사하기

지금까지 만든 프레젠테이션은 기본적으로 완성되었으므로 검토와 오류 수정을 한다. 이는 프레젠테이션의 단어와 전자 사전의 단어를 비교하여 단어의 오기(오타)를 수정하는 검토 과정으로 기능은 다른 워드프로세서의 맞춤법 검사 기능과는 약간 다르다. 워드프로세서의 맞춤법 검사 기능이 잘못 사용한 단어나 문장 오류의 수정을 권장하는 반면 파워포인트의 맞춤법 검사 기능은 단순히 사용자가 잘못 쓴 문자(오타)에 한해서만 수정을 권장한다. 이 기능을 사용하려면 옵션의 [맞춤법] 탭에서 맞춤법 검사 기능을 체크해 두어야 한다. 맞춤법 검사 기능으로 맞춤법 오류를 점검, 수정한다.

1 프레젠테이션 맞춤법 검사하기

❶ 슬라이드 보기 상태에서 표준 도구 모음의 [맞춤법 검사] 버튼을 누른다.

❷ [맞춤법 검사] 대화 상자가 나타난다.

❸ 잘못된 단어가 '사전에 없음' 항목에 표시되고 바꿀 단어에 새 단어가 제안된다. 추천 단어에는 파워포인트가 인식한 사전에서 추천할 단어가 표시된다. '추천 단어 없음'이 표시될 수도 있다. 바꿀 단어에서 직접 새 단어를 입력할 수 있고, 입력이 정확하다고 판단되면 [무시]를 눌러 다음

단어로 넘어간다.

❹ 계속 맞춤법 기능을 수행하고 [닫기] 버튼을 누른다.

❺ 고유 명사나 비표준어를 사용해야 할 경우 자동 맞춤법 검사 기능은 이러한 단어를 항상 오기로 인식해서 붉은 밑줄을 긋는다. 이것을 피하려면 [맞춤법 검사] 대화상자에서 오기로 인식된 단어를 [추가] 버튼을 눌러 추가하면 된다.

❻ 파워포인트에는 직접 다른 사전을 추가할 수 없다. 추가할 사전에는 보통 Custom.Dic이라는 사전이 표시된다. 다른 사전을 추가하여 더욱 정확한 맞춤법 검사 기능을 수행하려면 MS 워드에서 사용자 사전을 추가해야 한다. 워드를 실행시킨 후 [도구] 메뉴의 [옵션]–[맞춤법/영문법 검사] 탭에서 [사용자 사전]에 다른 사전을 추가한다.

2 유형 검사 실시하기

유형 검사는 맞춤법 기능을 포함하여 보편적인 디자인 오류를 교정하는 데 도움을 준다. 글꼴 크기, 글꼴 수, 단어 수, 서식 등 사용자가 알지 못했던 오류를 개선할 방법을 제시해 준다. 옵션을 지정하는 데 소홀하면 원치 않는 부분까지 변경될 수 있으므로 옵션 설정에 주의한다.

❶ 메뉴 표시줄의 [도구]–[유형 검사]를 누른다.

❷ [유형 검사] 대화상자가 나타나는데, 이때 유형 검사의 속도를 빠르게 하려면 맞춤법 검사 기능의 체크를 해제한다.

❸ [옵션]을 누른다. [옵션] 대화상자는 현재의 옵션 설정 값을 나타내는데, [서식 검사] 탭을 눌러 모든 항목을 체크하고 설정 값을 사용자 정의한 다음 [확인]–[시작]을 누른다.

❹ 「유형 검사」 대화상자에 오류로 인식된 내용이 표시된다. 오류를 확인하고 필요하다면 변경하고 아니면 무시한다.

❺ 유형 검사가 끝나면 [유형 검사 요약 정보] 대화상자가 나타난다. 이것은 전체 슬라이드의 서식 검사, 대/소문자 및 문장 종결 부호 등에 대한 검

사 결과를 요약해서 보여 준다.

(10) 프레젠테이션 미리보기와 인쇄

프레젠테이션 작성 과정을 모두 마쳤으므로 유인물과 슬라이드 노트를 인쇄해 최종 점검을 한다. 미리 보기와 인쇄를 모두 흑백으로 처리하는 것이 좋은데, 이는 청중에게 전달되는 흑백 유인물에 컬러 프레젠테이션의 내용이 제대로 전달되는지 검토할 수 있기 때문이다.

1 슬라이드를 흑백으로 미리보기

❶ 슬라이드 보기 상태로 전환하여 1번 슬라이드로 이동한 후 표준 도구 모음에서 [흑백 보기] 버튼을 누른다.

❷ 슬라이드에 변화는 없고 바탕 그래픽이 생략되고 흑백으로 보이게 된다. 이때 컬러 보기 창은 변하지 않으나 기존의 디자인 서식 그래픽이 바탕에 깔려 있다면 다음처럼 수행한다.

❸ [서식] 메뉴에서 [바탕색]-[마스터에서 바탕 그래픽 생략] 체크-[모두 적용]을 누른다.

❹ 각 슬라이드로 이동하면서 흑백으로 유인물을 인쇄했을 때 내용이 잘 전달되는지 확인한다.

2 흑백 유인물 인쇄하기

바탕 그래픽이 생략된 상태로 유인물을 인쇄하면 한쪽에 3개의 슬라이드가 인쇄된다. 인쇄할 때 주의할 점은 표준 도구 모음의 인쇄 버튼을 누르지 말고 [파일] 메뉴에서 [인쇄]를 눌러 인쇄를 설정해야 한다. 이는 표준 도구 모음의 인쇄 버튼이 인쇄 환경 설정 없이 바로 인쇄에 들어가기 때문이다.

❶ 메뉴 표시줄의 [파일] 메뉴를 누르고 [인쇄]를 누른다.
❷ 인쇄 대상 목록 상자를 눌러 [유인물(한쪽에 3슬라이드)]를 선택한다.
❸ 흑백으로 인쇄 옵션을 체크한다.
❹ 프린터 설정이 제대로 되어 있는지 확인한 후 원하는 매수를 지정하고 [확인]을 누른다.
❺ 인쇄물을 확인한다. 같은 방법으로 슬라이드 노트를 인쇄한다. 인쇄 대상 목록 상자에서 [설명문 쪽]을 선택하고 나머지 선택은 동일하다. 인쇄를 마치고 인쇄물을 확인한 후 프레젠테이션 작성의 모든 과정이 끝났으므로 안전하게 저장한다.

위와 같은 사항에 유의하여 전자앨범을 만들어 보자. 전자앨범의 구성은 표지, 원훈, 유치원의 상징물(상징마크, 원화, 원목), 유치원 교육목표, 원장선생님 졸업과 관련한 인사말, 교사소개, 유아를 위해 수고하시는 분들 소개, 원내 활동, 영역별 활동소개, 행사, 학부모회 활동, 내 친구, 나의 작품, 유아에게 남기고 싶은 말(원장선생님, 교사, 친구들) 등으로 작성할 수 있다. 각 원의 특성에 따라 창의적으로 작성하는 것이 유아에게 오랫동안 기억될 수 있는 앨범이 될 것이다.

예시

전자앨범 [1]

상징
교육목표
원장선생님말씀
교직원 소개
봄) 입학식
봄소풍
오늘은 우리세상!!
골라요 골라~
Happy birthday to you

19

20

21

22

23

24

25

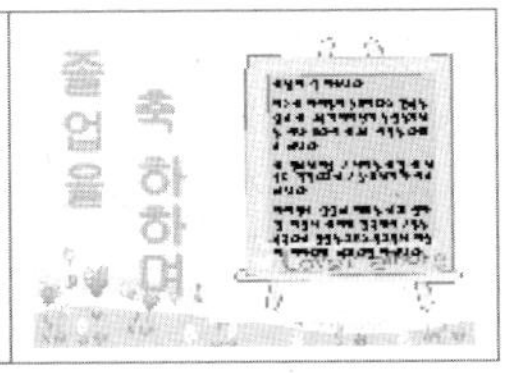

26

전자앨범 [2]

1

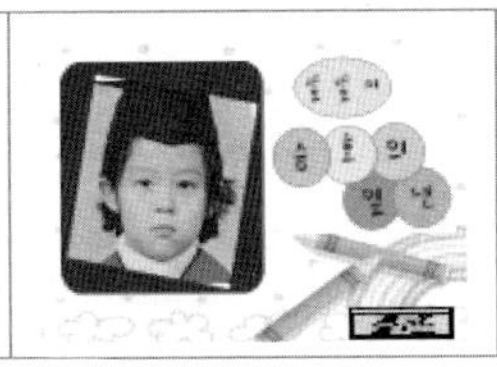
2

3

4

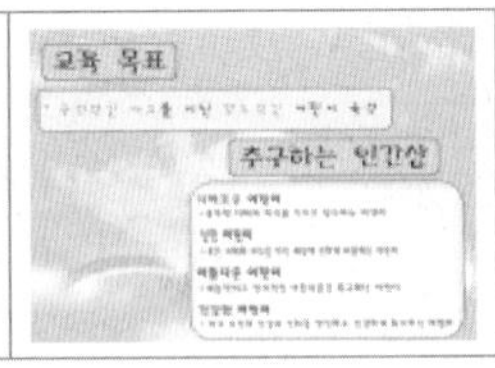

5

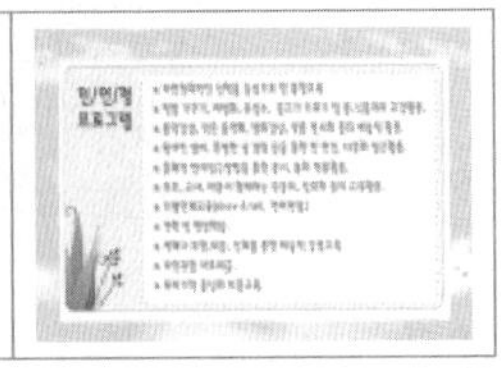
6

7

8

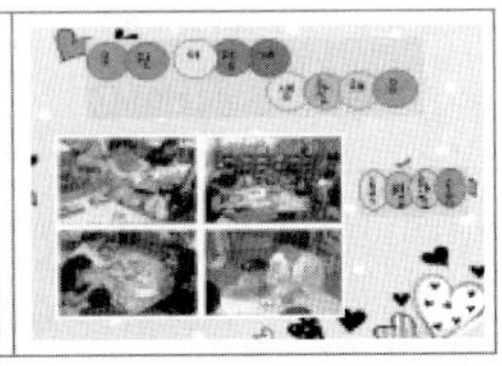
9

10

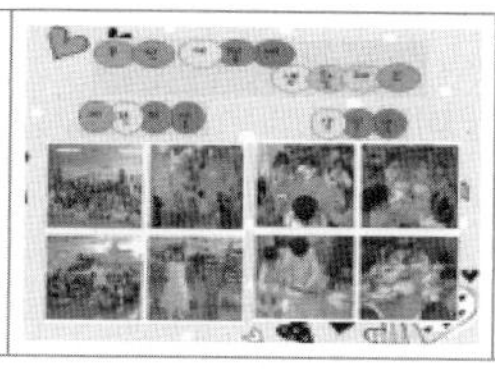
11

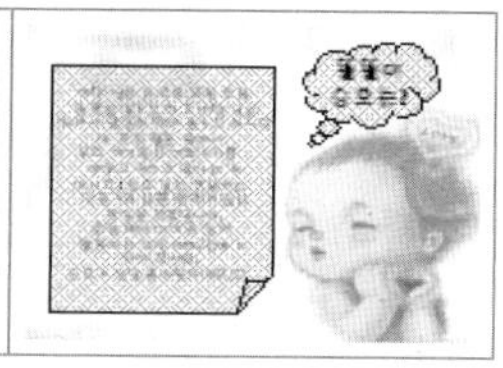
12

13

14

15

16

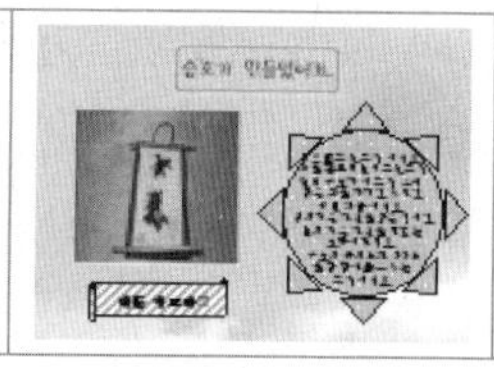

17

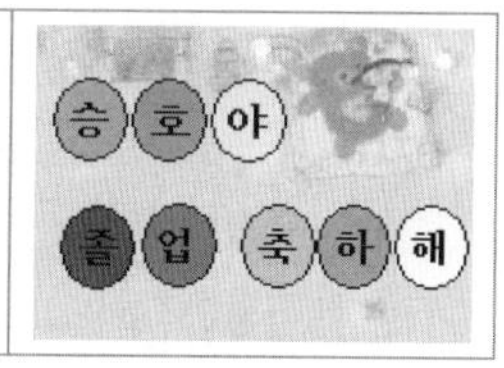

18

전자앨범 [3]

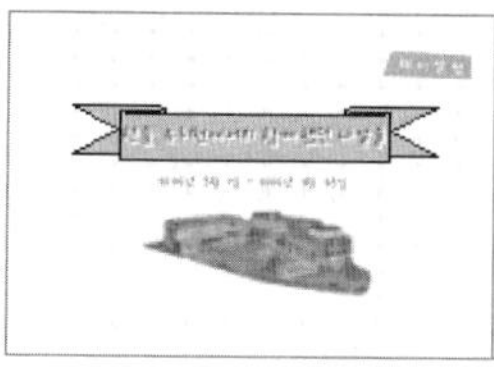
1

2

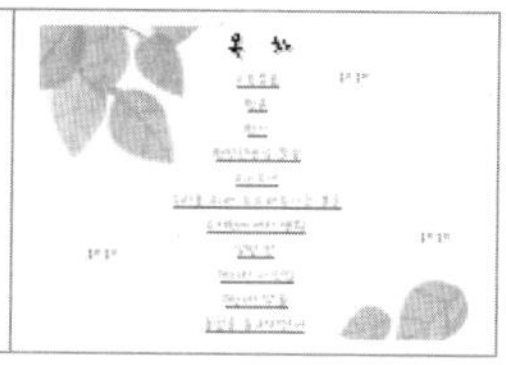
3

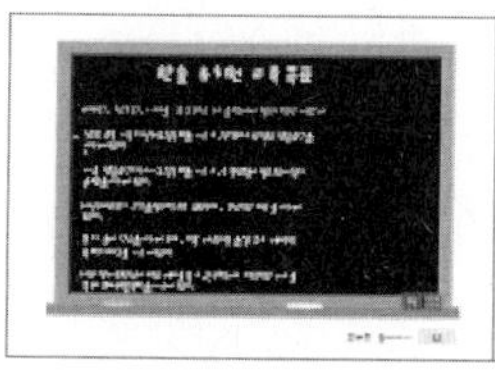
4

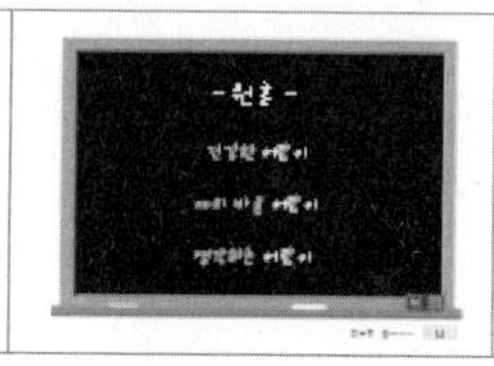
5

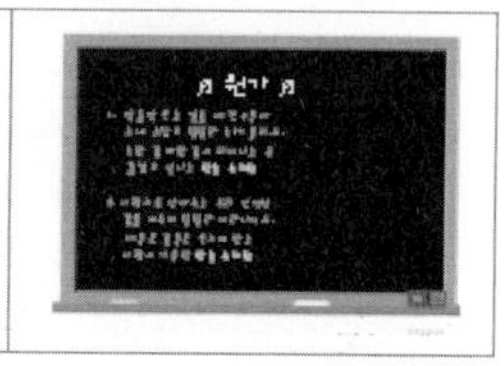
6

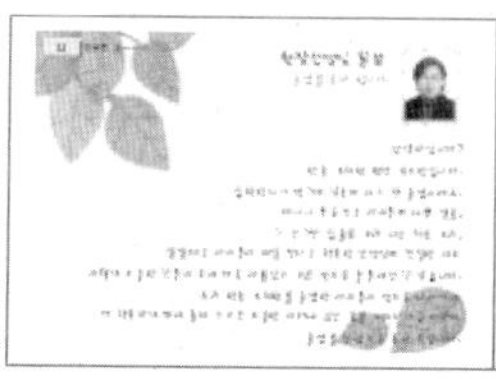
7

8

9

10

11

12

13

14

15

16

17

18

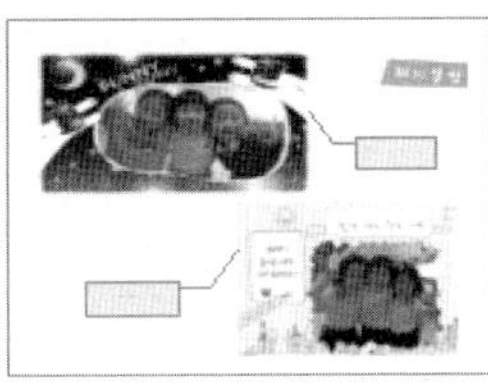

19

20

21

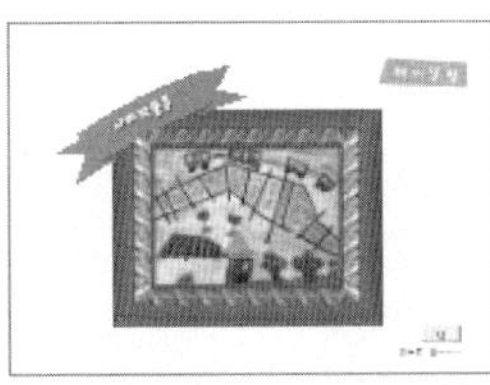

22

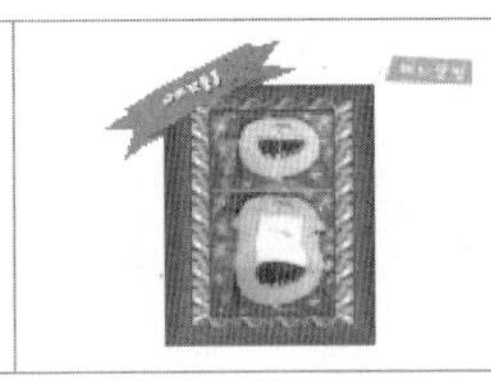

23

24

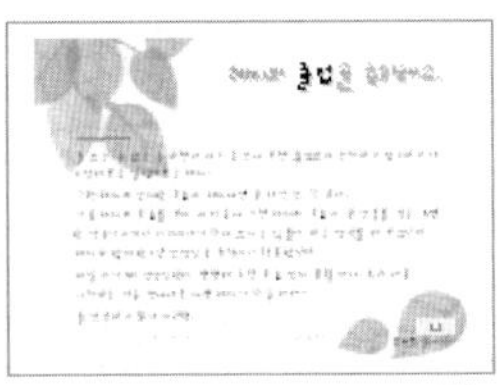

25

(11) 웹 문서로 변환하기와 보기

Office 2000은 워드나 파워포인트 문서 등을 웹상에서 구현시킬 수 있는 웹 출판 기능을 제공하며 이 기능을 사용하려면 [파일] 메뉴에 [HTML로 저장] 기능이 활성화되어 있어야 한다. 만약 이 항목을 사용할 수 없다면 원본 CD에서 [Web 페이지 작성(HTML)] 항목을 추가 설치하면 된다.

[1] 웹 문서로 변환하기

❶ 작성 완료한 프레젠테이션을 열고 [파일] 메뉴에서 [HTML로 저장]을 누른다.

❷ [HTML 저장마법사] 대화상자가 나타나면 첫 페이지의 안내 정보를 읽고 [다음] 버튼을 누른다.

❸ [새 구성] 옵션이 선택되었는지 확인하고 [다음]을 누른다.

❹ 페이지 유형 선택에서 [표준]을 선택하고 [다음]을 누른다.

❺ [그래픽 유형] 선택에서는 사용했던 그래픽 파일 형식에 따라 선택한다. 여기서는 JPG 형식을 사용했으므로 [JPEG 압축 파일 형식]을 선택하고 압축값을 [80%]로 한 후 [다음] 버튼을 누른다.

❻ [모니터 해상도에 맞는 그래픽 만들기]에서 '800×600'을 선택하고 [그래픽 너비]는 '화면 너비의 1/2'을 선택하여 [다음] 버튼을 누른다.

❼ 전자우편 주소와 홈페이지 주소를 입력하고 기타정보는 비워 둔 채 [다음] 버튼을 누른다.

❽ [브라우저 색 사용]을 선택하고 [다음] 버튼을 누른다.

❾ 화면 이동 버튼을 둥근 버튼으로 선택한 뒤 [다음]을 누른다.

❿ 이동 버튼의 위치를 화면 아래 쪽 배치로 선택하고 [다음] 버튼을 누른다.

⓫ HTML문서가 저장될 경로를 지정한다. 기본적으로 [C:₩My Documents]로 지정되며 언어는 [한국어(KSC 5601)]를 선택하고 [다음] 버튼을 누른다.

⓬ [마침]을 눌러 [HTML로 저장 마법사] 대화상자를 닫으면 [HTML로 저장] 대화상자가 나타나는데, 이것은 나중에 다른 프레젠테이션에도 설정을

그대로 사용하여 HTML로 만들 때 활용하기 위한 이름을 입력하는 기능이다. '전자앨범-1'이라고 입력하고 [저장]을 누른다.

⑬ HTML을 내보내는 중 대화상자가 처리 과정을 보여 주고 저장이 완료되면 완료 확인 상자가 나타난다.

2 웹 브라우저로 보기

탐색기에서 [C:₩My Documents] 폴더로 이동하여 '전자앨범-1' 폴더를 연다. 그래픽 파일과 html파일을 목록에서 확인하고 [index.htm] 파일을 실행한다. 시스템에 설치된 기본 웹 브라우저가 문서를 보여 준다. [시작하려면 이곳을 누르십시오]를 마우스로 누르면 웹페이지 형식으로 프레젠테이션을 보여 준다. 이동 버튼을 누르면 원하는 페이지로 이동하며 화면에서 손가락 모양으로 마우스가 변하는 문자열은 모두 하이퍼링크된 페이지로 이동할 수 있다. 마음에 들지 않는 부분이 있다면 웹에디터로 수정한 다음 FTP나 ISP에서 제공하는 웹 게시 마법사로 홈페이지 계정에 업로드하면 인터넷상에서 그대로 볼 수 있다.

(12) 꾸러미 작성 마법사와 PowerPoint Viewer의 활용

꾸러미는 압축의 개념이다. 사용자가 작성한 프레젠테이션을 다른 장소, 다른 컴퓨터 시스템을 통해 실행시키기 위해서 프레젠테이션에 필요한 모든 파일(삽입된 개체, 연결된 개체, 글꼴, 프레젠테이션 등)을 한꺼번에 압축하는 것이다. 이것은 플로피 디스크에 저장하거나 기타 저장 매체에 저장할 수 있고 온라인을 통해 전송할 수 있다. 꾸러미를 작성할 때 PowerPoint Viewer를 함께 저장하게 되면 파워포인트가 설치되지 않은 컴퓨터에서도 프레젠테이션을 실행시킬 수 있다.

꾸러미 작성 마법사로 꾸러미 만들기를 하는 방법은 다음과 같다.

❶ 탐색기를 실행시키고 [C:₩My Documents] 폴더 밑에 [꾸러미]라는 하위 폴더를 만든다.

❷ 파워포인트를 실행시키고 프레젠테이션을 연 후 [파일] 메뉴의 [꾸러미 작성]을 선택한다.

❸ 꾸러미 작성 마법사가 나타나면 안내 정보를 읽고 [다음] 버튼을 누른다. 현재 선택하고 [다음] 버튼을 누른다. [어느 드라이브에 복사하시겠습니까?] 항목에서 '보낼 곳 선택'을 체크하고 [찾아보기]에서 [C:₩My Documents ₩꾸러미]를 지정한 후 [다음] 버튼을 누른다. [연결된 파일 포함]을 선택하고 [다음] 버튼을 누른다.

❹ [PowerPoint가 설치되지 않은 시스템에서 프레젠테이션하려면 [Power Point 표시기를 포함하십시오]에서 [Windows 2000 또는 NT용 표시기]를 선택한다. 이것은 PowerPoint Viewer를 포함시켜 꾸러미를 만드는 기능으로 [다음]을 누르고 [마침]을 누른다. [꾸러미 작성 상태] 확인 상자가 압축 과정을 보여 주며 프레젠테이션에 연결된 각종 파일의 경로를 표시하고 작업 진행을 보여 준다. 꾸러미 작성이 완료되면 확인 상자가 나타나며 [확인] 버튼을 누른다.

2) 수업자료 만들기

수업자료 제작방법은 전자앨범과 같은 방식으로 독자들이 창의적으로 제작할 수 있을 것으로 본다. 따라서 그 실례를 여러 가지 슬라이드로 제시하고자 한다.

(1) '원숭이' 프로젝트 수업자료

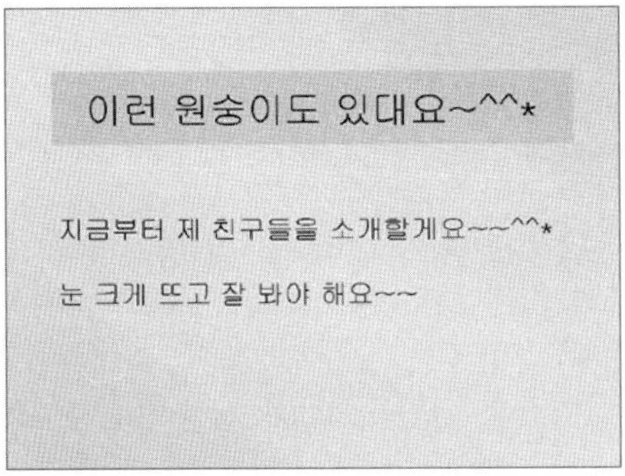

1

2

3

4

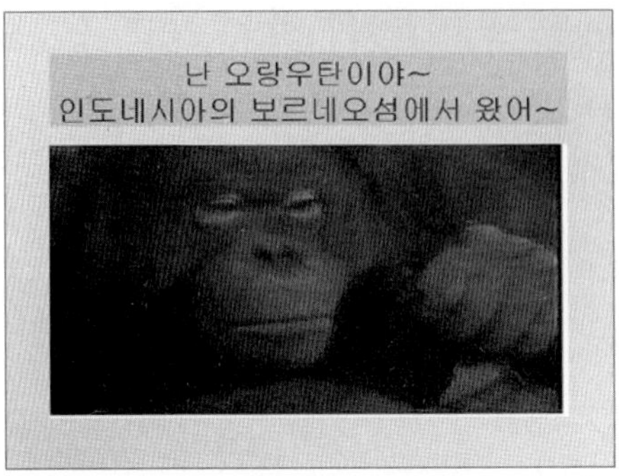

5

6

전 동남아시아에서 온
자바 원숭이라고 해요~

7

안녕 ~ 난 브라짜 원숭이야
난 멸종 위기에 놓여 있어ㅠㅠ

8

난 거미 원숭이야 ..나 지금 무지 화
났어 ..그냥 가주길 바래~

9

난 흰코 거농 원숭이야~
난 우간다에서 왔단다.^^

10

난 호랑이꼬리여우 원숭이라고해~
난 호랑이처럼 무섭지가 않아^^~

11

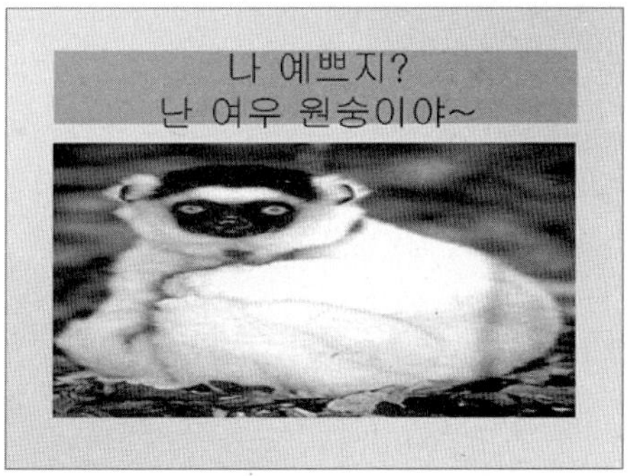
나 예쁘지?
난 여우 원숭이야~

12

(2) 유아교육기관 환경구성의 원리

유아교육기관
환경구성의 원리

1

차례

- 유아 교육기관의 환경구성 원리
- 유아 교육기관의 시설.설비
- 실내 흥미 영역의 구성
- 실외환경
- 유아 교육기관의 교구. 교재

2

유아 교육기관의 환경구성원리

- 흥미영역의 중심으로 한 환경구성
  - -유아의 자발적 참여를 통한 학습활동
  - -폭 넓고 다양한 경험
  - -물리적 및 시각적 경계에 의한 주의 집중과 심리적 안정감
  - -구체적 경험 중심의 통합적 활동
  - -개별화에 맞는 학습활동

3

- 실내 흥미영역
  - 쌓기놀이 영역
  - 조작놀이 영역
  - 역할놀이 영역
  - 언어 영역
  - 조형 영역

4

유아교육기관의 시설 설비

강당

5

컴퓨터실

6

세면대

7

자료실

8

수영장

9

도서방

10

놀이터

11

실내 흥미영역의 구성

- 쌓기놀이 영역

쌓기놀이 영역에서 유아는 손으로 블록을 조작함으로써 눈과 손의 협응력, 시.지각적 인식, 대.소근육의 협응력 등의 신체 발달이 이루어진다.

쌓기놀이 영역은 활동적이며 건조한 곳으로, 주로 역할놀이 영역 옆에 위치하는 것이 좋다. 블록을 쌓고 넘어뜨리는 과정의 소음을 줄이기 위하여 부분 깔개를 정리장 앞에 마련해 주고, 블록을 최대한으로 활용하여 구성할 수 있도록 충분한 공간을 확보한다.

12

- 조작놀이 영역

이 영역에서 유아는 주로 개별적인 탐색 활동을 많이 하게 되므로, 소근육, 수개념, 모양과 크기 개념, 언어 발달을 도와 줄 수 있는 교구를 마련한다.

조작놀이 영역은 언어 영역, 수놀이 영역, 과학 영역과 인접하여 조용한 영역에 배치한다. 유아가 다양한 소형 놀잇감을 구성하고 조작하여 보도록 바닥에 카펫을 깔아 앉아서도 활동할 수 있도록 배려하며, 동시에 책상과 의자를 적절하게 배치 해 놓는다.

13

- 역할놀이 영역

실생활에서의 역할을 연장하고, 그 밖의 역할도 해 봄으로써 내면적인 욕구를 표현하여 자아를 성취하며, 책임감을 발달 시킬 수 있다.

역할놀이 영역은 움직임이 많고 활동이 다양하므로 동적인 활동 영역과 인접하여 배치하며, 2.3평 정도의 충분한 공간을 할애하여 쌓기놀이 영역과 인접하여 배치함으로써 필요시 영역이 통합되어 보다 다양한 놀이로 확장될 수 있도록 할 수 있다.

14

- 언어 영역

이 영역에서는 유아들이 '듣기', '말하기', '읽기', '쓰기'에 관심을 가지고 활동함으로써 언어 능력을 크게 증진시킬 수 있다. 또, 주변의 글자에 관심을 나타내면서 언어를 습득하여 나갈 뿐 아니라, 바르게 의사 소통하는 태도와 습관을 형성해 갈 수 있다.

언어 영역의 장소는 햇빛이 잘 드는 밝은 곳에 위치해야 하며, 다른 시끄러운 영역과 멀리 떨어져 있도록 배치한다. 바닥에는 카펫을 깔고 부드러운 의자, 낮은 탁자, 쿠션 등으로 아늑하고 조용한 분위기를 마련해 주어, 유아로 하여금 안정된 분위기를 느낄 수 있게 한다. 이 때, 책상은 낮은 책상이 유아에게 보다 편안한 기분을 가지게 한다.

15

- 조형 영역

이 영역에서는 유아들이 다양한 자료와 매체를 가지고 활동함으로써 감각 활동의 즐거움을 경험할 수 있다.

조형 영역의 바닥 표면은 물이나 물감을 흘렸을 때, 쉽고 깨끗하게 닦을 수 있는 재료로 설비하는 것이 좋다. 또한, 항상 종이 수건이나 스펀지, 마른 수건 등을 구비해 놓아, 수시로 닦을 수 있어서 바닥의 물기 때문에 미끄러지는 일을 방지해야 한다.

16

• 수놀이 영역

이 영역에서는 기초적 수 개념, 즉 분류, 배열, 공간, 시간 및 보존 개념의 발달을 격려하며, 다양한 발견 학습 방법에 참여함으로써 수 활동을 즐길 수 있는 경험을 제공할 수 있다.

언어, 조작, 과학 영역과 인접하여 밝고 조용하며 안정된 공간에 배치한다. 카펫이나 자리를 깔아 게임판이나 교구를 바닥에 놓고 사용하거나 낮은 책상을 놓음으로써 앉아서 활동할 수 있게 한다. 또, 작업 결과나 도표, 견본, 구성물 등의 전시를 위한 게시판과 선반장 위의 공간을 배려하며, 수집된 여러 물건의 분류 및 보관이 용이하도록 한다.

17

• 과학 영역

다양한 발견 학습에 참여함으로써 과학 활동을 즐길 수 있는 경험을 제공할 수 있으며, 과학과 연결된 용어의 인식을 통하여 언어 발달을 촉진할 수 있다.

과학 영역에서는 동식물 기르기를 비롯하여 실험, 기계 분해 및 조립 등 여러 가지 과학 개념 형성을 위한 활동을 하게 되므로, 실내에서는 햇빛이 잘 들고 조용하며 안정된 공간에 배치하고, 유아들의 수집품을 전시할 관찰대나 정리장 및 선반을 마련한다.

18

• 물놀이 영역

이 영역은 촉각적 자극을 통한 감각 경험을 제공하여 유아의 신체 발달을 고무하고, 사회.정서 발달과 언어.인지 발달을 고무할 수 있다.

물놀이는 실내외에서 이루어질 수 있다. 실내에서 이루어질 경우 배수 시설이 잘 되어 있어서 쉽게 물을 갈아 줄 수 있게 하며, 물놀이대에 바퀴를 달아 이동을 쉽게 한다.

수도 가까이에 위치하고, 통행이 복잡한 곳을 피하며, 가까이에 항상 작업복, 마른 수건, 놀이 기구를 준비한다.

19

• 컴퓨터 영역

이 영역은 유아의 인지 발달, 언어, 수학적 능력 및 사회, 정서적 측면에 대한 영향에 긍정적 효과를 줄 수 있다. 또한, 컴퓨터가 바람직한 방법으로 사용된다면, 유아들 간의 협동 활동이 자연스럽게 발생되어 문제해결력과 원만한 의사 소통능력을 기를 수 있다.

이 영역은 컴퓨터를 연결할 수 있는 전기 콘센트가 가까이 있는 벽면을 의지한 조용한 영역과 소음이 많은 영역의 중간 지점에 배치하도록 한다.

20

• 조작놀이 영역

이 영역에서 유아는 주로 개별적인 탐색 활동을 많이 하게 되므로, 소근육, 수개념, 모양과 크기 개념, 언어 발달을 도와 줄 수 있는 교구를 마련한다.

조작놀이 영역은 언어 영역, 수놀이 영역, 과학 영역과 인접하여 조용한 영역에 배치한다. 유아가 다양한 소형 놀잇감을 구성하고 조작하여 보도록 바닥에 카펫을 깔아 앉아서도 활동할 수 있도록 배려하며, 동시에 책상과 의자를 적절하게 배치 해 놓는다.

21

• 역할놀이 영역

실생활에서의 역할을 연장하고, 그 밖의 역할도 해 봄으로써 내면적인 욕구를 표현하여 자아를 성취하며, 책임감을 발달 시킬 수 있다.

역할놀이 영역은 움직임이 많고 활동이 다양하므로 동적인 활동 영역과 인접하여 배치하며, 2,3평 정도의 충분한 공간을 할애하여 쌓기놀이 영역과 인접하여 배치함으로써 필요시 영역이 통합되어 보다 다양한 놀이로 확장될 수 있도록 할 수 있다.

22

• 언어 영역

이 영역에서는 유아들이 '듣기', '말하기', '읽기', '쓰기'에 관심을 가지고 활동함으로써 언어 능력을 크게 증진시킬 수 있다. 또, 주변의 글자에 관심을 나타내면서 언어를 습득하여 나갈 뿐 아니라, 바르게 의사 소통하는 태도와 습관을 형성해 갈 수 있다.

언어 영역의 장소는 햇빛이 잘 드는 밝은 곳에 위치해야 하며, 다른 시끄러운 영역과 멀리 떨어져 있도록 배치한다. 바닥에는 카펫을 깔고 부드러운 의자, 낮은 탁자, 쿠션 등으로 아늑하고 조용한 분위기를 마련해 주어, 유아로 하여금 안정된 분위기를 느낄 수 있게 한다. 이 때, 책상은 낮은 책상이 유아에게 보다 편안한 기분을 가지게 한다.

23

• 조형 영역

이 영역에서는 유아들이 다양한 자료와 매체를 가지고 활동함으로써 감각 활동의 즐거움을 경험할 수 있다.

조형 영역의 바닥 표면은 물이나 물감을 흘렸을 때, 쉽고 깨끗하게 닦을 수 있는 재료로 설비하는 것이 좋다. 또한, 환상 종이 수건이나 스펀지, 마른 수건 등을 구비해 놓아, 수시로 닦을 수 있어서 바닥의 물기 때문에 미끄러지는 일을 방지해야 한다.

24

• 수놀이 영역

이 영역에서는 기초적 수 개념, 수 분류, 배열, 공간, 시간 및 보존 개념의 발달을 격려하며, 다양한 발견 학습 방법에 참여함으로써 수 활동을 즐길 수 있는 경험을 제공할 수 있다.

언어, 조작, 과학 영역과 인접하여 밝고 조용하며 안정된 공간에 배치한다. 카펫이나 자리를 깔아 게임판이나 교구를 바닥에 놓고 사용하거나 낮은 책상을 놓음으로써 앉아서 활동할 수 있게 한다. 또, 작업 결과나 도표, 견본, 구성물 등의 전시를 위한 게시판과 선반장 위의 공간을 배려하며, 수집된 여러 물건의 분류 및 보관이 용이하도록 한다.

25

• 과학 영역

다양한 발견 학습에 참여함으로써 과학 활동을 즐길 수 있는 경험을 제공할 수 있으며, 과학과 연결된 용어의 인식을 통하여 언어 발달을 촉진할 수 있다.

과학 영역에서는 동식물 기르기를 비롯하여 실험, 기계 분해 및 조립 등 여러 가지 과학 개념 형성을 위한 활동을 하게 되므로, 실내에서는 햇빛이 잘 들고 조용하며 안정된 공간에 배치하고, 유아들의 수집품을 전시할 관찰대나 정리장 및 선반을 마련한다.

26

• 물놀이 영역

이 영역은 촉각적 자극을 통한 감각 경험을 제공하여 유아의 신체 발달을 고무하고, 사회.정서 발달과 언어.인지 발달을 고무할 수 있다.

물놀이는 실내외에서 이루어질 수 있다. 실내에서 이루어질 경우 배수 시설이 잘 되어 있어서 쉽게 물을 갈아 줄 수 있게 하며, 물놀이대에 바퀴를 달아 이동을 쉽게 한다.

수도 가까이에 위치하고, 통행이 복잡한 곳을 피하며, 가까이에 항상 작업복, 마른 수건, 놀이 기구를 준비한다.

27

• 컴퓨터 영역

이 영역은 유아의 인지 발달, 언어, 수학적 능력 및 사회, 정서적 측면에 대한 영향에 긍정적 효과를 줄 수 있다. 또한, 컴퓨터가 바람직한 방법으로 사용된다면, 유아들 간의 협동 활동이 자연스럽게 발생되어 문제해결력과 원만한 의사 소통능력을 기를 수 있다.

이 영역은 컴퓨터를 연결할 수 있는 전기 콘센트가 가까이 있는 벽면을 의지한 조용한 영역과 소음이 많은 영역의 중간 지점에 배치하도록 한다.

28

• 음률 영역

이 영역에서는 정서적 감정을 풍부히 하며, 감각 기능을 발달시킬 수 있고, 언어발달과 창의성 및 사회성을 발달시킬 수 있는 기회를 제공할 수 있다.

음률 영역은 유아가 음악에 맞추어 율동을 하거나 신체를 자유롭게 마음대로 움직일 수 있도록 넓은 공간이 필요하며, 바닥은 마루이거나 카펫을 까는 것이 좋다.

또한, 벽에는 유아가 자유롭게 움직일 때 자신의 모습을 볼 수 있도록, 큰 거울을 붙여 놓을 수도 있다.

음률 영역은 쌓기놀이 영역이나 역할놀이 영역 가까이에 마련하되, 풍금이나 피아노, 선반 등으로 자연스럽게 구분 짓는다. 또한, 벽면에 그림 악보, 악기의 사진이나 가수, 무용가의 그림을 붙여 주고, 카세트와 녹음된 테이프, 다양한 리듬 악기, 음악에 관한 책을 준비한다. 이 때, 피아노는 창가, 출입구, 스팀, 에어컨디셔너 가까이에 두지 않도록 유의한다.

29

• 요리 영역

이 영역에서는 유아들이 음식 재료를 직접 자르고 쉬고 두드리고 휘저어 보는 활동을 통하여 감각 기관에 활발하게 사용할 수 있고, 물리적 지식을 발달시킬 수 있다.

요리 영역을 고정적으로 배치할 때에는 싱크대나 수도 시설 가까운 곳에 위치하도록 하며, 다른 영역과 연계할 때에는 필요한 도구를 보관했다가 운반대나 조리대를 이용하여 동선을 줄이도록 배려한다. 책상을 조리대로 이용할 때에는 비닐 등의 덮개를 씌워, 불이나 음식 부스러기 등을 쉽게 치울 수 있도록 위생적인 배려를 한다.

30

• 목공놀이 영역

이 영역에서는 다양한 물체에서 나는 여러 종류의 소리들과 물체의 물리적 특성의 차이점을 구별할 수 있는 능력을 기를 수 있으며, 한 물체의 부분과 전체와의 관계, 공간 관계, 그리고 원인과 결과의 관계를 이해할 수 있도록 도울 수 있다.

목공놀이는 활동적인 영역에 배치하고 소음으로 다른 활동이 방해되지 않는 곳에 배치한다. 실외에 설치할 경우, 햇빛이 강렬하게 비치지 않는 서늘한 곳, 복잡하지 않은 곳에 배치한다. 또한, 안전을 위하여 이 영역은 통행이 복잡하지 않은 곳에 배치한다.

31

• 식사(간식) 및 낮잠(휴식) 영역

이 영역에서 유아는 올바른 식습관을 형성할 수 있고, 발달 상태에 따른 적절한 휴식을 취함으로써 생활의 리듬을 찾고 규칙적이며 건강한 생활을 할 수 있다.

침구는 유아에게 보이지 않는 폐쇄된 정리장에 보관하도록 한다. 실내 공간이 협소하여 활동실에 휴식할 자리를 마련해야 하는 경우에는, 설치하고 치우기가 간편하고 포개지는 간이 침대를 활용하는 것도 편리하다. 또한, 이러한 침구는 정기적으로 세탁과 일광욕 처리를 하도록 배려해야 한다.

32

실외 환경

- 실외 환경은 흔히 공간의 부족으로 소홀해지기 쉬우나, 실내 환경 못지않게 중요한 공간이다. 그러므로 가능한 한 최대한의 실외 공간을 확보하도록 해야 한다. 실외 활동 환경을 영역별로 보면,
  - 신체 영역
  - 역할놀이 영역
  - 탐구(자연 학습) 영역
  - 작업 영역
  - 물, 모래놀이 영역
  - 이동 구역(실내에서 실외로)
  - 보관 구역(창고)
  - 편평하고 개방된 공간
  - 조용한 공간

33

주제별 환경구성

- 예) 지구와 환경(천정)

34

- 우주(주제망)

35

- 우주(환경)

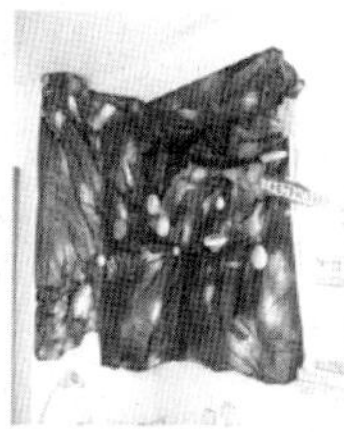

36

- 우주에 관한 활동 게시판

37

- 세계 여러 나라 벽면구성

38

- 세계 여러 나라 교실 환경

39

- 계절

40

41

42

(3) 장애인이 사용하는 도구에 대한 이해

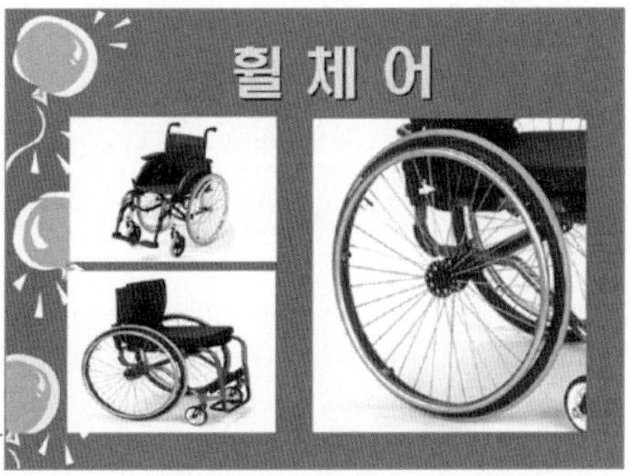

1

2

3

4

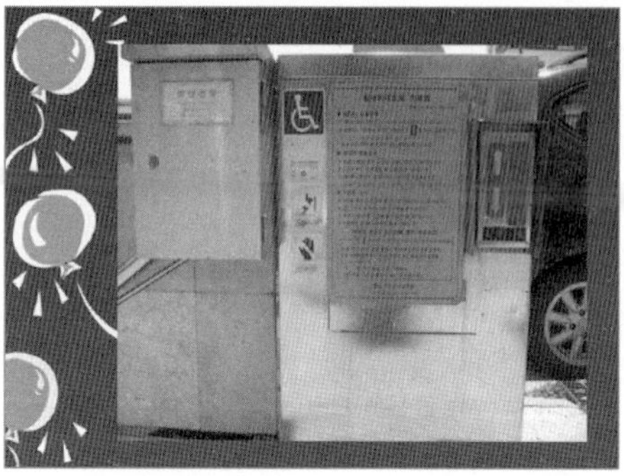

5

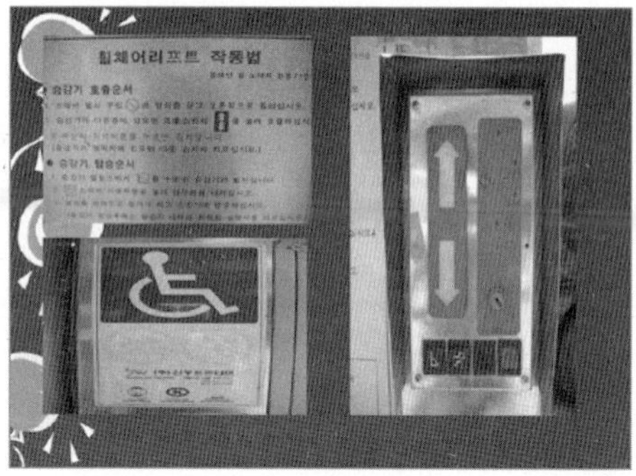

6

7

8

9

10

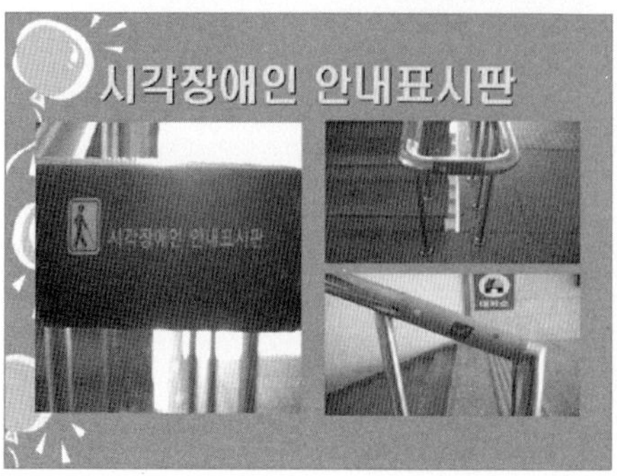

11

12

제 8 장

포토샵의 이해와 활용

사진관에서 인물 사진을 멋지게 변형해 주는 경우가 많은데 이때 거의 대부분이 포토샵을 이용한다. 이 외에도 포스터, 애니메이션, 웹디자인 등 우리 생활 주변의 사진이나 그림 디자인은 거의 대부분 이 포토샵이라는 탁월한 기능을 가진 프로그램을 이용하여 만들어진다. 이 장에서는 포토샵 8.0의 기초에 대한 이해 및 활용방법을 소개하고자 한다. 포토샵 8.0의 기초에 대한 부분은 포토샵 8.0의 도움말을 중심으로 재편성한 것이다.

1 | 포토샵의 기초

1) 포토샵의 화면구성

포토샵의 화면은 메뉴 바(Menu Bar), 옵션 바(Option Bar), 툴 박스(Tool Box), 이미지 창(View), 팔레트(Palette), 상태 표시줄로 이루어져 있다.

❶ Menu Bar: 포토샵에서 제공하는 거의 모든 기능이 있는 곳이다. 원하는 메뉴를 클릭하면 풀다운 메뉴가 나오고 풀다운(full down) 메뉴 안에 있는 화살표에는 세부메뉴가 있다.

❷ Option Bar: 툴박스에서 툴을 선택하면 선택한 툴의 기능을 제어할 수 있는 각각의 옵션이 나타난다.

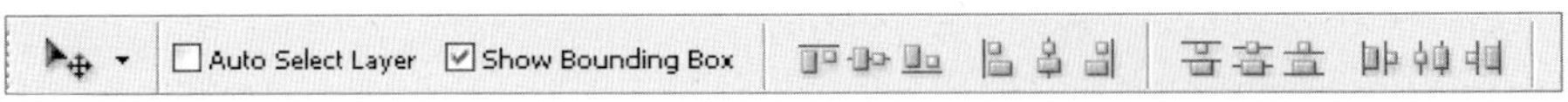

❸ Tool Box: 선택 툴, 이동 툴, 페인팅 툴 등이 있고 각 툴에 있는 아이콘 밑의 작은 삼각형 표시에는 다른 툴이 숨겨져 있다.

❹ View: 이미지 파일을 불러오거나 새 파일을 만들면 이미지가 보이는 창이다.

❺ Palette: 여러 종류의 팔레트가 있으며 각각의 팔레트는 이미지를 다루는 여러 기능을 제공한다.

❻ 상태 표시줄: 현재 작업 상태와 간단한 도움말을 보여 준다.

2) 포토샵의 메뉴구성

영문 Version에서의 메뉴(Photoshop CS 8.0) 펼쳐 보기

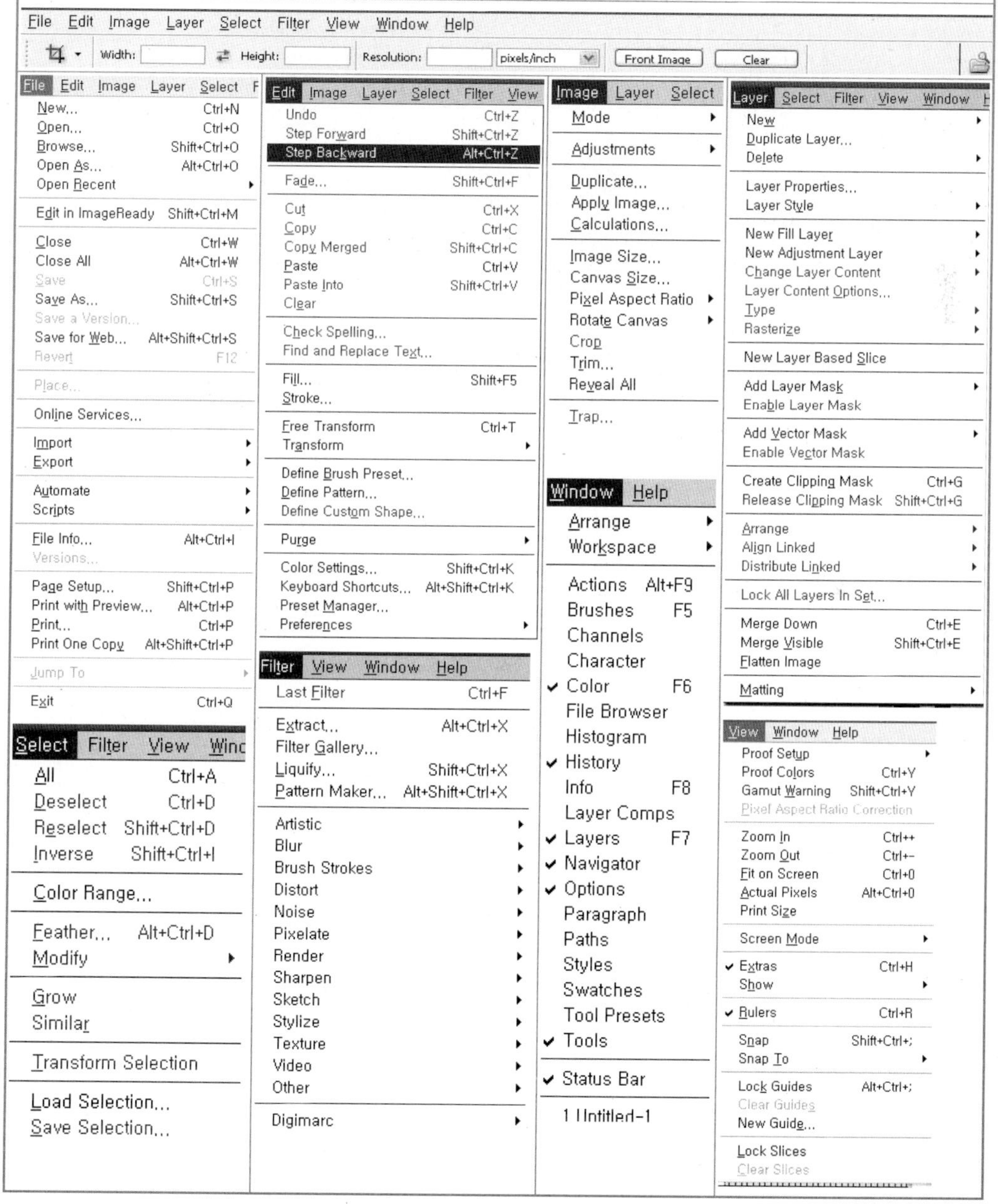

한글 Version에서의 메뉴(Photoshop CS 8.0) 펼쳐 보기

3) 포토샵의 활용방법

(1) 이동 툴, 사각 선택 툴

❶ File > New를 실행하여 New 대화상자를 열고 600×600픽셀(pixels) 크기의 새로운 이미지 창을 연다.

이동툴
이미지 창 안의 이미지를 원하는 위치로 옮기거나 레이어 복사 또는 선택 영역의 이미지를 복사 이동할 때 사용한다. Alt 키를 누른 채 드래그하면 복사 이동이 가능하다.

❷ 이미지 창이 만들어졌다면 File > Open 명령으로 마스코트.gif 파일을 불러온다. 새로운 이미지창이 열리면 무소의 이미지가 나타난다.

❸ 툴 박스에서 이동 툴을 지정한 후 패턴 이미지를 드래그 앤 드롭하여 만들어 놓은 이미지 창으로 이동시킨다.

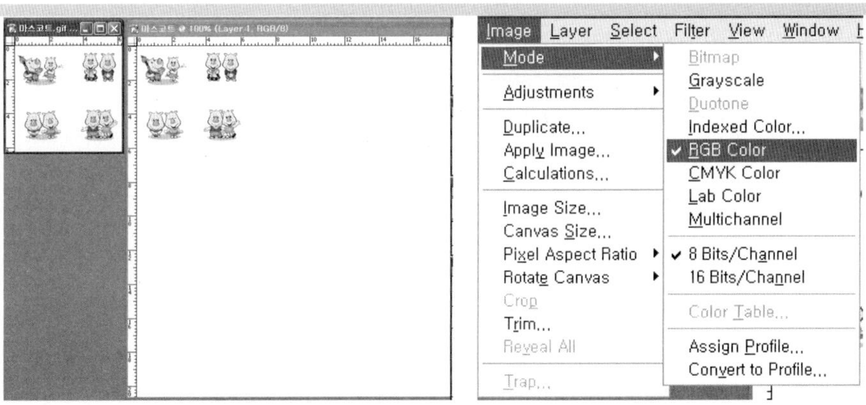

이동이 되지 않을 때는 원본 이미지를 선택한 후 Image 〉 mode에서 RGB Color을 선택한다.

❹ 새로운 레이어 이미지가 복사된다. 이미지를 좌측 상단으로 위치시킨 후 사각 선택 툴로 마스코트 이미지 외곽을 드래그하여 선택 영역을 만들어 준다.

- ⬚ 사각 선택 툴: 사각 형태로 이미지 영역을 선택한다.

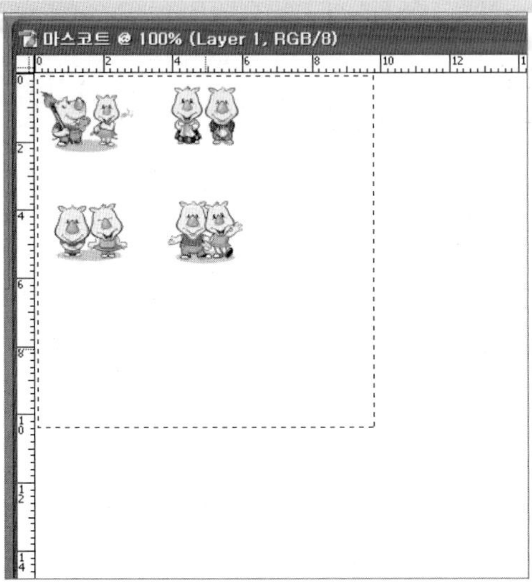

❺ Layer 1이 지정된 상태에서 Ctrl + Alt + Shift 키를 누르고 우측으로 드래그한다. 그 결과 선택 영역 안쪽의 이미지가 수평방향으로 복사 이동된다.

Shift 키를 누르면서 드래그하면 선택 영역을 추가할 수 있다. 반대로 선택 영역만큼을 제거하기 위해서는 Alt 키를 누르면 된다. 선택 툴로 복사 이동할 때는 Ctrl + Alt 키를 누르면서 이동시킨다. 만약 수직, 수평, 45도 각도로 기준으로 이동시키려고 한다면 Shift 키를 함께 누른다.

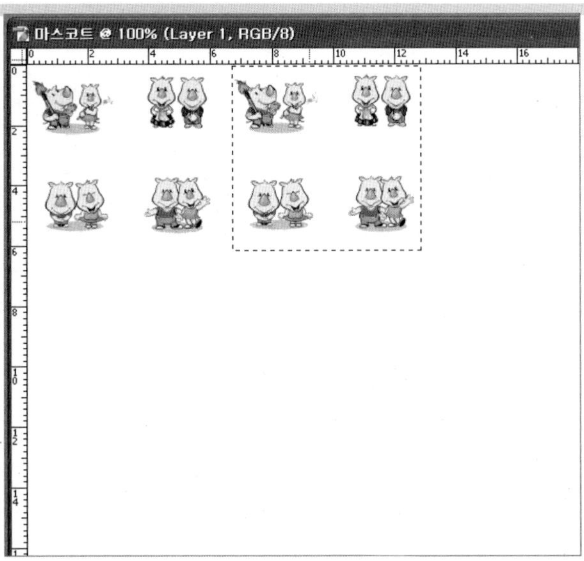

❻ 이제 다시 사각 선택 툴을 드래그하여 복사된 이미지 영역을 포함하는 선택 영역을 만든다.

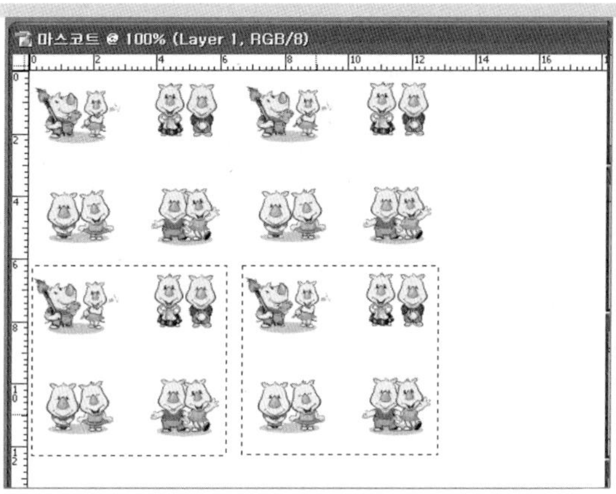

• 선택이 된 상태에서는 '선택을 해제'(Ctrl + D)한다. 새로운 선택을 하기 위해서는 먼저 선택을 해제해야 한다.

❼ 동일한 방법으로 복사 이동시키기 위하여 Ctrl+Alt+Shift 키를 누르고 아래로 드래그하면 이미지가 아래로 복사된다. 그 결과 패턴 이미지가 만들어진다.

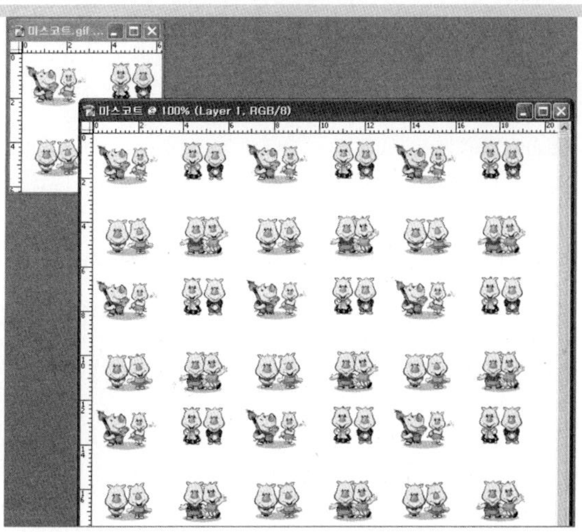

❽ 앞의 과정을 반복하여 이미지 창 안에 마스코트 이미지를 채워 넣는다. 이때는 만들어진 패턴 이미지를 포함하는 선택영역을 만든 후 복사이동시켜 완성한다.

❾ 작업 원본 파일을 저장하기 위하여 File > Save 명령을 실행한다.

❿ 나타난 Save As 대화 상자에서는 파일 이름을 입력하고 저장형식을 포토샵 원본 파일 형식인 PSD 포맷으로 설정한 후 저장버튼을 클릭한다. 물론 jpg나 gif로도 저장이 가능하다.

(2) 원형 선택 툴, 반전하여 잘라내기

❶ 북치는 아이.jpg, 태극문양.gif를 불러온다.

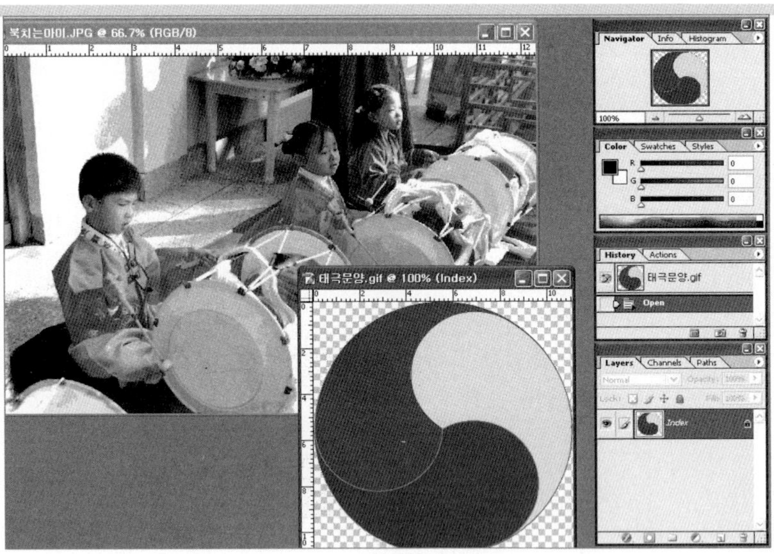

❷ 이동 툴을 이용하여 태극문양 이미지를 북치는 아이 이미지 창으로 드래그 앤 드롭하여 이동시킨다. 그 결과 북 치는 아이 팔레트에 새로운 레이어가 생기면서 태극문양 이미지가 복사되어 나타난다.

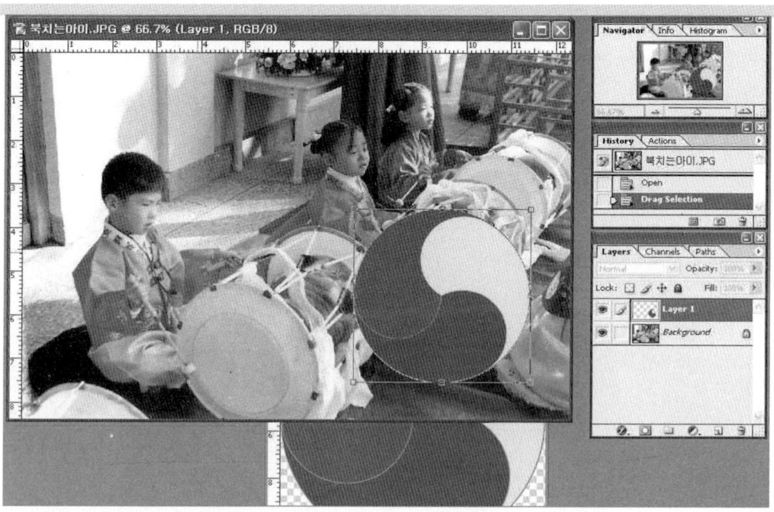

❸ 북 안쪽으로 태극무늬 이미지를 합성하기 위하여 미리 필요한 영역을 선택해야 한다. 먼저 작업을 위하여 레이어 팔레트의 태극문양 레이어 눈 아이콘을 클릭하여 숨긴다.

❹ 정확한 선택 영역의 크기와 위치를 규정하기 위하여 눈금자의 가이드를 나타낸다. Ctrl+R 명령으로 눈금자를 열고, 눈금자 위에서 마우스를 클릭 드래그하여 가이드라인을 나타낸다.

❺ 수직 방향의 가이드라인도 좌측 눈금자에서 드래그하여 나타낸다.

❻ 원형 선택 툴로 가이드라인 교차점에 Shift 키를 누르고 드래그하면 장구의 가죽 부분 안쪽원에 맞추어 선택 영역을 나타낸다.

가이드라인은 작업의 편의를 위한 일종의 기준선 또는 안내선을 말한다. 만들어진 가이드라인은 Ctrl+;를 눌러 나타내거나 숨길 수 있다.

정원, 정사각형 선택하기
가로세로 동일한 비율의 선택 영역을 만들기 위해서는 Shift 키를 추가하여 누른다. Shift 키를 누르고 드래그하면 클릭한 지점이 시작점이 된다. 만약 클릭한 지점을 중심점으로 하는 정원이나 정사각형 선택 영역을 만들기 위해서는 Alt 키를 함께 누르면 된다.

❼ 숨겨 놓은 태극문양의 눈 아이콘을 클릭하여 나타내고, Select > Inverse 기능(Ctrl+Shift+i)을 실행하여 선택 영역을 반전시킨다.

Inverse 기능
이 기능은 선택 영역을 반전시키는 기능으로 작업된 선택 영역을 기준해서 안쪽이나 바깥쪽 영역으로 변경할 때 사용되는 명령어다.

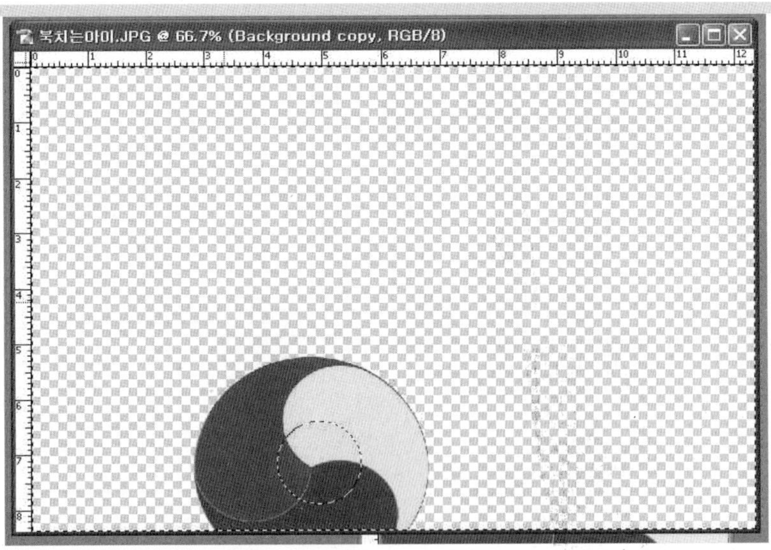

❽ 이제 키보드의 Delete 키를 눌러 태극무늬 이미지의 외곽을 삭제한다. 그 결과 원 선택 영역의 크기에 맞게 안쪽 이미지만 나타난다.

❾ 자연스럽게 보이기 위해 레이어 팔레트의 Opacity를 50%로 변경한다. 그 결과 두 이미지가 합성되어 나타난다.

(3) 스탬프, 힐링 툴, 패치 툴로 손상된 이미지 복구하기

1 스탬프

❶ 물놀이 사진을 불러온다.

스탬프 툴
이미지의 특정 부분을 다른 이미지의 부분 또는 전체에 복제하는 도구다. Alt 키를 누른 상태에서 마우스를 클릭하여 복제 기준점을 설정하고, 원하는 위치에 드래그하면 기준업의 이미지가 복제된다.

❷ 툴 박스에서 스탬프 툴을 지정한 후 상단 옵션바에서 브러시의 크기를 조정한다.

❸ Alt 키를 누른 상태에서 파도 부분을 클릭한다. 그러면 마우스 포인터의 형태가 열십자 형태로 변경되면서 복제할 소스 영역이 설정된다.

❹ 이미지 상단의 비어 있는 부분에 마우스를 드래그하면 파도 이미지가 자연스럽게 복제된다.

❺ 마우스를 드래그하면 십자 형태(소스 이미지)가 동일한 비례로 따라 움직이면서 이미지가 복제된다.

❻ 앞의 사진 우측 모서리 부분이 복구된다.

2 힐링 툴

❶ 물놀이 사진을 불러온다.

❷ 물놀이 사진의 왼쪽 위에 있는 아이의 외곽을 마우스로 드래그하여 선택 영역을 지정한다.

❸ 선택된 영역을 물이 있는 좌측 부분으로 드래그한다.

❹ 물 이미지로 아이 영역 부분이 복원된다.

3 패치 툴

❶ 물놀이 사진을 불러온다.

❷ 마우스를 이용하여 올가미 툴처럼 자유롭게 선택 영역을 만들어 복원할 곳을 선택하고 드래그하여 이미지를 복원한다.

[참고] 패치는 구멍이 난 부분을 천조각으로 매워 놓은 아이콘에서도 알 수 있듯이, 패치 툴은 복원할 부분을 선택 영역으로 지정한 뒤 소스 이미지 부분으로 선택 영역을 드래그하여 처음 선택 영역으로 지정했던 부분을 소스 이미지로 매워 준다.

(4) 자석올가미 툴, Hue/Saturation 이용하기

❶ 양산 사진을 불러온다.

자석올가미 툴(Magnetic Lasso Tool)
마우스로 드래그하여 경계 부분의 색상과 톤에 따라서 자동으로 선택 영역을 만든다.

❷ 툴박스에서 올가미 툴을 Alt 키를 누르면서 클릭하여 숨어 있는 자석올가미 툴을 선택한다. 올가미 툴을 마우스로 잠깐 누르고 있어도 숨겨져 있는 툴들이 나타난다.

❸ 양산의 외곽선을 따라 마우스를 이동시켜 본다. 시작점을 클릭한 후 이미지 외곽을 따라 자동으로 꼭지점이 생성되면서 영역 라인이 만들어진다.

❹ 자석올가미 툴은 자동으로 색상 경계를 찾아 이미지를 선택하므로 배경이 불분명한 경우는 정확한 선택 작업이 어려운 경우가 발생한다. 경계가 모호한 부분은 직접 마우스로 클릭하여 영역을 선택하면서 외곽라인을 만들어 간다.

❺ 마지막 점을 시작점과 연결시키면 작업된 선이 선택 영역으로 전환된다.

자석올가미 툴의 활용

① 자석올가미 툴 작업 중간에 더블클릭하면 처음 시작점과 마지막 지점을 자동으로 연결하여 선택 영역을 만든다.

② 선택 작업이 잘못되었을 경우에는 [←] 또는 [Delete]키를 누르면 작업된 선의 꼭지점을 하나씩 취소시킬 수 있다.

③ [Esc]키를 누르면 선택 전체가 취소된다.

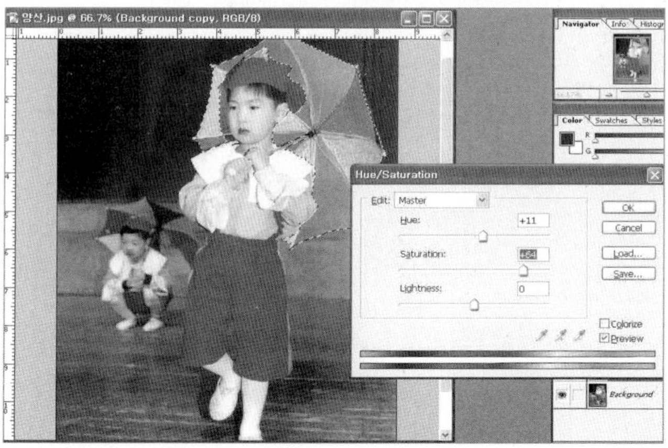

2 | 유아교육기관에서의 포토샵 활용

유아의 사진을 활용하여 우리 기관만의 특성을 가진 달력을 만드는 것은 유아교육기관의 홍보 및 활동이 고스란히 간직되어 있어 졸업한 유아나 신입생에게 추억에 남는 선물이 될 것이다.

따라서 이 장에서는 포토샵을 활용하여 유아교육기관의 달력을 만들어 보고자 한다. 달력 만들기는 김승대와 영진기획2팀(2001)의 달력 만들기 제작방법을 재활용하였다. 제작방법은 다음과 같다.

❶ 유아의 그림이나 작품 등의 파일을 찾아서 포토샵의 화면에 띄운다.

❷ 툴 박스에서 Rectangular Marquee Tool 을 선택한다.

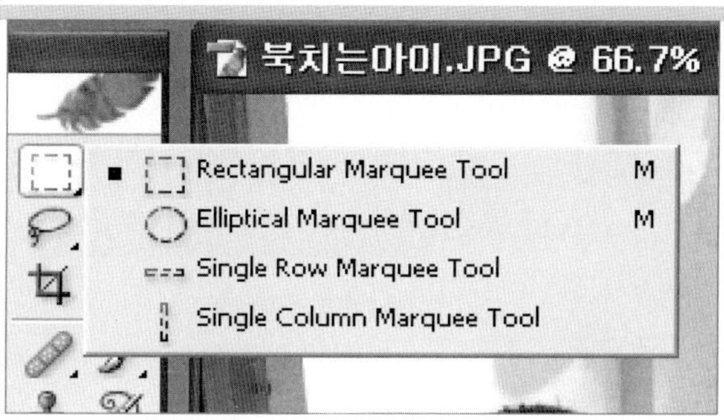

❸ 배경색을 넣기 위해 부각될 왼쪽 위에서 우측 아래로 드래그한다.

❹ 메뉴판의 Select에 들어가 하위메뉴 Inverse를 선택한다.

❺ Inverse를 선택하여 Enter↵ 키를 누르면 아래와 같이 나타난다.

❻ 메뉴판의 Layer에서 New Adjustment Layer을 선택하여 하위메뉴 Hue/Sturation을 클릭한다.

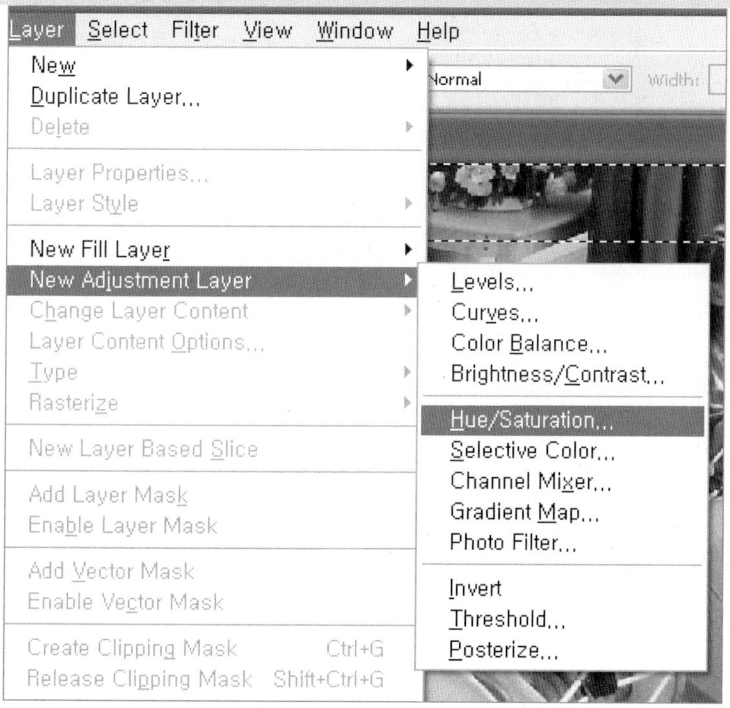

❼ Hue/Saturation을 선택하면 다음과 같이 나타난다.

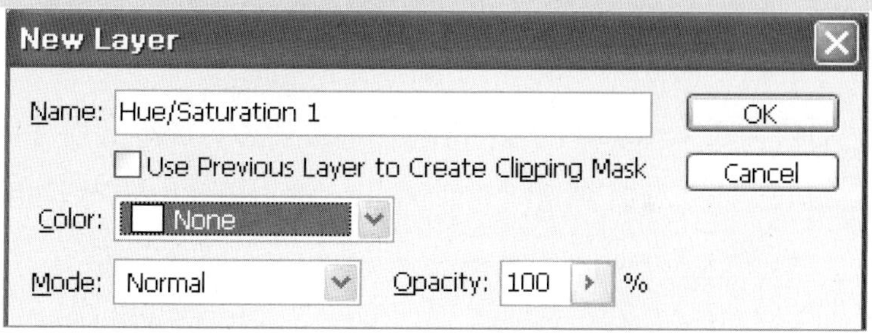

❽ Color에서 원하는 배경색을 선택한다.

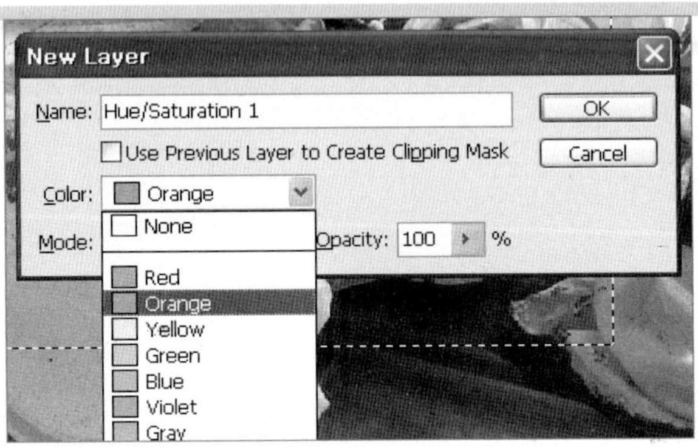

❾ OK 를 선택하면 아래와 같이 나타난다.

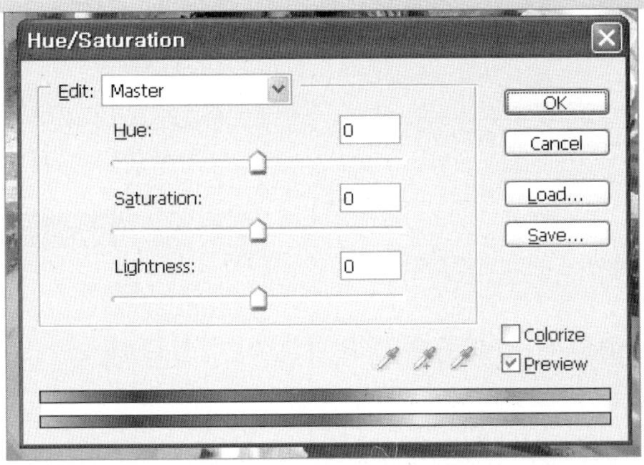

❿ ⌂를 선택하고 ☑Colorize 에서 다음을 드래그하여 원하는 배경색을 만든다. 그리고 나서 색이 배경색으로 된다는 것을 기억하고 작업한다.

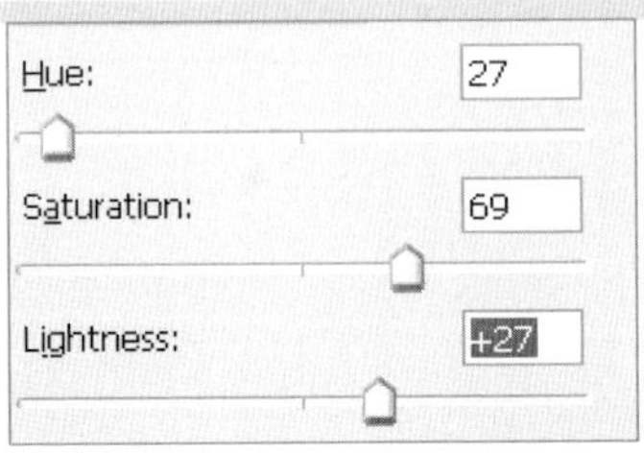

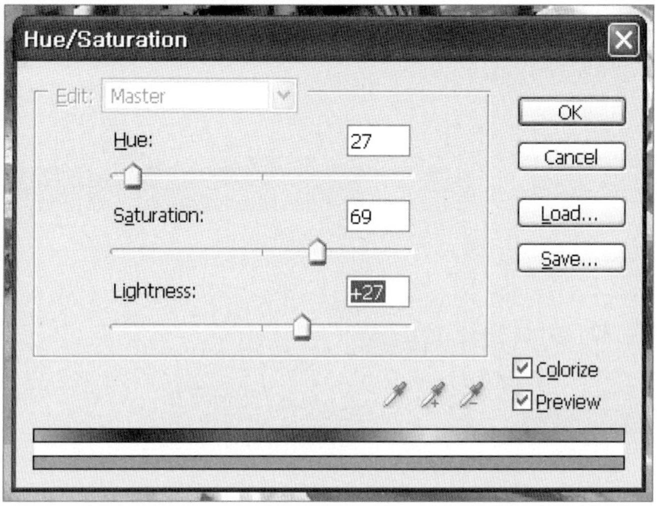

⓫ ok를 선택하면 아래와 같이 배경색이 나타난다.

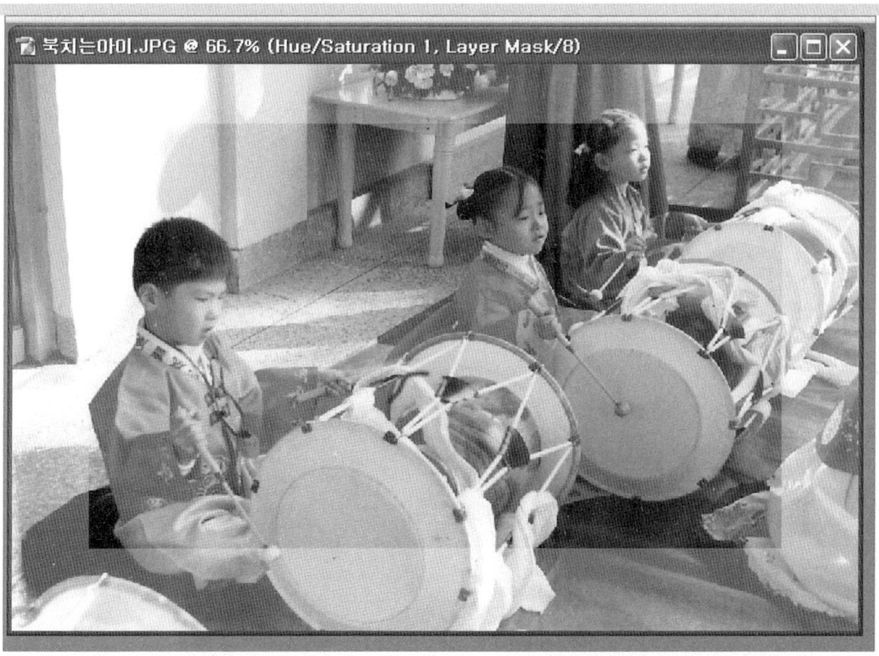

⓬ 메뉴판의 Image를 선택하여 하위메뉴 Canvas Size를 선택하면 아래와 같은 화면으로 바뀐다.

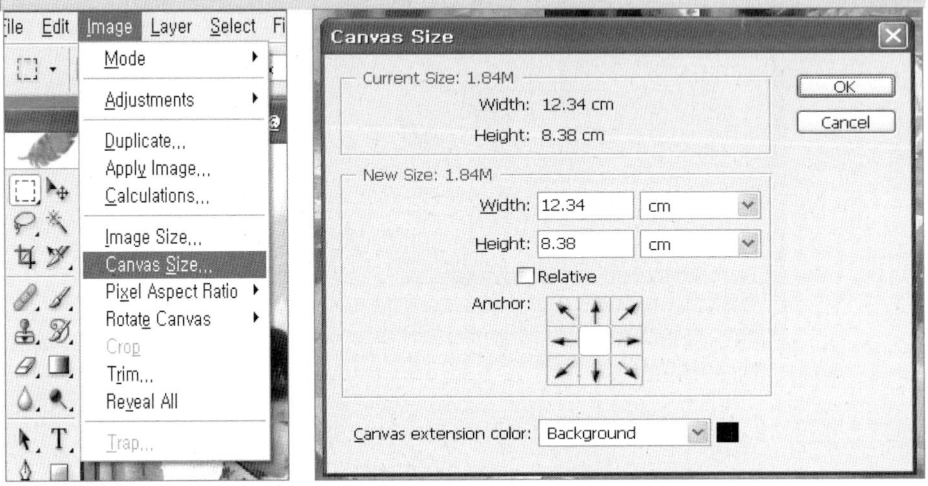

• 아래와 같이 화면이 바뀌면 ok를 선택하면 그림 아래 여백이 생긴다. (Height 13으로 선택)

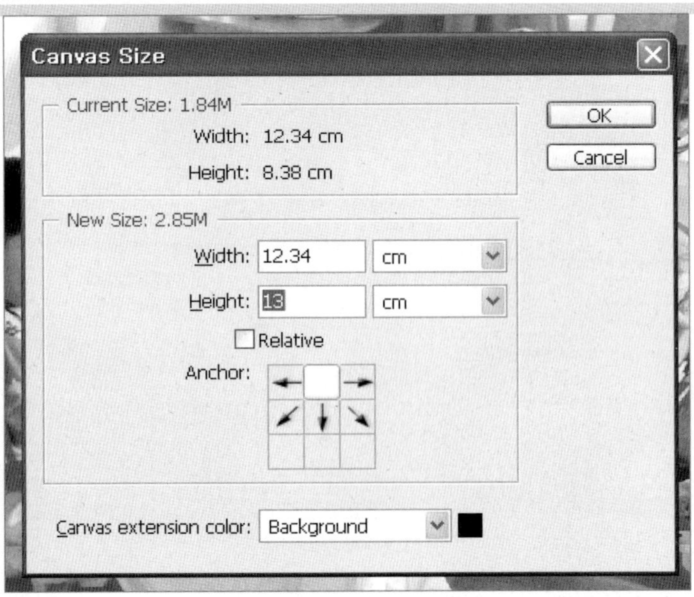

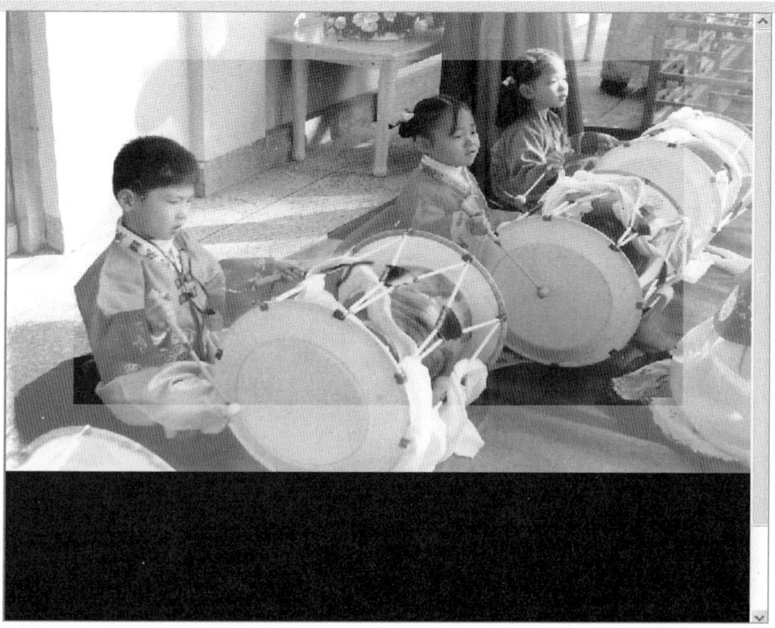

• 아래 검은색의 여백을 Marquee Tool을 선택하면 아래와 같이 나타난다.

⑬ 메뉴판의 Edit의 하위메뉴 Clear를 선택하면 검은색이 아래와 같이 흰색으로 바뀌게 된다.

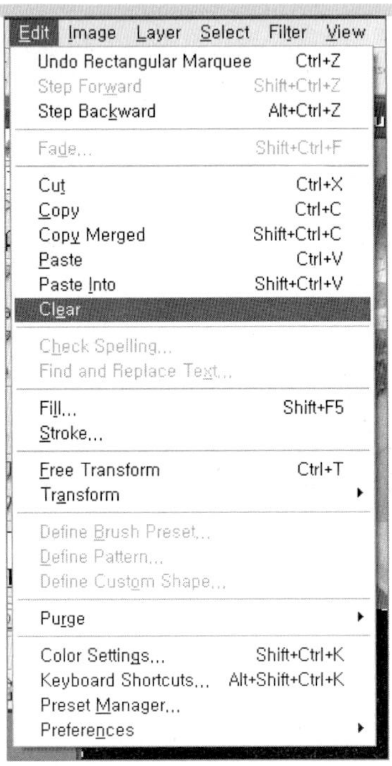

흰색으로 바뀜
T를 선택하여 위의 중앙에 클릭한다. 연도를 적는다. 예를 들어, 2010년이면 2010이라고 아래와 같이 작성한다.

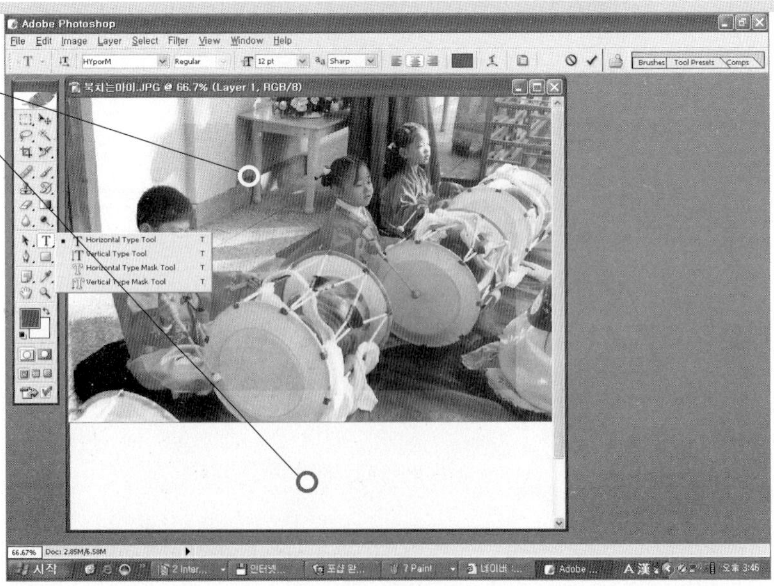

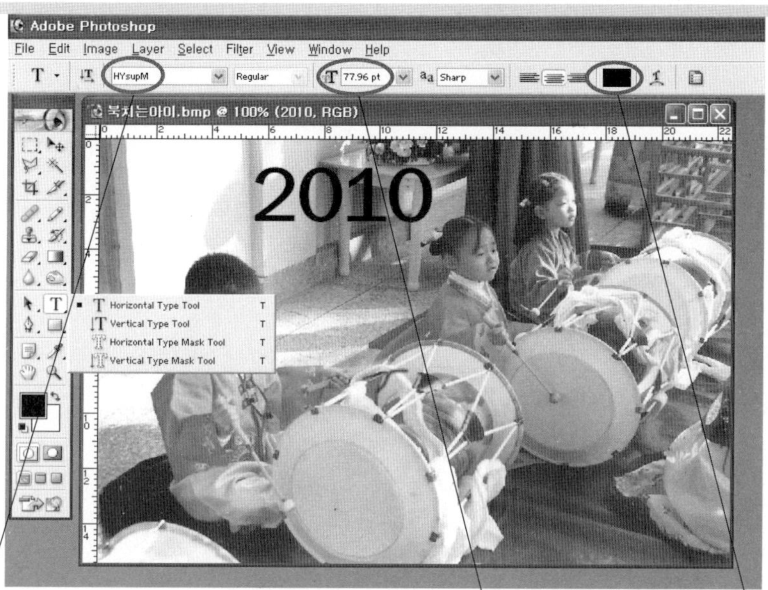

원하는 글자 모양 선택　　글자크기　　글자색

글자입력은 T를 선택한 후 입력한다. 글자 크기 및 색깔 조정도 2010년과 같은 방법으로 한다.

글자입력은 T를 선택한 후 입력한다. 글자 크기 및 색깔 조정도 2010년과 같은 방법으로 한다.

제 9 장

포토스케이프의 이해와 활용

1 | 포토스케이프의 기초

오늘날 유아교육기관에서는 유아의 활동을 사진과 동영상으로 기록하여 유아발달에 대한 이해를 돕고 있다. 따라서 유아교사는 유아의 동영상으로 촬영한 기록물을 편집하여 활용하는 기술을 익혀야 한다. 그러나 기존의 편집 프로그램은 사용법이 복잡하고, 고도의 컴퓨터 기술을 요구하므로 대다수 유아교사가 사용하기에는 어려움이 많았다. 그런데 포토스케이프는 사진을 쉽게 보정 · 편집하는 프로그램으로, 교사가 유아의 사진을 찍은 후에 곧바로 컴퓨터에 업로드하여 사용할 수 있다. 이러한 프로그램 기법을 익힌다면 유아의 활동을 생생하게 학부모에게 전달하는 데 유용하게 쓸 수 있다. 따라서 이 장에서는 포토스케이프의 기초 및 활용방법에 대해 소개하고자 한다.

1) 포토스케이프의 화면구성

포토스케이프의 화면은 사진뷰어, 사진편집, 일괄편집, 페이지, 이어붙이기, GIF애니메이션, 인쇄, 사진 분할, 화면 캡처, 색상검출, 이름변환, RAW변환, 얼굴검색, 사진 북마크로 이루어져 있다.

(1) 사진 뷰어

사진 파일을 관리할 수 있는 창이다. 사진에 대한 정보, 복사, 이동 및 삭제를 나타내고 있다.

❶ 폴더 창: 사진이 있는 디스크 또는 폴더를 선택하는 창이다.

❷ 내용 창: 폴더 창에서 선택한 곳의 파일을 축소된 형태로 보여 준다.

❸ 미리보기 창: 내용 창에서 선택한 파일을 확대된 형태로 나타낸다.

❹ 상태 표시줄: 선택한 파일의 해상도 및 파일용량을 표시한다. 휴지통 버튼이나 화살표 버튼을 이용해서 사진을 삭제 또는 회전시킬 수 있다.

- 파일 이동: 파일을 선택한 후 왼쪽 폴더창의 이동할 폴더로 드래그
- 파일 복사: 복사할 파일을 선택한 후 왼쪽 폴더창의 복사할 폴더로 Ctrl +드래그

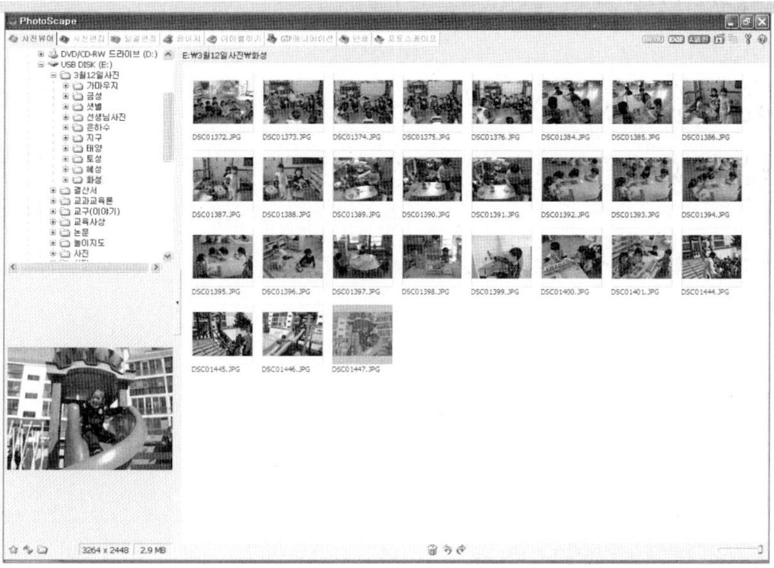

(2) 사진 편집

사진의 크기, 필터, 테두리, 개체 삽입 등을 이용하여 사진을 편집할 수 있다.

❶ 폴더 창: 편집할 사진이 포함되어 있는 폴더를 선택한다.

❷ 미리보기: 선택된 폴더 창의 그림파일을 축소그림으로 나타낸다. 편집할 사진을 클릭한다.

❸ 편집화면 : 미리보기에서 선택된 그림을 편집할 수 있는 창이다. 사진 아래쪽에 파일명, 해상도, 크기, 확대축소 비율 등 파일에 대한 정보를 확인할 수 있다. 순서대로 왼쪽 90도 회전, 오른쪽 90도 회전, 좌우대칭, 상하대칭, 자유회전 버튼이다.

❹ 사진을 편집할 수 있는 기본 메뉴다.

2) 포토스케이프의 활용방법

(1) 기본

[1] 사진 크기 변경하기

디지털 카메라로 찍은 사진 등을 현상용으로 사용할 경우 긴축의 길이를 1024픽셀 정도로 설정하고 인터넷의 미니홈피나 블로그에 삽입할 경우 500픽셀 이하로 조절하면 용량을 상당히 줄일 수 있다.

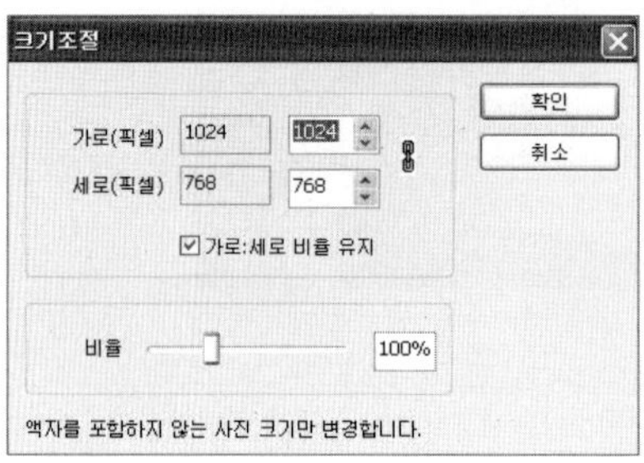

2 사진 밝기 조절

[밝기, 색상] 버튼을 눌러 사진의 밝기 어둡기, 색상 등을 수정할 수 있다.

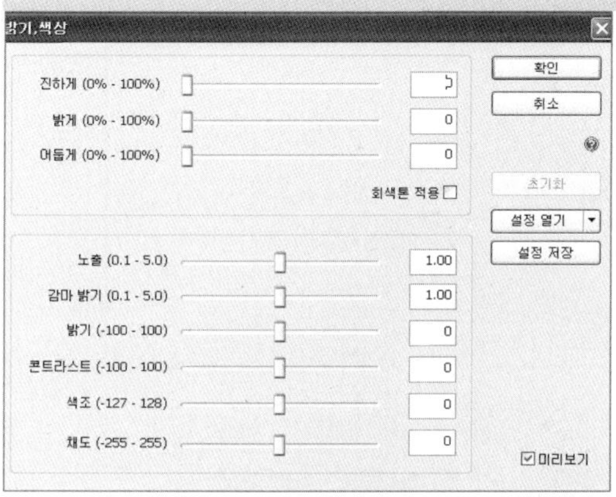

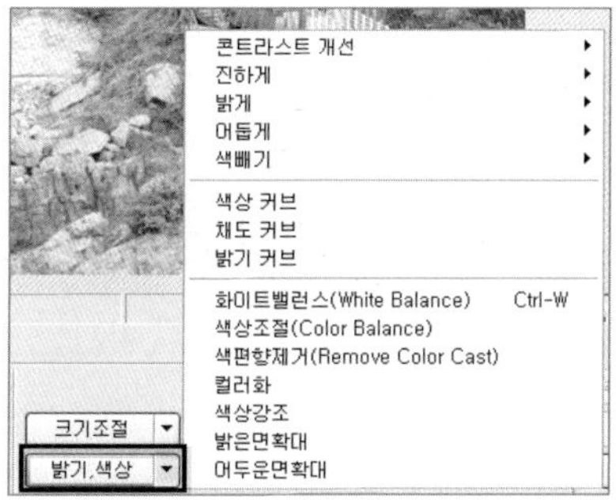

3 색상 및 액자

❶ 색상: 세피아, 그레이, 흑백, 역상 등의 색상 변경을 할 수 있다.

❷ 액자: 사진의 테두리를 변경한다.

4 편집 파일 저장하기

❶ 오른쪽 아래의 [저장] 버튼을 누른다.

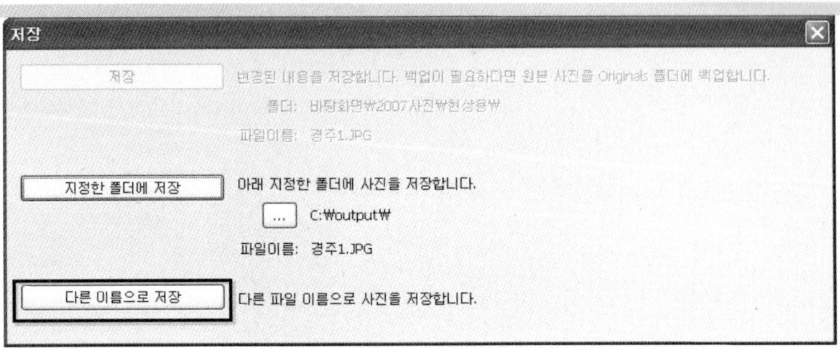

❷ 저장화면이 나타나면 [다른이름으로 저장] 버튼을 누른다.

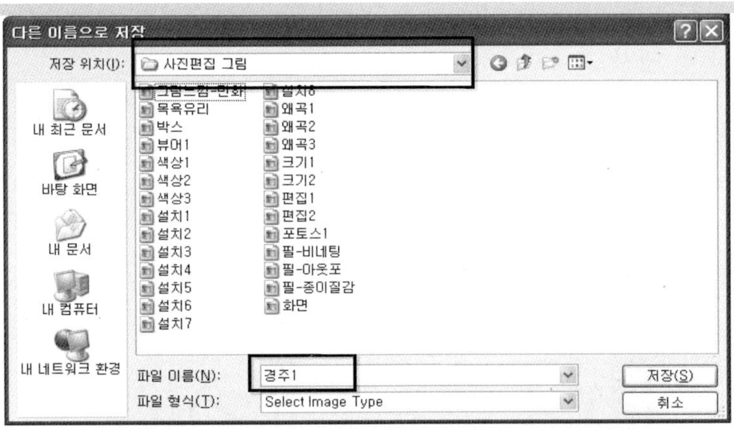

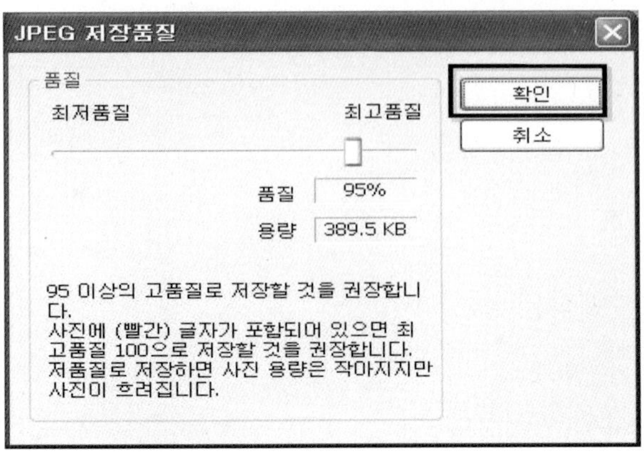

❸ 저장할 폴더위치를 지정하고 파일이름을 입력한 후 [저장]-[확인]을 누른다.

5 필터

사진에 다양한 특수효과를 주어 특별한 사진형태를 만들어 낼 수 있다.

		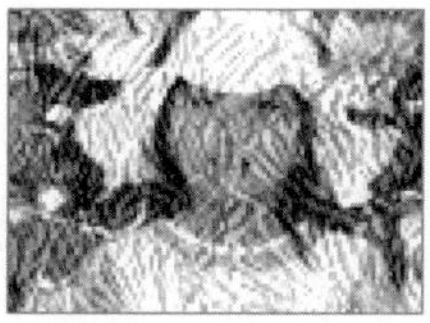	
비네팅	아웃포커싱	종이질감 - 꽃	그림느낌 - 만화

왜곡 - 환상	왜곡 - 소용돌이	목욕유리	박스

6 그 외 기능

❶ 자동 레벨: 밝기와 색상을 컴퓨터가 자동으로 설정한다.

❷ 자동 콘드라스트: 자동으로 명암을 설정한다.

❸ 뽀사시: 사진의 뽀사시 정도를 설정하거나 사용자가 직접 지정할 수 있다.

❹ 선명하게: 버튼을 한 번씩 누를 때마다 사진이 선명해진다. 너무 많이 클릭하면 화면의 선이 굵어진다.

❺ 흐리게: 버튼을 한 번씩 누를 때마다 한 단계씩 흐려진다.

(2) 자르기

사진을 자르는 방식은 다양하며, 자신이 필요한 대로 선택하여 자르면 된다.

❶ 자르기 방식을 선택한다.

❷ 사진 부분에서 자르고자 하는 부분을 마우스로 드래그한다.

❸ [자르기] 버튼을 누른다.

- 자유롭게 자르기: 사용자가 지정한 크기로 자른다.
- 원본사진비율로 자르기: 원본의 비율대로 드래그가 된다.
- 원형자르기가 체크되었을 경우 선택한 비율형태의 원형으로 자르기가 실행된다.
- 마우스로 선택 영역을 지정한 후 [자르기] 버튼을 눌러야 실행된다.

원본사진	자유롭게 자르기	원형자르기

(3) 영역

야간에 촬영된 사진의 빨간 눈이나 얼굴의 점이나 얼룩 또는 특정 부분의 모자이크 처리가 필요할 경우 영역 메뉴를 이용해서 수정할 수 있다.

❶ 사진을 150 또는 200% 정도로 확대시킨다.
❷ 보정할 종류를 선택한다.
❸ 사진의 보정할 부분을 마우스로 조금씩 드래그한다.
❹ 드래그 작업을 반복한다.

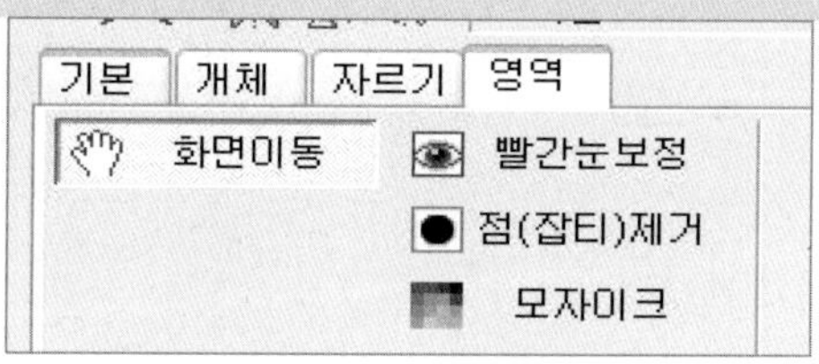

(4) 개체

도형, 아이콘, 그림, 글자, 말풍선 등을 삽입할 수 있다.

1 그림삽입

❶ 개체 화면에서 [그림삽입] 버튼을 누른다.

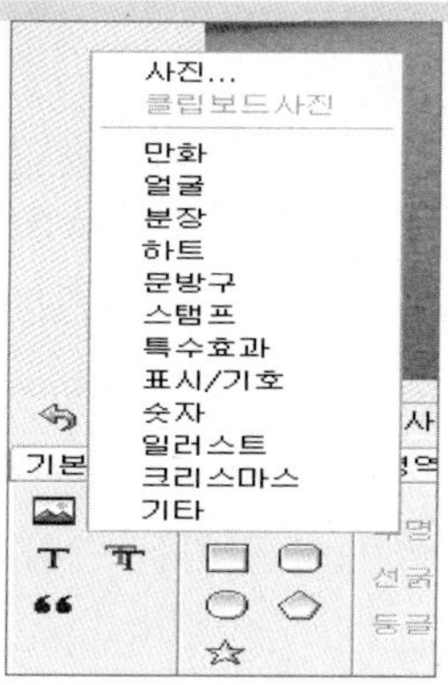

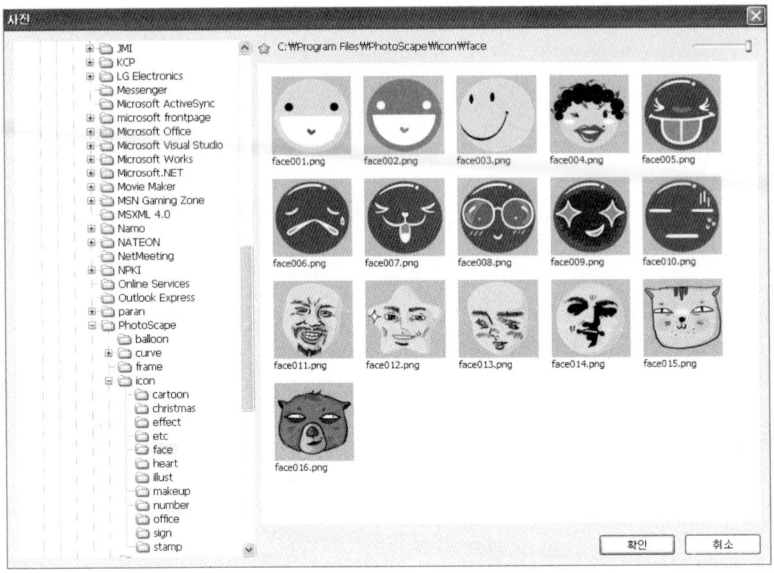

❷ 삽입할 종류를 선택한다.

❸ 나타난 목록에서 삽입할 그림을 선택한 후 [확인]을 누른다.

❹ 삽입된 그림을 크기조절하거나 삭제 또는 회전, 복사를 한다.

• X를 누르면 개체가 삭제되고, +를 누르면 개체가 복사된다. 개체의 회전축을 드래그하면 삽입된 개체를 원하는 방향으로 회전시킬 수 있다.

[2] 말풍선 삽입 [말풍선 아이콘]

❶ 말풍선에 넣을 내용을 입력한다.

❷ 글: 입력된 글꼴, 크기, 색상, 속성, 투명도 등을 지정한다.

❸ 말풍선: 말풍선의 모양과 색상, 투명도, 말풍선 꼬리의 방향을 지정한다.

[3] 문자열 삽입

❶ [T]: 문자열을 삽입할 수 있다. 서식지정을 하면 한꺼번에 변경된다.

- 삽입할 문자열을 입력한다.
- 글: 입력된 문자열의 서식을 지정한다. 글꼴, 크기, 색상, 속성, 정렬, 투명도, 세로쓰기 등을 지정할 수 있다.
- 외곽선: 입력된 문자열의 테두리를 지정한다. 외곽선 지정 여부, 선의 굵기, 색상 등을 지정한다.
- 그림자: 입력된 문자열의 그림자 유무를 지정한다. 그림자 색상, 투명도, 그림자의 가로크기(X), 세로크기(Y)를 지정한다.
- 배치기준: 삽입된 문자열의 위치를 지정한다. X, Y 값을 굳이 지정하지 않더라도 편집 창에서 마우스 드래그로 위치를 변경할 수 있다.

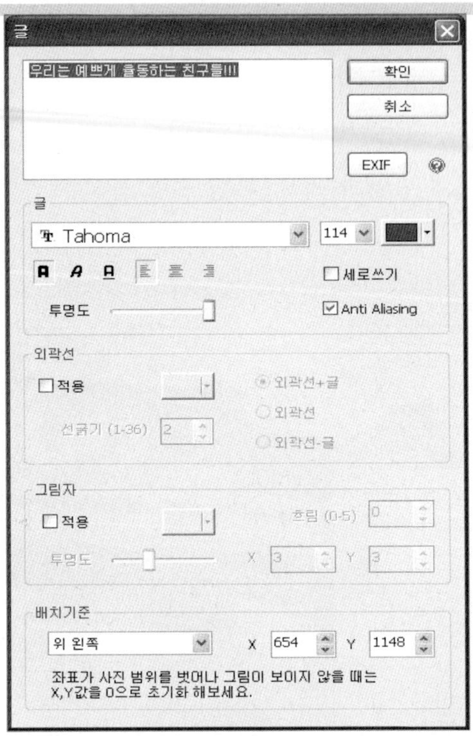

❷ 문자열의 서식을 부분별로 지정할 수 있다.

- 삽입할 문자열을 입력한다.
- 변경한 문자를 블록설정 한 후 서식을 지정하면 부분별로 다르게 설정된다.

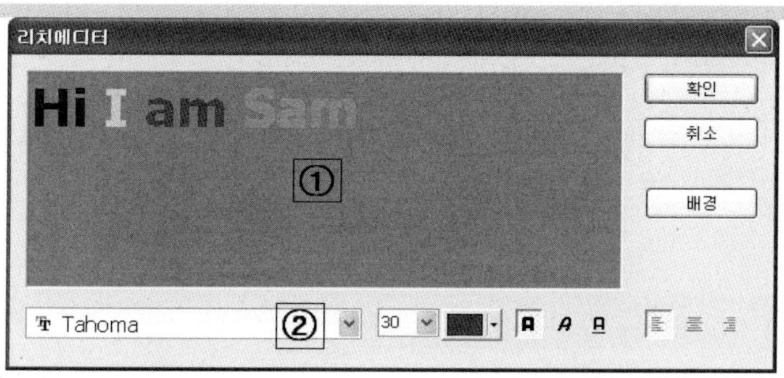

④ 도형 그리기

사진에 선, 원, 사각형, 다각형 등을 다양한 서식을 지정해서 삽입할 수 있다.

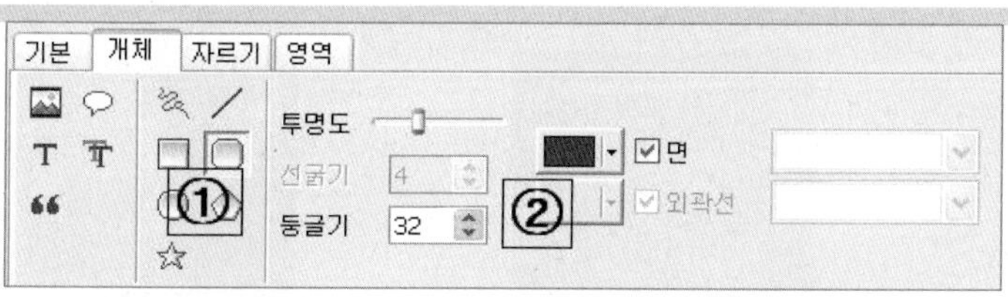

❶ 도형 선택: 삽입할 도형을 선택한다. 별 또는 다각형을 선택하면 꼭지점의 개수를 선택할 수 있다.

❷ 서식: 투명도, 선 굵기, 면색 등 삽입한 도형의 서식을 지정한다.

• 개체 접착: 삽입된 개체를 그림과 함께 확대 또는 축소시키거나 그림과 그룹처럼 하나로 편집하고자 하면 [개체접착] 버튼을 클릭한다.

⑤ 새 사진 만들기

새 화면을 만들어서 사용자가 원하는 사진을 나열하거나 개체 등을 삽입해서 스크랩 형식의 새로운 사진을 만들 수 있다.

❶ 오른쪽 위쪽에 있는 메뉴(MENU)를 누른다.

❷ [새 사진 만들기]를 선택한다.

❸ 가로와 세로의 길이를 입력, 바탕 색상을 지정한 후 [확인]을 누른다.

❹ 개체의 그림-[사진]을 선택해서 배열할 사진을 선택한다. 여러 사진을 삽입하려면 작업을 반복한다.

❺ 가타 얼굴, 만화, 특수 효과 등을 적당히 배열한다.

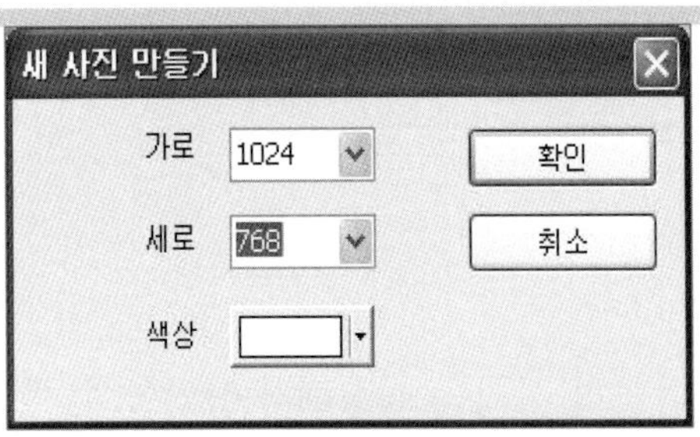

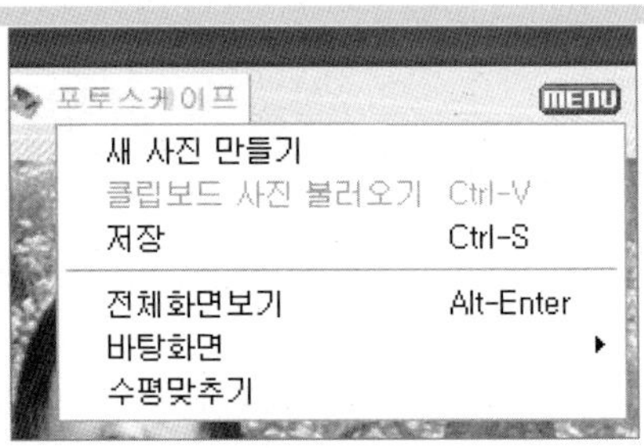

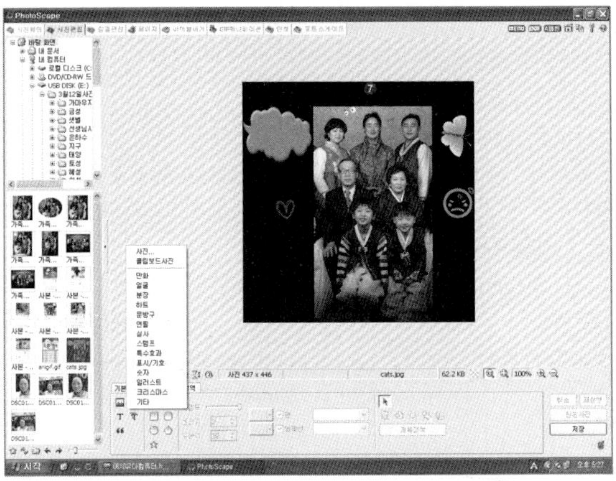

❻ 개체 삽입이 완성되면 [개체접착] 버튼을 누른다.

❼ 새로 만들어진 사진에 테두리 등을 지정하려면 [기본] 화면으로 이동 후 수정한다.

❽ 완성되면 [저장] 버튼을 누른다.

(3) 일괄편집

여러 사진을 같은 스타일로 만들어서 한꺼번에 저장하고자 할 때 이용한다.

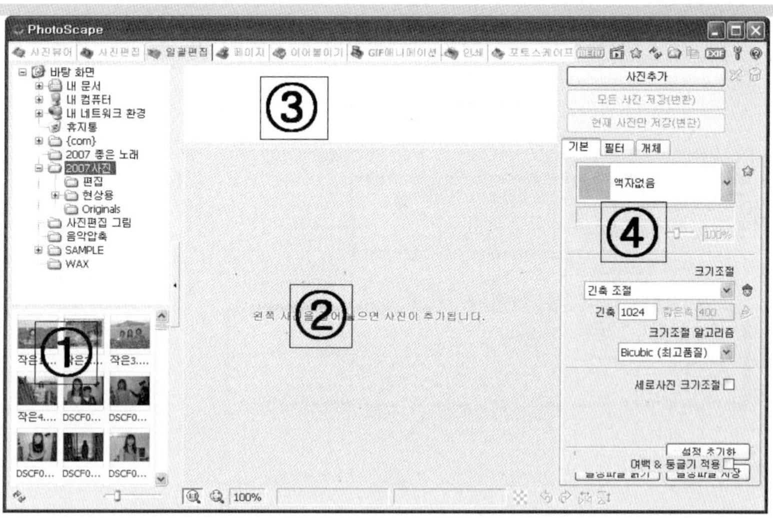

[1] 창의 구성

❶ 내용 창: 폴더 창에서 폴더를 선택하면 내용 사진을 미리보기로 보여 준다.

❷ 편집 창: 내용 창에서 편집할 사진을 드래그하는 곳이다.

❸ 선택 창: 일괄 편집된 파일의 목록이 나타나는 위치다.

❹ 편집 창: 액자, 사진크기, 필터를 이용한 편집, 개체삽입 작업을 할 수 있다.

[2] 일괄편집 방법

❶ 왼쪽창의 내용 창에서 편집할 사진을 ②번 화면으로 드래그시킨다.

❷ 오른쪽의 편집 창에서 액자, 크기, 필터 등을 설정한다.

❸ 설정이 완료되면 [모든 사진 저장(변환)] 버튼을 클릭한다.

❹ 저장위치: [변환된 사진을 아래의 지정한 폴더에 저장합니다]-[...] 저장위치 지정

저장파일명: [다른 이름으로 바꿔서 저장합니다] 접두사입력: 번호 –[저장하기]

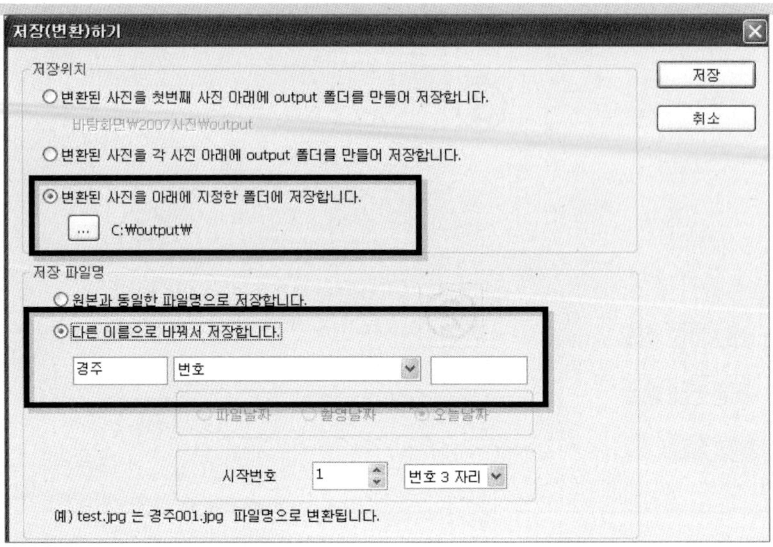

(4) 페이지

여러 사진을 한 화면에 만화 컷 형식으로 나타낼 때 사용한다.

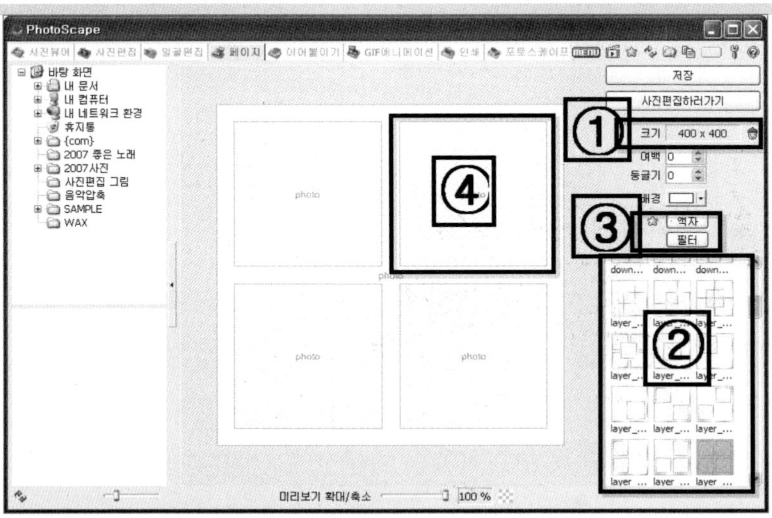

❶ 먼저 ①에서 도토리를 눌러 전체 사진의 크기를 지정한다.

❷ 배열할 사진의 형태를 ②목록에서 선택한다.

❸ 편집화면 ④의 각 상자를 클릭하여 삽입할 사진을 선택한다.

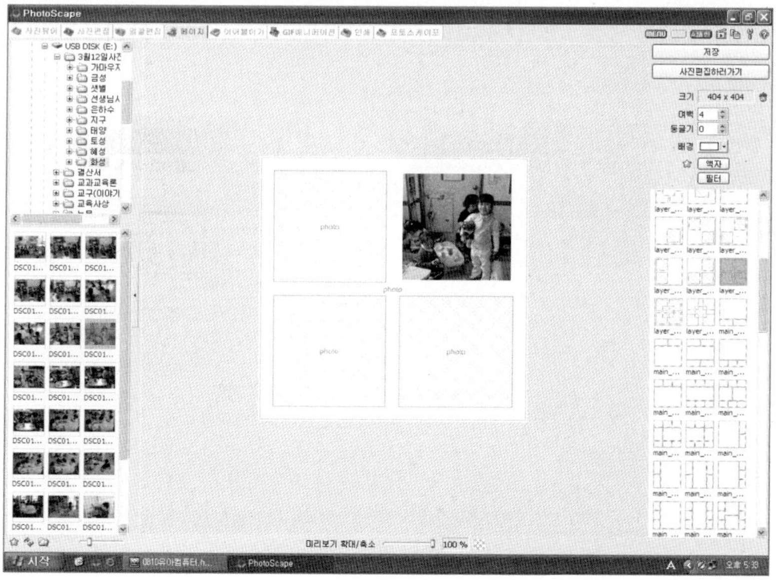

❹ 각 사진의 액자형태라 효과를 설정하려면 ③에서 수정한다.

❺ 전체를 하나로 다시 재편집하여 저장하기 위해 [사진편집하러가기]를 선택한다.

❻ 사진전체에 액자를 주거나 필터 효과 등을 지정한 후 [저장] 버튼을 누른다.

(5) 이어붙이기

사진을 여러 장 붙여서 편집할 수 있는 기능이다.

❶ 이어 붙일 사진을 편집화면으로 드래그한다.

❷ 이어 붙일 방향을 밑, 옆, 바둑판 중에 선택한다.

❸ 크기, 사진 간격, 여백색상 또는 액자 등을 설정한다.

❹ 이어 붙이는 작업이 완성되면 [사진 편집하러가기] 버튼을 클릭한다.

❺ 편집이 완성되면 [저장] 버튼을 눌러 저장한다.

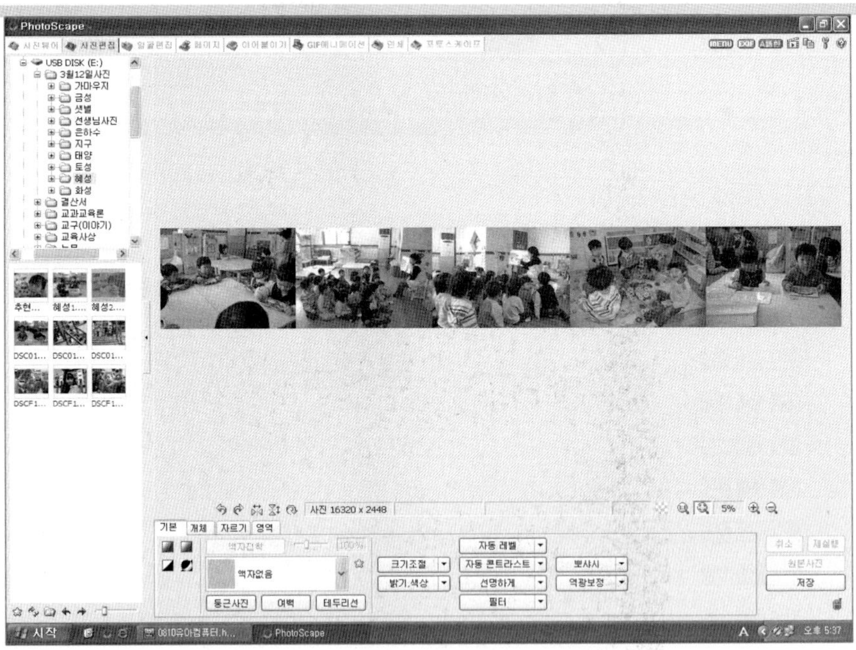

2 | 유아교육기관에서의 포토스케이프 활용

유아교육기관에서는 포토스케이프를 이용하여 실제 활용이 가능한 달력과 연하장 등을 다양하게 만들 수 있다.

연습문제

[1]
자신의 사진 10장을 이용하여 앨범을 구성해 보세요.

[2]
동화 한편으로 말풍선을 이용하여 여러 가지 동화를 꾸며 나가 보세요.

[3]
연하장을 포토스케이프를 이용하여 만들어 보세요.

[4]
달력을 1월부터 12월까지 만들어서 이어붙이기를 해 보세요.

[5]
유아의 사진으로 이미지 달력을 만들어 보세요.

포토스케이프로 달력 만든 예

2010년 달력 만들기(포토스케이프)

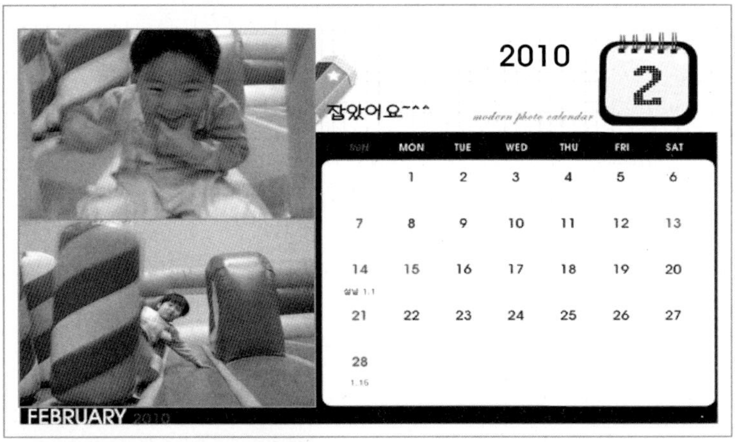

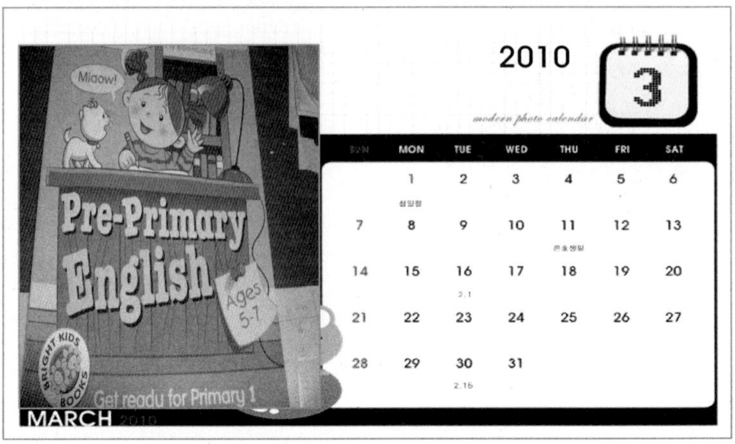

2010
4
modern photo calendar
Life's Treasures
In life, there are treasures
and they are not all made of silver and gold
When you find a friend,
you find a treasure.
When you find goodness anywhere,
you find a treasure.
The first possessions are not the
material things of life,
but personal treasures of kindness,
joy, peace of mind, faith and love
SUN MON TUE WED THU FRI SAT
1 2 3
4 5 6 7 8 9 10
11 12 13 14 15 16 17
18 19 20 21 22 23 24
25 26 27 28 29 30
APRIL 2010

2010
5
modern photo calendar
SUN MON TUE WED THU FRI SAT
1
2 3 4 5 6 7 8
9 10 11 12 13 14 15
16 17 18 19 20 21 22
23/30 24/31 25 26 27 28 29
MAY 2010

2010
6
modern photo calendar
SUN MON TUE WED THU FRI SAT
1 2 3 4 5
6 7 8 9 10 11 12
13 14 15 16 17 18 19
20 21 22 23 24 25 26
27 28 29 30
JUNE 2010

2010
7
modern photo calendar
SUN MON TUE WED THU FRI SAT
1 2 3
4 5 6 7 8 9 10
11 12 13 14 15 16 17
6.1
제헌절
18 19 20 21 22 23 24
25 26 27 28 29 30 31
6.16
JULY 2010

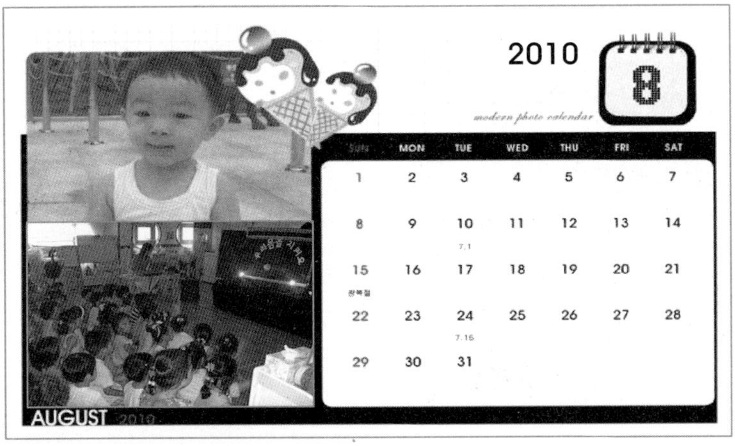
2010
8
modern photo calendar
SUN MON TUE WED THU FRI SAT
1 2 3 4 5 6 7
8 9 10 11 12 13 14
7.1
15 16 17 18 19 20 21
광복절
22 23 24 25 26 27 28
7.16
29 30 31
AUGUST 2010

2010
9
modern photo calendar
SUN MON TUE WED THU FRI SAT
1 2 3 4
5 6 7 8 9 10 11
8.1
12 13 14 15 16 17 18
19 20 21 22 23 24 25
추석 8.15
26 27 28 29 30
SEPTEMBER 2010

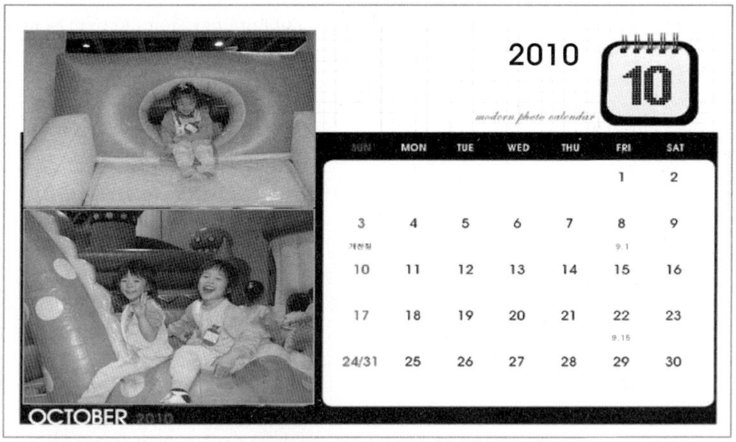
2010
10
modern photo calendar
SUN MON TUE WED THU FRI SAT
1 2
3 4 5 6 7 8 9
10 11 12 13 14 15 16
17 18 19 20 21 22 23
24/31 25 26 27 28 29 30
OCTOBER 2010

2010
11
modern photo calendar
SUN MON TUE WED THU FRI SAT
1 2 3 4 5 6
7 8 9 10 11 12 13
14 15 16 17 18 19 20
21 22 23 24 25 26 27
28 29 30
NOVEMBER 2010

2010
12
modern photo calendar
SUN MON TUE WED THU FRI SAT
1 2 3 4
5 6 7 8 9 10 11
12 13 14 15 16 17 18
19 20 21 22 23 24 25
26 27 28 29 30 31
DECEMBER 2010

포토스케이프로 연하장 만든 예

교수님께

교수님 한 학기 동안

열정이 넘치는 강의를 해 주셔서

감사드립니다 ^^

교수님께 배운 대로 열심히 공부해서

컴퓨터 신으로 등극할게요!!

새해 복 많이 받으세요. ^^

희망찬 새 아침에 건강과 행운을 기원하오며
지금까지 보살펴 주신 성원에 깊은 감사를 드립니다.
다사다난했던 2009년 한해, 힘겹고 어려운 한해였지만,
2010년에는 더 높은 곳을 바라보며 도약할 수 있는
한해가 되었으면 합니다.
올 한해에는 뜻하는 일 모두 이루시고
새해 복 많이 받으세요.

새해福
많이받으세요
한학기동안
돌봐주셔서
감사합니다

고수님
하루를 지내고 나면
더 즐거운 하루가 오고
사람을 만나고 나면
더 따스한 마음으로 생각하고
좋은일이생기면
더 행복한 일을 만들 수 있는
아름다운 새해가 되기를
기원합니다.
새해 복 많이 받으세요

새해엔
행복한일만
가득하시길...^^
Best Wishes for
the New Year

참고문헌

강신영(2000). 유아교육 관련 인터넷 사이트의 평가준거 개발을 위한 기초연구. 부산대학교 대학원 석사학위논문.

고정곤, 최태식(2004). 유아교육기관 교사를 위한 교육과정 및 교육평가. 서울: 양서원.

김경철, 박선희, 박정선, 유구종, 조부경(2000). 유아교육과 멀티미디어. 서울: 양서원.

김나림(2005). 유아 컴퓨터 교육을 위한 교사교육과정의 구안 및 적용효과. 원광대학교 대학원 박사학위논문.

김미영, T&T교육교재개발팀(2003). 한권으로 딱 파워포인트 2002. 서울: 영진닷컴.

김민정, 박은주, 김갑순(2007). 연령에 따른 유아의 전자미디어 이용 관련 현황과 어머니의 인식의 차이. 유아교육학논집, 11(4), 247-268.

김승대, 영진기획2팀(2001). 할 수 있다 포토샵 5.0. 서울: 영진출판사.

김영희(2005). 유아 컴퓨터 교사를 위한 교육과정 개발에 관한 연구. 한국컴퓨터교육학회, 8(3), 19-28.

김옥련(1993). 유치원경영관리. 서울: 양서원.

김진호, 유구종(1995). 아동용 멀티미디어 CD-ROM 타이틀의 현황과 평가준거개발 연구. 학생생활연구, 21, 129-154.

박현주, 박희숙(2003). 유아 컴퓨터 교육을 위한 교사 연수의 효과 증진 방안. 유아교육연구, 23(1), 229-244.

보육시설평가인증사무국(2005). 보육시설평가인증 지침서(21인 이상 보육시설). 서울: 한학문화.

서라벌대학(2004). 사무관리 실무. 경주: 서라벌대학 출판부.

손유진, 황해익(2001). 유치원 교사를 위한 컴퓨터 교육 연수 프로그램 개발을 위한 기초연구. 유아교육논총, 10, 63-88.

우홍체, 이대식, 최병재(2003). 전기, 전자 정보통신의 이해. 서울: 북스힐.

유구종(2001). 유아를 위한 컴퓨터 교육. 서울: 창지사.

이경우, 이현옥, 김영실, 박정민, 조경자, 김지영(2000). 유아 컴퓨터 교육. 서울: 다음세대.

이경헌, 박정재, 안철우(1998). 룰루랄라 윈도우 98. 서울: 이지컴.

이대균, 김은영(2002). 유아교육 정보화를 위한 시 · 도별 지원 현황에 관한 연구. 유아교육연구, 25(4), 153-172.

이소희, 권미애, 이진실, 강경자, 김미경, 배수연, 지주영(2003). 유아교육기관에서의 컴퓨터 활용. 서울: 케이엔비.

이용주, 강경숙(2005). 2005년도 재정지원사업 주문식 교육사업 교육과정 개발보고서. 경북 영주: 경북전문대학.

임재택(1999). 유아교육기관 운영관리. 서울: 양서원.

전남사창고등학교 병설유치원(1999). 전남교육청 지정 시범운영보고서. 전남 무안: 전남교육청.

정미라, 김지영, 김희진, 문혁준, 박선희, 박정선, 이경우, 이춘자, 이현옥, 조경자(2002). 어린이와 멀티미디어. 서울: 이화여자대학교 출판부.

정용기, 김광혁, 노원균(1997). PC업무 활용. 서울: 신영사.

최태식, 최대훈, 박주희(2002). 유아컴퓨터교육의 이론과 실제. 서울: 양서원.

한희정(1998). 유아용 CD-ROM Title의 현황 및 분석. 이화여자대학교 대학원 석사학위논문.

황해익, 송연숙, 정혜영(2004). 유치원 교육과정에 따른 유아행동 관찰법. 서울: 정민사.

Davidson, J. I. (1989). *Children and computers together in the early childhood classroom*. New York: Delmar.

Haugland, S. W. (1992). The effect of computer software on preschool children's developmental gains. *Journal of Computing in Childhood Education, 3*(1), 15-30.

Haugland, S. W. (2000). Early Childhood Classrooms in the 21st Century: Using Computers to Maximize Learning. *Young Children, 55*(1), 12-18.

Haugland, S. W., & Shade, D. C. (1990). *Developmental evaluation of software for young children.* Allbany, NY: Delmar.

Haugland, S. W., & Wright, J. L. (1997). *Young children and technology: A world of discovery.* Needham Heights, MA: Allyn and Bacon.

저자 소개

■ 김수향

동덕여자대학교 대학원 아동학과 아동학박사
위덕대학교 유아교육학부 교수

■ 이용주

중앙대학교 대학원 유아교육과 문학박사
경북전문대학 유아교육과 교수

■ 하명선

위덕대학교 대학원 유아교육과 박사과정
피노키오 어린이집 원장

2판

유아교사를 위한 컴퓨터 교육

2006년 8월 10일 1판 1쇄 발행
2010년 2월 25일 2판 1쇄 발행

지은이 • 김수향 · 이용주 · 하명선
펴낸이 • 김진환
펴낸곳 • (주) 학지사
121-837 서울특별시 마포구 서교동 352-29 마인드월드빌딩 5층
대표전화 • 02)330-5114 팩스 • 02)324-2345
등록번호 • 제313-2006-000265호

홈페이지 • http://www.hakjisa.co.kr
커뮤니티 • http://cafe.naver.com/hakjisa

ISBN 978-89-6330-311-6 93370

정가 16,000원